मैनेजमेंट गुरु चाणक्य

हिमांशु शेखर

डायमंड बुक्स

ISBN : 978-81-288-2911-6

प्रकाशक	: **डायमंड पॉकेट बुक्स (प्रा. लि.)**
	X-30, ओखला इंडस्ट्रियल एरिया, फेज-II
	नई दिल्ली-110020
फोन	: 011-41611861, 40712100
फैक्स	: 011-41611866
ई-मेल	: sales@dpb.in
वेबसाइट	: www.dpb.in
नेपाली अनुवादक	: शिला गुप्ता र पियूष गुप्ता
संस्करण	: 2010
मुद्रक	: आदर्श प्रिंटर्स, शाहदरा, दिल्ली-32

MANAGEMENT GURU CHANKAYA (NEPALI)
by : Himanshu Shekhar

समर्पण

ती सबै मानिसहरुको लागि जसले प्रत्यक्ष र परोक्ष रुपमा
मेरो लेखलाई गति दिने कार्य गरेका छन्।
यस बाहेक महान चिंतक आचार्य चाणक्यलाई,
जसको विचार आज पनि मानिसहरुलाई बाटो देखाउदै
आएको छ र भविष्यमा देखाउनेछ।

भूमिका

सबै पुस्तकसंग कुनै एउटा किसिमको प्रश्न जोडिएको हुन्छ। त्यो प्रश्न धेरै महत्वपूर्ण हुन्छ। त्यो अहम प्रश्न हुन्छ कि यो पुस्तक नै किन? यो प्रश्नको जवाफ नै कुनै पनि प्रकारको पुस्तकको लागि प्लेटफॉर्म तैयार गर्ने काम गर्छ। यसको माध्यमबाट पाठकहरुले बुझ्न सक्छन् कि पूरा पुस्तक पढे पछि उनलाई के प्राप्त हुनेछ? तर जवाफ दिनु भन्दा पहिला आचार्य चाणक्यको जीवन माथि एक दृष्टि हाल्दा राम्रो होला।

मौर्यकालमा चंद्रगुप्त मौर्य शासक थिए। त्यो समयमा चाणक्य विशाल मगध राज्यको सम्राट चंद्रगुप्तका राजनीतिक गुरु थिए। उनले चंद्रगुप्तलाई राज सिंहासन सम्म पुगाउने कार्य गरेका थिए। उनको यसै रणनीतिक कौशल र राजनीतिक समझदारीको कारणले गर्दा आज कुशल राजनीतिक विशारद्लाई चाणक्य नामले बोलाउने गरिन्छ। चाणक्यले संगठित र संपूर्ण आर्यावर्तको सपना हेरेका थिए। उनी यस्तो अनौठो, अदभुत, राम्रो कुशल राजनीतिज्ञ थिए कि उनले मगध देशबाट नंद राजाहरुको राजसत्ताको सर्वनाश गरेर मौर्य राज्यको स्थापना गरे।

चाणक्यको बच्चाको नाम विष्णुगुप्त थियो। तर अत्यंत कुशाग्र बुद्धिका कारणले उनी चाणक्यको संज्ञाले प्रख्यात भए। कुटिल राजनीतिक विशारद भएको कारणले उनलाई कौटिल्यको नामबाट पनि संबोधित गरियो। चाणक्यको जन्म स्थानको बारेमा सही-सही जानकारी इतिहासबाट प्राप्त हुन सकेको छैन्। महान चाणक्यको शिक्षा-दीक्षा तक्षशिला विश्वविद्यालयमा भएको थियो। चाणक्य र चंद्रगुप्तको एउटै समय छ। त्यो समय हो 325 ई. पू. को। चाणक्य धेरै नै सादा जीवन बाच्ने गर्थ्ये। उनी शहर भन्दा पर एउटा पर्णकुटीमा बस्थ्ये।

उनको बुबाको नाम चणक थियो। आचार्य चाणक्यले राजनायीकलाई राजनीतिको शिक्षा दिनको लागि अर्थशास्त्र, लघु चाणक्य, वृद्ध चाणक्य, चाणक्य नीति जस्ता ग्रंथहरुको रचना गरेका थिए। चाणक्य अनुसार आदर्श राज्य संस्था त्यो हो जसको योजनाहरु प्रजालाई उसको भूमि, धन-धान्यादि पाउने मूलाधिकारबाट वंचित गर्ने खालको नहोस् र उनीहरुलाई लामो-चौडा योजनाहरुको नाममा कर-भारबाट आक्रांत गर्ने खालको नहोस्। देशको विकासका योजनाहरु राजकीय व्ययबाट बचत गरेर नै चलाउनु पर्छ। राजाको लागि एउटा भाग सुनिश्चित गरेर बाकी भागलाई टुक्राहरुमा प्रजाहरुको विश्वासमा लामो-चौडा योजनाको रुपमा छाड्नाले प्रजाहरु त्यसलाई उत्पीड़न मान्थ्ये। आचार्य चाणक्यलाई साहित्य, समाजमा शांति, न्याय, सुशिक्षा र समग्र प्रगति सिकाउने ज्ञान भंडार हो। यसो त राजनीतिक शिक्षाको दायित्व यो छ कि यसले मानव समाजलाई राज्य संस्थापन, संचालन र संरक्षणको काम पनि सिकाओस्।

अब फिर्ता त्यो प्रश्नमा आऔं कि आखिर यो पुस्तक नै किन? बेशक चाणक्यका कुराहरु राजनीतिक क्षेत्रको लागि धेरै नै उपयोगी छन् तर उनले धेरै यस्ता कुराहरु भनेका छन् जस माथि अमल गरेर सफलता पाउन सकिन्छ। आजकाल त मैनेजमेंट गुरुहरुको बाढ–जस्तो आएको छ। नयाँ जमानाका यी तथाकथित मैनेजमेंट गुरुहरु आफ्नो भाषणहरुको लागि मानिसहरुसंग पैसा पनि लिन्छन्। सबै हैरान र हतास छन् कि उ आफ्नो जीवनको प्रबधन कसरी गरोस्? मानिसहरु यो कुराले हतास छन् कि जीवनलाई कसरी अगाडि बढाउन सकिन्छ?

यी प्रश्नहरु माथि हतास हुनुको सट्टा यी समस्याहरुको हल खोज्नुपर्ने आवश्यक्ता छ र यहा आचार्य चाणक्य जस्ता महान पुरुष यस दौरमा पनि प्रासंगिक हुन जान्छन्। उनी कुनै साधारण मानिस थिएनन् बल्कि जो पनि महान भएका छन् तरनीहरु धेरै ठूलो भविष्यदृष्टा रहेका छन्। आचार्य चाणक्यको पनि यस प्रकारका नै व्यक्ति हुन्। उनले जे–जति कुराहरु भनेका छन्, ती सबै कुराहरु त्यस समयमा पनि उति नै प्रासंगिक थिए जति आज छन्। सही अर्थमा हेर्नेहो भने आचार्य चाणक्यका विचारहरुलाई यदि राम्रसी कसैले बुझ्छ भने उसको विचारहरु हजार वर्ज़ पछि पनि उति नै प्रासंगिक हुनेछन्।

यस्तो पनि छैन कि मानिस आचार्य चाणक्यको विचारहरुको प्रासंगिकता देखि अनजान छन्। मानिस उनको विचारहरुलाई बुझ्नछन्। यही कारण हो कि वर्ष 2009–10 को पूर्ण बजट पेश गर्दा वित्त मंत्री प्रणब मुखर्जीले तीन पटक आचार्य चाणक्यको कथनको उल्लेख गरे। उनले यसको माध्यमबाट यो कुरा देखाउने प्रयास गरे कि आर्थिक नीतिहरुलाई तैयार गर्नमा आचार्य चाणक्यको नीतिहरुबाट प्रेरणा लिईएको छ।

वास्तवमा हामी आफ्नो समानलाई छाडेर अरुको समान पाउनको लागि धेरै प्रयास गर्न थाल्छौं। विदेशीहरुको विचारहरुको उदाहरण प्राय दिने गरिन्छ तर देसी विद्वानहरुको त्यति चर्चा हुदैन्। सही अर्थमा भन्ने हो भने आचार्य चाणक्य संसारका सबै भन्दा पुराने मैनेजेंट गुरु थिए। उनले जीवनको हरेक क्षेत्रमा प्रबंधनको बाटो देखाए। उनले बताएका कुराहरुको आधारमा आज पनि आफ्नो जीवनको सही प्रबंधन गरेर जीवनलाई सफल बनाउन सकिन्छ, यसै कुरालाई यो पुस्तकको माध्यमबाट बताउने प्रयास गरिएको छ।

यो पुस्तक तैयार गर्ने विचार यसै पुस्तकको प्रकाशक श्री नरेन्द्र वर्मा ज्यूको मनमा आयो र हामी आपसमा मिलेर यो विचारलाई आकार दिने कार्य गरौं। यो पुस्तकको विचार र प्रकाशनको लागि उनको प्रति आभार।

तपाईको सल्लाहको हामी प्रतिक्षा गर्नेछौं।

हिमांशु शेखर

ईमेल– hshekhar.iimc@gmail.com

वेबसाइट– www.himanshushekhar.in

विषय-सूची

1

व्यक्तिको पहिचान

कुनै पनि व्यक्तिको सफलता र असफलता यो कुरा माथि धेरै हद सम्म निर्भर गर्छ कि उसमा सही व्यक्तिको पहिचान गर्न सक्ने सक्षमता छ वा छैन्। सही मानिस यदि कसैले भेट्छ भने उसको काम सजिलो हुन जान्छ र उ धेरै छिटो गतिमा सफलतामा पुग्न सक्छ। त्यहि गलत मानिसको संगतले जसको पनि जीवन असफल बन्न सक्छ। आचार्य चाणक्यको पूरा जीवन र उनद्वारा दिएका सूत्रहरुमा सही व्यक्तिको पहिचान माथि विशेष किसिमको सावधानी अपनाउनु पर्ने संदेश प्राप्त हुन्छ। यस बाहेक त्यो सही व्यक्तिको पहिचान गर्ने कुरामा आफ्नो स्तर माथि पनि केहि कुराहरुलाई दिमागमा राख्ने सल्लाह पनि दिन्छन्। यदि उनको कुराहरुलाई ध्यानमा राखेर कुनै कामको लागि व्यक्तिको चयन गरियो भने सफलताको बाटो सजिलो हुने कुरा पक्का हुन्छ।

आचार्य चाणक्यमा सही व्यक्तिको पहिचान गर्ने अद्‌भुत क्षमता थियो। जब चाणक्यले यो शपथ लिए कि नंदको राज्यलाई समाप्त गरेर नै उनी शान्त हुनेछन् र त्यस पछि नै आफ्नो शिखालाई बाध्नेछन् तब उनसंग कुनै यस्तो उपयुक्त पात्र थिएन् जसलाई उनी राजा बनाउने प्रशिक्षण प्रक्रियामा राख्न सकून्। उपयुक्त पात्रको खोजमा उनी यता-उता भौतारि रहेका थिए। भौतारीदा-भौतारीदै जब उनी हिमालय नजिक पिपली वन गाउँमा पुगे। त्यहा उनले केहि बच्चाहरुलाई राजा र प्रजाको खेल खेलि रहेको हेरे। त्यहा उनले राजा बनेको बालकको पहिचान गरे। चाणक्यले हेरे कि जो बालक राजा बनेको छ, उसमा त्यो सबै लक्षणहरु रहेको छ जुन एउटा राजा र कुशल प्रशासकको लागि अनिवार्य हुन्छ। उनले मन-मनै निश्चय गरे कि यो बालक नै भारतवर्षको सम्राट हुन सक्छ।

चाणक्यले खेल-खेलमा नै ती बालकको परीक्षा पनि लिए र उनले लिएको परीक्षामा त्यो बालक अर्थात चंद्रगुप्त मौर्य सफल पनि रहे। जब

चाणक्यले तय गरि सकेका थिएका कि यो बालकमा राजा बन्ने सबै गुण विद्यमान छ तब उनी बच्चाहरुको खेलमा शामिल भए र राजा बनेको बालकसंग दानको मांग गरे। त्यो बालकले उनलाई त्यहाँ घास खाई रहेको सबै गाईहरु दानमा दिए। यो माथि चाणक्यले भने कि यी गाईहरु त अरुको हो। चाणक्यले यति के भनेका थिए कि त्यो बालकले आफ्नो तलवार निकाल्यो र भन्यो, 'यो मेरो तलवार तिम्रो रक्षा गर्नेछ ब्राह्मण। तिमीलाई शायद थाहा छैन् होला, मेरो बुबाले भन्ने गर्नुहुन्थ्यो कि जुन राज्यमा ब्राह्मणहरुको सम्मान हुदैन् अथवा कुनै ब्राह्मण राज्यबाट बिना भेंट लिईकन खाली हात जान्छ त्यो राज्यको अस्तको समय समीप छ।' यो कुराले चाणक्यको मन सफा हुन गयो कि उनले जुन बालकको चयन आफ्नो योजनालाई अंजाम दिनको लागि गरेका छन् त्यो बिल्कुल सही छ। त्यस पछिको कथा सबै जनालाई थाहा छ। चाणक्यको मार्गदर्शनमा र उनको योजनाहरु माथि अमल गरेर चंद्रगुप्त मौर्य मगधको राजा बने।

आचार्य चाणक्यले व्यक्तिको पहिचानको लागि धेरै सूत्र दिएका छन्। ती सूत्रहरुको माध्यमबाट यदि आफ्नो जीवनमा पनि मानिसहरुको पहिचान गरियो भने सही व्यक्तिको पहिचान गर्न धेरै नै सजिलो हुनेछ। चाणक्यले सूत्र दिएका छन्-

ज्ञानानुमानैश्च परीक्षा कर्तव्या।

यसको तात्पर्य यो हो कि *ज्ञान र अनुमानको आधारमा परीक्षा लिनुपर्छ।*

कुनै व्यक्तिको चयन यदि कुनै कामको लागि गर्नु छ भने सबै भन्दा पहिला त उसको ज्ञानको परीक्षा लिनुपर्छ। उसलाई जुन काम दिईदैछ त्यो काम उसलाई थाहा छ कि छैन्। त्यो विषयको बारेमा उसलाई कति थाहा छ। यस बाहेक उसको पहिलाको कार्यहरुको आधारमा यो अनुमान लगाउनुपर्छ कि उसलाई जुन काम दिईदैछ त्यो कार्य गर्नमा उ सक्षम छ वा छैन्। यदि कुनै व्यक्तिलाई न त विषयको जानकारी छ र न उसले त्यस विषयसंग जोडिएको काम गरेको छ भने स्वाभाविक तौरमा उसको लागि त्यो विशेषमा सफलता पाउन धेरै नै गाह्रो हुन जान्छ। त्यसैले कुनै पनि कामको लागि व्यक्तिको चयन गर्दा उसको ज्ञान र अनुभव माथि विशेष किसिमले ध्यान दिनुपर्छ।

व्यक्तिको परखको संबंधमा आचार्य चाणक्यले चाणक्य नीतिमा एक ठाँउमा बताएका छन्-

जानीयात्प्रेषणेभृत्यान् बान्धवान्व्यसनाऽऽगमे।
मित्रं याऽऽपत्तिकालेषु भार्यां च विभवक्षये॥

यसको माध्यमबाट कौटिल्यले यो कुरा स्पष्ट गरेका छन् कि समय आउदा नै आफन्तहरुको परीक्षा हुन्छ। उनी भन्छन् कि कुनै अहम कार्यमा पठाउदा सेवकको पहिचान हुन्छ। दुखको समयमा बंधु-बांधवहरुको पहिचान हुन्छ। विपत्तिको समय मित्रको पहिचान हुन्छ र धन नष्ट हुर्दा पत्नीको परीक्षा हुन्छ।

यदि यो सूत्रको माध्यमले महान चाणक्यद्वारा भनिएका कुराहरुलाई विस्तार दिईयो भने यो कुरा समझमा आउछ कि सेवकको असली पहिचान तब हुन्छ जब उसलाई कुनै विशेष कार्यको लागि कतै पठाईएको हुन्छ। अन्यथा उसको उसको पहिचान हुन गाह्रो छ। त्यो विशेष कार्यलाई अंजाम दिनमा सफल हुनु नै उसको स्वामीको प्रति निष्ठाको परीक्षा वा पहिचान हो। यस्तो समयमा जुन सेवकले आफ्नो ज्यान र मानको बाजी लगाएर स्वामीको प्रति निष्ठावान रहन्छ, सही अर्थमा उसलाई नै सेवक भन्न सकिन्छ।

अर्को कुरा यो छ कि दुखमा नै बंधु-बांधवहरुको पहिचान हुन्छ। वास्तवमा आज संसार धेरै तेजीसंग मतलबमा आधारित हुदैगई रहेको छ। ज्यादातर मानिसहरु धेरै स्वार्थी बन्दै गएका छन्। त्यसैले सही र गलतमा फरक गर्नु धेरै नै गाह्रो हुन गएको छ। यी दुई प्रकारका मानिसहरुमा फरक गर्न लागि आचार्य चाणक्यले एउटा राम्रो बाटो देखाएका छन्। उनको कथन अनुसार सही समयमा तपाईको साथमा सबै किसिका मानिसहरु हुन्छन् तर जब तपाईको राम्रो समय जान्छ र नराम्रो समय आउछ तब थाहा हुन्छ कि तपाईको आफ्नो बनेर नाटक गर्ने मानिसहरु पनि तपाई देखि टाढा भई रहेका छन्। यस्तो स्थितिमा नै सही मित्र र बंधु-बांधवहरुको पहिचान हुन्छ।

त्यसैले कहिले पनि यस्तो परिस्थितिमा धैर्य हराउनु हुदैन्। बल्कि ती घटनाहरुलाई आफ्नो जीवनमा एउटा नयाँ किसिमको अनुभव प्राप्त गर्ने अवसरको रुपमा लिनुपर्छ। जो मानिस तपाईको नराम्रो समयमा पनि तपाईको साथ बनि रहन्छन् तीनीहरु नै तपाईको साचो हितैषी हुन्। त्यसैले यस्तो मानिसहरु माथि नै आफ्नो विश्वास कायम राख्नुपर्छ। जो मानिस यस समयमा साथ दिदैन् ती मानिसहरु माथि भविष्यमा फेरि कहिले पनि विश्वास गर्नु हुदैन्।

यस्तो स्थितिमा प्रश्न आउन सक्छ कि आखिर विश्वासी मानिसहरुको पहिचान कसरी थाहा पाउन सकिन्छ? प्रश्न यो पनि आउछ कि भरोसामंद

मानिसहरुको पहिचान उसको केहि निश्चित वा विशेष लक्षणहरुको माध्यमबाट गर्न सकिन्छ? यस्तो परिस्थितिमा पनि आचार्य चाणक्यले केहि बाटोहरु बताएका छन्। उनले चाणक्य नीतिमा कुनै ठॉउमा बताएका छन्-

नखीनां न नदीनां च शृंगीणां शस्त्रपाणिनाम्।
विश्वासो नैव कर्तव्यः स्त्रीषु राजकुलेषु च॥

यहा आचार्य चाणक्य विश्वासनीयताको लक्षणहरुको चर्चा गर्दै भन्छन् कि लामो नंग भएका हिंसक पशुहरु, नदिहरु, ठू-ठूला सींग भएका पशुहरु, शस्त्रधारीहरु, स्त्रीहरु र राज परिवारहरुको कहिले विश्वास गर्नु हुदैन् किनकि यीनीहरु कुन बेला पनि घात वा घाउ लगाउन सक्छन्।

यो कुरा बुझ्नमा कसैलाई गाह्रो हुदैन् होला कि लामो नंग्रा भएको सिंह, भालू अथवा बाघ आदि माथि विश्वास गर्न सकिदैन् किनकि यी जंगली जनावरहरु धेरै नै हिंसक हुन्छन्। यी हिंसक जनावरहरु माथि विश्वास गर्नु आफ्नो लागि समस्याहरुलाई आफैले आमंत्रित गर्नुहो। त्यसैले यस्तो जनावरहरुसंग सावधान रहदा नै राम्रो होला।

यो कुराको तात्पर्य यो छ कि कुनै पनि व्यक्ति माथि विश्वास गर्नु भन्दा पहिला उसको बारेमा पूरा जानकारी जुटाउनुपर्छ। कसै माथि पनि ऑखा बन्द गरेर विश्वास गर्नु ठीक हुदैन् किनकि यसको धेरै नराम्रो गंभीर परिणाम पनि आउन सक्छ।

जुनसुकै व्यक्ति माथि कामको लागि विश्वास गर्ने व्यक्तिहरुको लागि र ती व्यक्तिहरुको पहिचानको लागि कौटिल्यले चाणक्य नीतिमा एक ठॉउमा सफा रुपमा बताएका छन्-

यथा चतुर्भिः कनकं परीक्ष्यते, निर्घषणच्छेदन तापताडनैः।
तथा चतुर्भिः पुरुषः परीक्ष्यते, त्यागेन शीलेन गुणेन कर्मणा॥

आचार्य चाणक्यले भनेका छन् कि पुरुषहरुको परख गुणहरुबाट नै हुन्छ। अर्थात् *घिसार्नाले, काट्नाले, तताउनाले र पिट्नाले सुनको परीक्षण हुन्छ। त्यसैगरी त्याग, शील, गुण एवं कर्महरुबांट पुरुषको परीक्षा हुन्छ।*

यो कुरा सबै जनालाई थाहा छ कि सुनको राम्रो वा नराम्रो गुणको जांचको लागि पहिला त्यसलाई कसौटी माथि घिस्ने गरिन्छ र त्यस पछि त्यसलाई काटिन्छ। त्यस पछि त्यसलाई आगोमा गलाईन्छ र अंतमा त्यसलाई पिटिन्छ। त्यसैरी नै कुलीन व्यक्तिको परीक्षा उसको त्यागबाट र उसको स्वभावबाट गरिन्छ। यस बाहेक व्यक्तिको परीक्षा गुणहरुले तथा कार्यहरु बाट नै हुन्छ। जो राम्रो व्यक्ति हुन्छ उ राम्रो गुणहरुले युक्त रहन्छ र वास्तविक रुपमा उसको

कर्म पनि राम्रो हुन्छ र उसको कार्य पनि धेरै राम्रो रहन्छ। त्यसैले यस्तो मानिसहरु माथि विश्वास गर्न सकिन्छ।

व्यक्तिको पहिचानलाई लिएर आचार्य चाणक्यले एउटा अर्को अहम सूत्र दिएका छन्। उनले भनेका छन्-

अज्ञानिना कृतमपि न बहु मन्तव्यम्।

यसको तात्पर्य यो छ कि *अज्ञानीहरु द्वारा गरिएको कार्यलाई महत्व दिनु हुदैन्।*

व्यक्तिको पहिचान गर्दा समयमा यो कुरालाई खास रुपमा आधार बनाउनुपर्छ। यस्तो संभव छ कि कहिलेकाहि कुनै काम कुनै व्यक्तिबाट अनजानमा हुनजान्छ र यसको जानकारी उसलाई हुदैन् कि आखिर त्यो काम उसले कसरी गर्‌यो। यदि कुनै बादरलाई कंप्यूटर माथि बसायो भने र कीबोर्ड माथि उसको हलचलले कुनै सुंदर कविता बन्न जान्छ भने यसको मतलब यो हुदैन् कि त्यो बादर धेरै राम्रो कवि हुन गयो। त्यसलाई केवल संयोग भन्न सकिन्छ। यसलाई उसको प्रवृत्ति भन्न सकिदैन्। त्यसैले व्यक्तिको पहिचान कुनै एउटा कामको आधार माथि गर्न सकिदैन् बल्कि उसको कार्यहरुको निरंतरताको आधारमा गरिनुपर्छ। यदि कुनै इंसानले लामो समय सम्म राम्रा कार्यहरु गरि रहेको छ भने यो मान्न सकिन्छ कि उ त्यस कार्य विशेषको विशेषज्ञ हो र उस माथि त्यो कामको लागि विश्वास गर्नु सही हुन्छ। वास्तवमा, यदि गलत व्यक्तिको चयन कुनै कामको लागि गरियो भने त्यो कामको सफलता त संदेहको घेरामा रहन्छ नै साथै आफ्नो आत्मविश्वास माथि पनि नकारात्मक असर स्वाभाविक रुपमा पर्छ।

आचार्य चाणक्य केवल समस्याको बखान गदैनन् बल्कि एउटा मैनेजमेंट गुरुको सरह सही व्यक्तिलाई पहिचान गर्ने गुणहरु पनि बताउछन्। उनले व्यक्तिको पहिचान गर्ने लागि एउटा सूत्र दिएका छन्-

मर्यादातीतं न कदाचिदपि विश्वसेत्।

यसको मतलब यो छ कि *जो व्यक्ति समाजको नियमहरुलाई मान्दैन्, यस्तो चरित्रहीन माथि कहिले विश्वास गर्नु हुदैन्। किनकि उसले जे पनि गर्न सक्छ।*

आचार्य चाणक्यको यो सूत्र माथि अमल गर्ने हो भने सही व्यक्तिको पहिचान गर्नमा धेरै नै सहायता हुन सक्छ। सही व्यक्ति त्यो हो जसले समाजको नियमहरुको सम्मान गर्छ। समाजले नियम-कानून त्यतिकै बनाएको हुदैन् बल्कि लामो समयको आचार-व्यवहारको आधारमा पूरा समाजको

हितलाई दिमागमा राखेर समाजको नियम-कायदा बनाईएको हुन्छ। यसबाट सफा हुन जान्छ कि जो व्यक्ति समाजको नियमहरुलाई मान्दैन् उ अहंले भरेको हुन्छ। उ स्वाभाविक रुपमा आफूलाई समाज भन्दा माथि मान्दछ। यस्तो व्यक्ति माथि विश्वास गर्नु आफ्नो प्रयोजनको साथ-साथै आफ्नो पनि नोक्सान गर्नु हो। कुनै पनि कार्यको सफलता उसको उचित प्रबंधन माथि निर्भर गर्छ। त्यहि प्रबंधनको सफलतामा यो कुराको अहम योगदान हुन्छ कि सही व्यक्तिको पहिचान गरियोस् र उसलाई त्यहि हिसाबले काम सुपिंयोस्।

मैनेजमेंट गुरु चाणक्यले सही व्यक्तिको पहिचान गर्ने अर्को सूत्र दिन्छन्-

अप्रियेणं कृतं प्रियमपि द्वेष्यं भवति।

यसको मतलब *यदि शत्रुले कुनै प्रिय कार्य गर्छ भने उसंग सावधान नै रहदा राम्रो होला। उनी* भन्छन् कि त्यसमा अवश्य कुनै न कुनै कुरा लुकेको हुन्छ। आचार्य चाणक्यले भन्छन् कि यस प्रकारको व्यवहारलाई शत्रुता देखाउने नै कुनै चाल मान्नुपर्छ। आचार्य चाणक्यको यो कुरा बिल्कुल व्यावहारिक छ। हामीले आफ्नो जीवनमा यस्तो अनुभवहरु गरेका पनि छौं। कुनै व्यक्तिसंग यदि झगड़ा हुन्छ र उ पटक-पटक तपाईसंग हितेशी बन्ने ढोंग गर्दै तपाईको नजिकीन खोज्छ र तपाईको काममा ईमानदारीसंग साथ दिने स्वांग गर्छ। यदि तपाई उ माथि विश्वास गर्नुहुन्छ भने उसले काम त आफ्नो हातमा लिन्छ तर उसले त्यो काम बनाउनु कताहो-कता उ त्यस कामलाई बिग्रानमा पूरा तत्परतासंग लाग्छ। यसको परिणाम यो हुन्छ कि तपाई एक पटक फेरि छलिनुहुन्छ। तपाई त लाग्नु भएको थियो शत्रुतालाई मेटेर मित्रता कायम गर्न तर अगाडि आउने मित्रताको आड़मा शत्रुता निभाउनेमा सफल हुनजान्छ। त्यसैले यो कुराको विशेष रुपमा ख्याल राख्नुपर्छ कि जोसंग शत्रुता छ उसको भोलापन माथि गएर उ माथि विश्वास गरि हाल्नु हुदैन्। यसले आखिरकार नोक्सान तपाईको नै हुन्छ। आचार्य चाणक्य यो कुराबाट राम्ररी अवगत थिए त्यसैले उनले यस्तो सूत्र दिएका हुन्।

यस्तो पनि संभव छ कि कहिले कुनै शत्रुको मनमा मित्रताको भाव पैदा हुन सक्छ। यस्तो हालतमा सही तरीकाबाट उसको परख हुनुपर्छ। यस्तो व्यक्तिलाई पहिला कम महत्वको काम दिनुपर्छ। यदि उसले ईमानदारीको साथ अंजाम दिन्छ भने फेरि उसलाई अगाडिको काम दिनुपर्छ। साथै हरेक पाईलामा विशेष निगरानी राख्नुपर्छ। ताकि उ त्यस कामको माध्यमबाट नोक्सान पुगाउने मन बनाउछ भने उ त्यो योजनालाई अंजाम सम्म पुग्न नसकोस्।

आचार्य चाणक्यले यस संदर्भमा एउटा अझ धेरै नै अहम सूत्र दिएका छन्। उनी भन्छन्-

अविश्वस्तेषु विश्वासो न कर्तव्यः।

यसको मतलब यो हुन्छ कि *अविश्वस्तहरु माथि विश्वास गर्नु हुदैन्।* यानी यस्तो मानिसहरु माथि विश्वास गर्नु खतरासंग खेल्नु हो जसको सही तरीकाबाट परीक्षा लिएको छैन्। बिना जांच गरि कुनै पनि व्यक्ति माथि विश्वास गर्नेको मतलब सीधा रुपमा आफ्नो नोक्सानलाई आमंत्रित गर्नुहो। यस्ता मानिसको कार्यले नोक्सान त गर्छ नै साथै व्यक्तिगत नोक्सान पनि पुगाउन सक्छ। त्यसैले यस्तो मानिसहरुसंग विशेष सावधानी राख्ने सल्लाह चाणक्यले दिन्छन्। वास्तवमा, चाणक्यको पूरा जीवन ज्ञान र अनुभवबाट तपेको छ। त्यसैले जब उनी सूत्र दिन्छन् तब त्यसमा उनको ज्ञानको साथ-साथै व्यावहारिक अनुभवको पनि स्पष्ट झलकहरु प्राप्त हुन्छ। उनका धेरै कुराहरु पहिलो त कटु जस्तो अनुभव हुन्छ तर यदि आफ्नो व्यावहारिक जीवनमा ती कुराहरुलाई राख्न सकियो भने त्यो सय प्रतिशत सही प्रमाणित भएको थाहा हुन्छ।

वास्तवमा, मैनेजमेंट गुरु चाणक्य मूर्खहरुसंग विशेष सावधानी राख्ने कुरा हरेक ठॉउमा गर्छन्। उनले एउटा सूत्र दिएका छन्-

उपकर्तर्यपकर्तुमिछत्यबुधः।

यसको मतलब यो भयो कि *मूर्खले उपकारकको पनि अपकार गर्छ।* यानी उनी सफा रुपमा भन्छन् कि यदि तपाईलाई थाहा छ कि तपाईसंग रहेको व्यक्ति मूर्ख छ भने उ माथि भूलेर पनि विश्वास गर्नु हुदैन्। यस्तो गर्नु आफ्नो अपमान र नोक्सानलाई नै आमंत्रित गर्नुहो। वास्तवमा हामी मानिसहरुको पहिचान गर्नमा भूल गर्छौं र फेरि नोक्सानको दोष अरु माथि राख्दै जान्छौं। जबकि त्यो नोक्सानको जिम्मेदार हामी आफै हुन्छौं, कसै अरुको हुदैन् बल्कि यदि सही व्यक्तिको पहिचान गरेर उसलाई काम दिएको भए स्वाभाविक रुपमा उसले त्यो कामलाई सही तरीकाले गरेर सफल गर्थ्यो र आफ्नो पनि फाईदा हुन्थ्यो। मूर्खहरुलाई आफूसंग त्यसैले पनि जोड्नु हुदैन् किनकि उनीहरु स्वभावबाट नै नकारात्मक हुन्छ। तपाईले यस्तो मानिसहरुको जति सुकै राम्रो गर्नुहोस् तैपनि उ नराम्रो बाटोमा नै लाग्छन्। यही कारण हो कि जुन व्यक्ति मूर्खहरुको भलाई गर्छ उसंग मूर्ख व्यक्तिले नराम्रो नै गर्छ। त्यसैले आचार्य चाणक्यले पटक-पटक मूर्खहरुसंग बचेर रहने सल्लाह दिन्छन्।

सही व्यक्तिको पहिचान गर्दा खेरी मैनेजमेंट गुरु चाणक्य पापीहरुसंग बच्ने सल्लाह दिदै एउटा सूत्र दिन्छन्-

न पापकर्मणामाक्रोशभयम्।

यसको मतलब यो भयो कि *पापकर्मीलाई निंदाको भय* हुदैन्। यो कुरा बिल्कुल सही हो। यसलाई यसरी बुझ्न सकिन्छ कि पापी शुरुआतमा त निंदाबाट डराउछ र पाप गर्दा धेरै-थोरै हिचक राख्छन्। तर जसरी नै उसमा यो भ्रम आउछ कि यसबाट के फरक छ त्यस पछि उ निंदा देखि डराउन बंद गर्छ। यस्ता मानिसहरुको मानसिक दिवालिएपनको यसै कुराबाट जान्न सकिन्छ कि उ बदनामीलाई नै गौरवको कुरा मान्न थाल्छ। त्यसैले सफलता पाउनको लागि यो धेरै नै जरूरी हुन जान्छ कि यस्तो मानिसहरुबाट बचेर रहनुपर्छ। यस्तो मानिसहरुलाई न त कुनै काम दिनुहोस् र न यस्ता मानिसहरुसंग मिलेर कुनै काम गर्नुपर्छ किनकि यस्ता मानिसहरुलाई आफ्नो सफलता-असफलताको वास्ता त हुदैन् साथै उनीहरुले अरुलाई पनि आफूसंगै तल लिएर जान्छन्। निंदाको भयबाट मुक्त यस्ता मानिसहरुको आफ्नो नोक्सान त केहि हुदैन् तर उनीहरुसंग जोडिएका सही व्यक्तिको नोक्सान अवश्य हुन जान्छ।

यस्ता मानिसहरुसंग सावधान गर्दै चाणक्य एउटा अर्को सूत्र दिन्छन्-

मिकृतिप्रिया नीचाः।

यसको मतलब यो हुन्छ कि *नीच मानिसहरुको स्वभाव सज्जनहरुलाई दुखी गर्ने खालको हुन्छ। यस्ता मानिसले आफूलाई* राम्रो वा भलाई गर्ने व्यक्तिलाई पनि धोखा दिन सक्छन्। आचार्य चाणक्यले भन्छन् कि यस्ता मानिसहरुसंग विशेष रुपमा सावधानी राख्नुपर्छ।

चाणक्यका यी कुराहरुले बिल्कुल सफा हुन्छ कि यदि तपाई सफल हुन चाहनु हुन्छ भने नीच मानिसहरुको संगतमा भूलेर पनि नपर्नुहोस् किनकि यस्ता मानिसहरुं कसैको हुदैन्। यस्तो मानिस आफ्नो भलाई गर्ने मानिसको नोक्सान गर्ने ताकमा रहेका हुन्छन्। त्यसैले यदि कुसैको आचार-व्यवहारबाट यो थाहा हुन्छ कि उ नीच किसिमको मानिस छ भने उस माथि विश्वास गर्नु हुदैन् र न उसलाई कुनै अहम जिम्मेवारी दिनुपर्छ र न यस्तो मानिसहरुको साथमा मिलेर कुनै काम गर्नुपर्छ। किनकि यस्तो गर्नु प्रत्यक्ष रुपमा आफ्नो दुखलाई बुलावा दिनुहो र स्वाभाविक रुपमा यसको जिम्मेवार त्यो व्यक्ति भन्दा ज्यादा हामी आफै हुन्छौं।

एउटा राम्रो मैनेजमेंट गुरुको रुपमा आचार्य चाणक्यले एउटा सूत्रको माध्यमबाट यो कुरा बिल्कुल सफा गरेका छन् कि नीच मानिस केहि सिक्नको लागि पनि तैयार हुदैन्। उनी भन्छन्-

नीचस्य मतिर्न दातव्या।

यसको मतलब यो भयो कि *नीचलाई उपदेश दिनु हुदैन्।* आचार्य भन्छन् कि नीच सदा नीच नै रहन्छ। उसलाई समझाउने-बुझाउनेको प्रयास व्यर्थ नै जान्छ।

उसलाई ज्ञान दिदा बदलामा नराम्रो बर्ताव नै प्राप्त हुन्छ। ठिक त्यसरी नै जसरी सर्पलाई दूध पिलाउदा उसको विष समाप्त हुदैन्। त्यसैले यस्तो मानिसहरुलाई समझाउनु-बुझाउनुमा आफ्नो श्रम र समय नष्ट गर्नुको सट्टा सही र योग्य व्यक्तिको तलाश गर्नुपर्छ। चाहे त्यसमा धेरै समय किन नलागोस्।

आचार्य चाणक्यको सूत्रहरुको आधारमा जसले सही व्यक्तिको पहिचान गर्ने कुराहरु यहा गरिएकोछ? हो, यदि त्यस माथि अमल गरियो भने सफलता पाउने बाटो गाह्रो हुदैन् किनकि मैनेजमेंट गुरु चाणक्यको शिक्षा केवल किताबी छैनन्। उनले जे पनि सूत्र दिएका छन् त्यो आफ्नो ज्ञानको साथ-साथै आफ्नो अनुभवको पाठशालाबाट दिएका छन्। त्यसैले यी कुराहरु माथि अमल गर्दा सकारात्मक परिणाम पाउने कुरा तय छ। ●

2

नेतृत्व क्षमता

कुनै पनि क्षेत्रमा सफलता पाउनको लागि नेतृत्व क्षमता एउटा अनिवार्य गुण हो। जुन व्यक्तिमा यो क्षमता हुन्छ उ सफलताको सीढिहरु राम्ररी चढ्न सक्छ। नेतृत्व गर्ने क्षमता राख्ने खालको व्यक्ति हरेक क्षेत्रमा सफल हुन्छ। कार्यहरुलाई मैनेजमेंटको दृष्टिले हेर्ने हो भने यो क्षमताको महत्व अझ बढ्न जान्छ।अ ाचार्य चाणक्यले नेतृत्व क्षमतालाई विकसित गर्ने लागि धेरै सूत्र दिएका छन्। यदि यी सूत्रहरुलाई आफ्नो जीवनमा अंगाल्न सकियो भने यो क्षमताको स्वाभाविक रुपमा विकास हुनेछ। जाहिर कुरा छ कि यस्तो भयो भने सफलताको बाटो पनि सजिलो हुनेछ।

आचार्य चाणक्यले सूत्र दिन्छन्-

यो यस्मिन् कर्मणि कुशलस्तं तस्मिन्ने व योजयेत्।

यसको मतलब यो छ कि *जो व्यक्ति जुन कार्यमा निपुण छ, उसलाई त्यहि कार्य दिनुपर्छ।* नेतृत्व क्षमताको अनुसार यो धेरै नै अहम कुरा हो। अक्सर मानिस यसै मामलामा धोका खान्छन्। गलत व्यक्तिलाई काम दिदा निष्कर्ष यो आउछ कि त्यो काम पूरा हुन पाउदैन्। यदि पूरा हुन्छ भने त्यो धेरै ढिलो र गलत तरीकाबाट हुन्छ यस्तो हालतमा त्यो व्यक्ति भन्दा ज्यादा बदनामी नेतृत्व गर्ने व्यक्तिको हुन्छ। असफलताको सबै जिम्मां नेतृत्व गर्ने व्यक्ति माथि राखिन्छ। त्यसैले यदि कसैको यो चाहना छ कि उसको नेतृत्व सही होस् र उसको परिणाम पनि राम्रो होस् भने उसले आफू भित्र उपयुक्त व्यक्तिको पहिचान गर्ने क्षमताको विकसित गर्नुपर्छ। यसबाट दोहरो फाईदा हुन्छ। पहिलो कुरा त यो कि काम सही तरीकाबाट पूरा हुन्छ र तपाईको नेतृत्वको तारीफ हुन्छ। त्यहि अर्कातिर जुन व्यक्ति कामलाई अंजाम दिन्छ उसको विकास पनि हुन्छ। कामलाई सही तरीकाबाट भएको कारणले उसको आत्मविश्वासमा बढ़ोतरी हुन्छ र सामान्य रुपमा यसको लागि उ नेतृत्व गर्ने व्यक्तिलाई नै जिम्मेवार मान्दछ। यस्तो हुनाले नेतृत्व गर्ने व्यक्तिको इज्जत आफ्नो टीममा पनि बढ्छ र बाहिर पनि।

नेतृत्व गर्ने व्यक्तिको स्वभावको बारेमा मैनेजमेंट गुरु चाणक्यले एउटा राम्रो सूत्र दिन्छन्-

आश्रितैरप्यवमनसते मृदुस्वभावः।

यसको तात्पर्य यो छ कि *मृदु स्वभाव भएका व्यक्ति आश्रितहरुले पनि अपमानित हुन्छ।* आचार्य चाणक्य स्पष्ट रुपमा भन्छन् कि मधुर स्वभाव हुनुमा कुनै कुनै बुराई छैन्। तर राजनीति र सरकारी कामकाज वा फेरि कुनै संगठनको संचालनमा यसको राम्रो प्रभाव पर्दैन्। सामान्यतः मूर्ख मानिसहरुले नेतृत्व गर्ने व्यक्तिको यो गुणलाई उसको दुर्बलता मान्न थाल्छन्। यस्ता मानिसहरु मौका पाएर अपमान गर्न पनि पछाडि पर्दैनन्। त्यसैले नेतृत्व गर्नको लागि यो धेरै नै आवश्यक हुन जान्छ कि उ मूर्खहरुलाई हप्कारेर नियन्त्रण राखोस्। यस्ता मानिसहरुको प्रति सौहार्दपूर्ण रवैया अपनाउनु सही हुदैन्। जसको कारण यस्ता मानिसहरु उसको नाजायज फाईदा उठाउन थाल्छन्। त्यसैले नेतृत्व गर्ने व्यक्तिले जरूरतको हिसाबले कडा रवैया पनि अपनाउनु पर्छ। आवश्यकता पर्दा कडा निर्णय लिन पनि हिचकिचाउनु हुदैन् किनकि यस्तो निर्णयको माध्यमबाट पूरा संगठनमा उदाहरण प्रस्तुत हुन्छ र यसको असर त्यहा रहेका सबै मानिसहरुको काम माथि स्वाभाविक रुपमा पर्छ।

यस बारेमा आचार्य चाणक्यले एउटा मैनेजमेंट गुरुको सरह धेरै नै अहम सूत्र दिन्छन्-

तीक्ष्णदण्डः सर्वेरूद्वेनीयो भवति।

यसको तात्पर्य यो छ कि *तीक्ष्ण दंड दिने खालका राजासंग सबै घृणा गर्छन्।* पछिल्लो सूत्रमा मैनेजमेंट गुरु चाणक्यले भनेका छन् कि नेतृत्व गर्ने व्यक्तिको स्वभाव मृदु हुनुहुदैन्। त्यहि यस सूत्रमा उनी भन्छन् कि तीक्ष्ण दंड दिने राजासंग सबै घृणा गर्छन्। सामान्य रुपमा यदि हेर्ने हो भने यसमा आपसी विरोधाभास देखिन्छ तर वस्तुतः यस्तो छदैछैन्।

यसको माध्यमबाट आचार्य चाणक्यले नेतृत्व गर्ने गुणहरुको विकासका कुराहरु गरि रहेका छन्। उनको तात्पर्य यो छ कि यदि तपाईको नेतृत्वमा काम गर्ने व्यक्तिबाट कुनै गलती हुन जान्छ भने उसलाई दंड त दिईयोस् परंतु दंडको प्रकृति उसको गलतीको प्रकृतिको आधारमा तय हुनुपर्छ। सबै भन्दा पहिला यो बुझ्नुपर्छ कि सानो गलतीको लागि ठूलो सजाय दिनु हुदैन्। यस बाहेक त्यस व्यक्तिको पहिलाको रिकार्डलाई पनि दिमागमा राख्नुपर्छ। बिना गलतीको प्रकृतिलाई हेरिकन सामान्य गलतीको लागि पनि यदि ठूलो सजाय दिईन्छ भने त्यसको बहुत नकारात्मक असर पर्छ। तपाईको नेतृत्वमा काम गर्ने

मानिसहरुको बीच असंतोष बढ्छ। सबै मानिसहरुको मनमा नेतृत्वलाई लिएर आशंका पैदा हुन थाल्छ। यस्तो विद्रोहको हालात पैदा हुन जान्छ। त्यसैले सही नेतृत्वको परीक्षा पाईला-पाईलामा हुन्छ। नेतृत्व गर्ने व्यक्तिले सधै यो कुराको ख्याल राख्नुपर्छ।

नेतृत्व गर्ने व्यक्तिहरुको लागि यो धेरै नै जरूरी हुन्छ कि उसको भित्र त्यो क्षमता होस् जसको साहारामा उ सही मानिसहरुको पहिचान गर्न सकोस्। यस बारेमा केहि कुराहरुको ख्याल राख्नु धेरै नै जरूरी हुन जान्छ। सबै भन्दा पहिला यो कुरालाई जान्न जरूरी छ कि तपाईको सोच कुन प्रकारको छ किनकि यसको आधारमा मानिसहरुले चीजहरुलाई हेर्छन्।

यदि तपाईको सोच सकारात्मक छ भने तपाईले नराम्रो चीजहरुबाट पनि सकारात्मक कुराहरुलाई ग्रहण गर्ने कोशिश गर्नु हुनेछ। यदि तपाईको सोच नकारात्मक छ भने राम्रो कुराहरु पनि तपाईलाई प्रभावहीन जस्तो लाग्नेछ। त्यसैले मानिसहरुको पहिचानमा पनि सोचको ठूलो महत्व हुन्छ। यस बारेमा आचार्य चाणक्यले भनेका छन्-

कस्य दोषं कुले नास्ति व्याधिना को न पीडितः।
व्यसनं केन न प्राप्तं कस्य सौख्यं निरंतरम्॥

यसको माध्यमले आचार्य चाणक्यले बताएका छन् कि दोष कहा हुदैन्? उनी भन्छन् कि *कसैको कुलमा दोष हुदैन्। उनी यो प्रश्न पनि गर्छन् कि रोग कसलाई दुखी गर्दैन्। जीवनको सत्य पनि त यही हो कि दुःख हरेक व्यक्तिले भाग्नुपर्छ र सुख कसैसंग स्थाई रह्दैन्।* उनी यो पनि भन्छन् कि कमी-कमजारीहरुलाई लिएर अधिक चिंता गर्नु हुदैन्· बल्कि त्यस कुरा माथि जोर दिनुपर्छ कि ती कमीहरुलाई कसरी टाढा गरेर राम्रो परिणाम प्राप्त गर्ने खालका गुणको विकसित गर्न सकियोस्।

सही नेतृत्वकर्ताको यही पहिचान हो कि उ असक्षम मानिसहरुलाई सक्षम बनाउनमा सक्षम हुन्छ। त्यसैले केवल दोषहरुलाई हेरेर नै कसैको बारेमा अंतिम राय कायम गर्नु ठीक हुदैन्। त्यसैले नेतृत्व क्षमताको कुरा गर्दै यो क्षमतालाई विकसित गर्नु धेरै नै जरूरी छ किनकि यसको आधारमा तपाईको कार्यहरुको भविष्य निर्भर गर्छ र जो सुकैलाई पनि सफल बनाउनमा अहम भूमिका निभाउछ।

यहा माथि भनिएको कुराको तात्पर्य यो बिल्कुल होईन् कि व्यक्तिको चयन गर्दाखेरी उसको हरेक बुराईलाई अनदेखा गर्नुपर्छ। यस्तो गर्नु ठीक हुदैन्। वास्तवमा, त्यहा जरूरी यो छ कि तपाई ती दोषहरुको उपेक्षा गर्नुहोस् जसको

बारेमा तपाईलाई लाग्छे कि त्यसलाई केहि मेहिनत गरेर टाढा गर्न सकिन्छ। अब जो व्यक्ति स्वभावबाट नै दुष्ट छ, उस माथि विश्वास गर्न सकिदैन्। त्यसैले ती चीज़हरुबाट सावधान रहनु धेरै नै जरूरी छ।

दुष्टहरुबाट बच्ने संदर्भमा आचार्य चाणक्यले नीति बताउदै लेखेका छन्-

दुर्जनेषु च सर्पेषु वरं सर्पो न दुर्जनः।
सर्पो दंशति कालेन दुर्जस्तु पदे-पदे॥

आचार्य चाणक्य यहा दुष्टताको तुलना गर्दै ती पक्षलाई राख्दै छन् जहा दुज़्टताको प्रभाव कमसे कम परोस्। कौटिल्यको भनाई छ कि दुष्ट र *सर्प* दुबै *खतरनाक हुन्छन्। तर यसमा पनि कुनै एउटा धेरै खतरनाक भन्नुपर्दा त्यो दुष्ट नै हुन्छ।* यानी दुष्ट व्यक्ति सर्प भन्दा पनि ज्यादा खतरनाक हुन्छ। उनको मान्सता छ सर्पो त एक पटक मात्र टोक्छ तर दुष्ट व्यक्तिले पग-पगमा छल गऱि रहन्छ। त्यसैले दुष्टसंग बचेर बस्नुपर्छ।

नेतृत्व गर्ने व्यक्तिहरुले यो कुराको ख्याल राख्नुपर्छ कि दुष्टहरु माथि गलतीले पनि विश्वास नगरिओस्। किनकि यसको भरपाई उनले आफै भर्नुपर्छ। दुष्टहरु माथि विश्वास गर्नुको सट्टा अरु नोक्सान उठाउनु नै अपेक्षाकृत सही हुन्छ किनकि त्यसमा कम भन्दा कम नोक्सानको कुरा सफा त हुन्छ। तर यदि तपाईले दुष्ट माथि विश्वास गरेर उसलाई कुनै काम दिनुहुन्छ भने उसले के कुन बेला गड़बडी गर्छ त्यसको थाहा पनि हुदैन्।

त्यसैले यस्ता मानिसहरु माथि विश्वास गर्नु आफ्नो असफलतालाई आफैले लत्याउनुहो। यस्ता मानिस तपाईको विश्वास जित्नको लागि त तपाईको मुखमा तपाईको मन मुताबिक कुराहरु गर्नेछन् तर जब मामला उनीहरुको फाईदामा आउछ तब आफ्नो स्वार्थको लागि तपाईको नोक्सान गर्न उनीहरु कहिले पनि पछाडि पर्दैनन्। त्यसैले दुष्टहरुबाट बचेर रहदा राम्रो हुन्छ।

अन्यथा यस्तो मानिसहरु माथि विश्वास गर्दा जुन नोक्सान हुन्छ त्यसको लागि तपाई नै जिम्मेवार हुनुहुनेछ। यो पनि साचो छ कि एक पटक नोक्सान भए पछि जति सुकै पछुतो मानेर पनि केहि हुदैन्। त्यसैले शुरु देखि नै यो कुराको विशेष रुपमा ख्याल राख्नुपर्छ कि दुष्टहरु माथि विश्वास नगरियोस्।

यो कुरालाई पनि बुझ्नुपर्छ कि हरेक व्यक्तिको क्षमता र स्वभावमा फरक-फरक हुन्छ। दुई मानिस एकै जस्तो हुदैन्। मानिसहरुमा बुनियादी रुपमा धेरै फरकहरु रहेको हुन्छ। त्यसैले सबै जनाबाट समान अपेक्षा राख्नु पनि सही

हुदैन्। यो कुरालाई दिमागमा राखेर काम गर्ने व्यक्तिले आफूसंग काम गर्ने खालको मानिसहरुसंग राम्रो परिणाम पाउनमा सफल हुन्छ।

यस बारेमा आचार्य कौटिल्यले चाणक्य नीतिको एउटा धेरै नै अहम सूत्र दिएका छन्-

एकोदरसमुद्भूता एउटा नक्षत्र जातका।
न भवन्ति समा शीले यथा बदरिकण्टकाः॥

यहा आचार्य चाणक्य यो बताउछन् कि एउटै उदरबाट र एउटै नक्षत्रमा जन्म लिएका दुई बच्चाहरुको स्वभाव पनि एक समान हुदैन्। अर्थात् जसरी *बेर र कांटा एउटै वृक्षमा एक साथमा उत्पन्न हुन्छ तर तीनीहरुको स्वभाव अलग-अलग हुन्छ। यसै प्रकार एउटै आमबाट एउटै नक्षत्रमा जन्मिएका दुई जुम्लिह्या बच्चाहरुको पनि स्वभाव र आचरण एक समान हुदैन्।*

यो सूत्रको माध्यमबाट नेतृत्व क्षमताको एउटा नया आयाम खुल्छ। कुनै पनि संगठन वा कार्यको नेतृत्व गर्ने व्यक्तिहरुले यो कुरालाई धेरै नै गहिराईको साथ बुझ्नुपर्छ कि हरेक व्यक्तिको आफ्नो एउटा अलग प्रकृति हुन्छ। त्यसै हिसाबबाट उसलाई काम दिनुपर्छ। सबै जनासंग समान अपेक्षाहरु गर्नुहुदैन्।

यस्तो भयो भने गड़बड़ी स्वाभाविक छ। त्यसैले नेतृत्व गर्ने वक्तिको लागि यो धेरै नै जरूरी हुन जान्छ कि उ आफूसंग काम गर्ने मानिसहरुको क्षमता र विशेषताको पहिंचान गरेर त्यस अनुरुप काम गराउन्। उदाहरणको रुपमा फिल्महरुमा राम्रो निर्देशक त्यो प्रमाण्ति हुन्छ जसलाई यो राम्ररी थाहा हुन्छ कि उसलाई कुन अभिनेताबाट कुन प्रकारको अभिनय गराउछ। यो कुरा हरेक क्षेत्रमा लागू हुन्छ। त्यसैले नेतृत्व गर्ने व्यक्तिको सफलताको लागि व्यक्तिको क्षमता र विशेषताको पहिचान गरेर र त्यस हिसाबबाट उनीहरुबाट परिणाम निकाल्ने क्षमता हुनुपर्छ।

यसै संदर्भमा आचार्य चाणक्यले एउटा अरु सूत्र दिएका छन्-

सुपूजितोपि दुर्जनः पीडयत्येव।

यसको मतलब यो भयो कि *सुपूजित दुर्जनले पनि दुःख नै दिन्छ।* सही व्यक्तिको पहिचांन गर्ने क्षमता जब सम्म नेतृत्व गर्ने व्यक्तिमा हुदैन् तब सम्म उसको नेतृत्वमा सही परिणाम प्राप्त गर्न सकिदैन्। नेतृत्व गर्ने व्यक्तिले सक्षम मानिसहरुको प्रति सौहार्दपूर्ण रवैया अपनाउनु पर्छ। त्यहि दुर्जनहरुको खिलाफ कडा रवैया अपनाउनुपर्छ। यदि नेतृत्वकर्ताले दुर्जनहरुलाई पनि सम्मान दिन र उनलाई अहम जिम्मेवारीहरु दिन थाले भने यसको सीधा मतलब यो हुन्छ कि उ आफ्नो असफलतालाई आमंत्रित गरि रहेको छ।

नेतृत्व गर्ने व्यक्तिको लागि जरूरी छ कि उ आफ्नो अधीन रहने सबै कार्यहरु माथि नजर बनाई राखोस्। यस बारेमा चाणक्य एक राम्रो मैनेजमेंट गुरुको सरह यो सूत्र दिन्छन्-

स्वयमेवावस्कन्नं कार्य निरीक्षेत्।

यसको मतलब यो भयो कि *स्वयं बिग्रेका वा अन्य कसैले बिग्रारेको कार्यहरुको स्वंयले निरीक्षण गर्नुपर्छ।* नेतृत्व गर्ने व्यक्तिहरु र यस्तो इच्छा राख्ने व्यक्तिहरुको लागि यो एउटा धेरै नै अहम सूत्र हो। एउटा योग्य नेतृत्वकर्ताको यो बुनियादी गुण हो कि जसरी सफलताको श्रेय उसलाई आफै प्राप्त हुन्छ त्यसरी नै उसले पछि गएर असफलताको जिम्मेवारी पनि लिनुपर्छ। यसैसंग जोडिएको सूत्र आचार्य चाणक्यले दिएका छन्। उनी भन्छन् कि यदि कुनै काममा आफै विघ्न आएको छ वा फेरि कसैले विघ्न पारेको छ भने यस्तो कार्यहरुलाई नेतृत्व गर्ने व्यक्तिले आफै नै हेर्नुपर्छ। यस्ता मामलाहरुमा अरुको विस्वासमा बस्नु गलत उदाहरण प्रस्तुत गर्छ। जब यस्ता मामलाहरुमा नेतृत्वकर्ता अगाडि बढेर कामलाई हेर्छ र उसलाई पुरा गर्नमा सफल रहन्छ तब यसको सकारात्मक असर सँगै काम गर्ने व्यक्तिहरु माथि पर्छ तथा एउटा अनुकरणीय उदाहरण प्रस्तुत हुन्छ।

सफल नेतृत्वकर्ता बन्नको लागि यो पनि धेरै नै जरूरी छ कि तपाईले यदि कुनै काम कसैलाई दिनु भएको छ भने उस माथि निहरानी बनाई राख्नुपर्छ। यदि कुनै समस्या आउछ भने समाधान हुनको लागि आफै अगाडि बढ्नुहोस्। यस्तो गर्नाले तपाईले जसलाई त्यो कामको जिम्मेवारी दिनु भएको छ उसको मनमा तपाईको प्रति सम्मान बढ्नेछ र उ त्यो कामलाई पूरा गर्नमा दुईगुणा उत्साहको साथ लाग्नेछ।

सही मायनेमा हेर्ने हो भने नेतृत्व क्षमतालाई बलियो बनाउनको लागि मैनेजमेंट गुरु चाणक्यका यी स-साना सूत्रहरु धेरै ठूलो काममा आउछ। यी कुराहरुलाई बुझ्नको लागि नयाँ जमानाको मैनेजमेंट गुरु लाखौं रुपैया वसूली गर्छन्। तर यदि भारतको सबै भन्दा पुरानो मैनेजमेंट गुरुका यी स-साना सूत्रहरु माथि अमल गरियो भने अवश्य नै सफलता तपाईको पाईला चूम्नेछ। ●

3

रणनीतिक कौशल

रणनीति बनाउने मामलामा चाणक्य जस्तो अर्को उदाहरण पाउन सकिदैन्। उनी न केवल रणनीति नै बनाउथ्ये बल्कि त्यसलाई लागू गर्ने पूरा रूपरेखा पनि तैयार गृर्थ्ये। उनको सही रणनीतिको नै नतीजा हो कि उनले जे पनि चाहना गरे त्यसलाई समयमा र प्रभावशाली तरीकाबाट पूरा गरे। कुनै पनि क्षेत्रमा सफलता पाउनको लागि रणनीतिक कौशलको हुनु धेरै नै आवश्यक हुन्छ। जसले सही रणनीति बनायो र त्यसलाई सही तरीकाबाट लागू गर्‍यो, उसले सफलता पाउछ। यस्ता उदाहरणहरुले किताबहरु भरीभराउ छ र आज पनि यस्ता मानिसहरूलाई हामी आफ्नो नजिक पाउन सक्छौं।

यो समय कडा प्रतिस्पर्धाको हो। त्यसैले केवल कठिन परिश्रमबाट यो समयमा कुरा बन्छ भ्न्न सकिदैन बल्कि सफलताको लागि एउटा रणनीतिको तहत सही दिशामा बढ्नु र सही समयमा सही कामलाई अंजाम दिनु धेरै नै आवश्यक छ। यो दिशामा सोच-विचारको इच्छा राख्ने मसनिसहरुको लागि आचार्य चाणक्यको सूत्र धेरै नै मद्दतगार प्रमाणित हुनसक्छ। यी सूत्रहरुमा उनले एउटा उत्कृष्ट मैनेजमेंट गुरुको सरह रणनीतिक कौशललाई विकसित गर्ने र त्यसलाई लागू गरेर सही परिणाम प्राप्त गर्ने कुरालाई बखूबी व्यक्त गरेका छन्। रणनीतिक कौशलको आवश्यक्ता हरेक क्षेत्रमा छ। चाहे त्यो राजनीति होस् वा कारोबार वा फेरि निजी जीवन। यो भन्नु गलत हुदैन् कि जीवनको हरेक क्षेत्रमा सफलता पाउनको लागि रणनीतिक कौशलको आवश्यक्ता छ।

मैनेजमेंट गुरु चाणक्यले सूत्र दिएका छन्-

बलवान हीनेन विग्रहणीयात्।

यसको मतलब यो छ कि *बलवान हीन माथि आक्रमण गर्नुपर्छ।* यो एउटा धेरै नै अहम सूत्र हो। यसलाई गहिराईबाट बुझ्नुपर्छ। यहा आचार्य चाणक्यले

एउटा उत्कृष्ट मैनेजमेंट गुरुको सरह यो बताई रहेका छन् कि आफ्नो क्षमताको हिसाबले नै कामको निर्धारण गर्नुपर्छ। यसलाई उदाहरणको माध्यमबाट बुझ्दा सजिलो हुनेछ। मानौं कि यदि कुनै विद्यार्थीको क्षमता सिविल सेवामा सफलता प्राप्त गर्न सक्ने छैन्। कुनै कारणले उसको शिक्षा त्यो स्तरको हुन सकेको छैन् भने उ निराश हुनु सट्टा अर्को बाटो खोज्नुपर्छ। उसले यस्तो प्रतियोगी परीक्षाको तैयारी गर्नुपर्छ जसमा सिविल सेवाको परीक्षाको तुलनामा कम ज्ञानबाट पनि कामकुरा बनोस्। सधै आफ्नो क्षमतालाई हेरेर नै लक्ष्य निर्धारित गर्नुपर्छ।

यो सूत्र पनि मैनेजमेंट क्षेत्रको हिसाबले धेरै नै अहम छ। यदि मानौं कि तपाई कुनै कंपनीको मुख्य कार्यकारी अधिकारी (सीईओ) हुनुहुन्छ। जब तपाई आफ्नो कारोबारको विस्तारको योजनाहरु बनाउनुहुन्छ भने तपाईले यो कुराको ख्याल राख्नुपर्छ कि सीधै गएर आफ्नो क्षेत्रका बलिया कंपनीहरुलाई चुनौती नदिनुहोस् बल्कि सबै भन्दा पहिला तपाईले ती कंपनीहरुको बाजारलाई आफ्नो हातमा लिने कोशिश गर्नुपर्छ जुन तपाईको कंपनी भन्दा अपेक्षाकृत कमजोर छन्। जब यस्ता कंपनीहरुको बाजारलाई तपाईले आफ्नो साथमा जोड्नुहुनेछ तब स्वाभाविक रुपमा यो पूरा प्रक्रियामा तपाईको कंपनी पनि बलियो हुनेछ। यस्तो भए पछि तपाईको ताकत पनि बढ्नेछ र कंपनीको पनि र जुन कंपनी पहिला तपाईको कंपनी भन्दा बलियो थियो तीनीहरुसंग अब तपाईले टक्कर लिन सक्नुहुन्छ। त्यसैरी नै यो सूत्र हरेक क्षेत्रमा लागू हुन्छ।

यस बारेमा मैनेजमेंट गुरु चाणक्य सावधान गर्दै एउटा सूत्र दिन्छन्-

गजपादयुद्धमिव बलवद्विग्रहः।

यसको मतलब यो छ कि *बलवानसंग युद्ध गर्नु हात्तीहरु भएको सेनासंग पैदल लड्नुको समान छ।*

मैनेजमेंटको कलामा माहिर मानिसलाई थाहा हुन्छ कि यस क्षेत्रमा हरेक समय उनको मस्तिष्कमा एउटा मानसिक युद्ध चलि रहेको हुन्छ। यसलाई पनि यदि उदाहरणको माध्यम बुझ्न सक्यो भने सजिलो हुनेछ। मानौं कि तपाईले आफ्नो कुनै कारोबार शुरू गर्नु भएको छ र संभव छ कि त्यसै क्षेत्रमा देशका धेरै ठूलो कंपनीहरु पहिला देखि नै काम गरि रहेको छ। यस्तो हालतमा उनीहरु प्रर्तिशपर्दा सीधा रुपमा नगर्नुहोस्। यस्तो स्थितिमा यदि तपाईले उनीहरुसंग लड्ने कोशिश गर्नुहुन्छ भने तपाई हार पक्का छ। त्यसैले सही रणनीति यो हो कि आफू भन्दा बलवानसंग टक्कर लिने शक्ति प्राप्त

नगरिकन, चुनौती नदिनुहोस्। यो सूत्रलाई अपनाउने व्यक्तिको समग्र विकास स्वाभाविक रुपमा हुदै जान्छ।

मैनेजमेंट गुरु चाणक्यले यो कुरालाई अझ स्पष्ट गर्ने लागि एउटा अर्को सूत्र दिएका छन्। उनले लेखेका छन्-

आमपात्रमामेन सह विनश्यति।

यसको मतलब यो छ कि *कच्चा पात्र काच्चो पात्रसंग ठोकिएर फूट्न सक्छ र उसको नाश हुन जान्छ।*

प्रबंधनको क्षेत्रको लागि यो सूत्र धेरै नै खास छ। यसको माध्यमबाट मैनेजमेंट गुरु चाणक्यले यो बताउने कोशिश गरि रहेका छन् कि समान शक्ति भएका दुई मानिसहरु वा दुई संगठनहरुले आपसमा प्रतिस्पर्धा गर्नु हुदैन्। यस्तो गर्नाले दुबैजनालाई नोक्सान नै हुन्छ। यस्तो स्थितिमा दुबैको फाईदाको लागि दुबै पक्ष मैत्रीसंग काम गर्सेस्। समान ताकत भएका दुई पक्ष यदि मिलेर काम गर्छन् भने ती दुबैको फाईदा हुन्छ। यदि उनीलहरुमा टकराव हुन्छ भने यसमा दुबैको नोक्सान हुन्छ। त्यसैले एक समान शक्ति राख्ने मानिसहरु वा संगठनहरुले आपसी टकरावबाट बच्नुपर्छ। यो कुरा हरेक क्षेत्रमा समान रूपमा लागू हुन्छ। चाहे तपाईको त्यो कारोबारी, राजनेता, नौकरीपेंशा वा फेरि विद्यार्थी होस्। हरेक क्षेत्रको समान शक्ति भएका मानिसहरु यदिं आपसमा मिलेर काम गर्छन् भने उनीहरुको सफलता तय हुनुको साथै उनीहरु कुनै पनि कार्यलाई छिटो भन्दा छिटो र उत्कृष्ट तरीकाबाट पूरा गर्नमा पनि स्वाभाविक रुपमा सफल हुनेछन्।

यस्तोमा एउटा कुराको ख्याल राख्नको लागि मैनेजमेंट गुरु चाणक्यले यो सूत्र दिन्छन्-

अरिप्रयत्नमभिसमीक्षेत।

यसको मतलब यो छ कि *शत्रुको प्रयत्नहरुको समीक्षा गर्दै जानुहोस्।*

तपाईको प्रर्तिस्पर्धा जोसंग छ, उसको सामना गर्नको लागि तपाई उपयुक्त समयको प्रतिक्षा गरेता पनि यस बीच उसको गतिविधीहरुको समीक्षा गरि रहनुपर्छ। उसद्वारा लिईएको निर्णयहरु र अपनाईएका रणनीतीहरुको जानकारी प्राप्त गरि जानु प्रतिस्पर्धा गर्नको लागि धेरै नै आवश्यक छ। अर्को पक्षको रणनीतीहरुको जानकारी संकलण गरे पछि त्यस अनुसार आफ्नो रणनीतीहरुमा फेरबदल गर्नुपर्छ। यदि यस्तो गरिएन भने अगाडिको शक्तिको अनुमान लगाउनमा हामी गलत साबित हुन सक्छौं र प्रतिस्पर्धा हुदा हाम्रो नराम्रोसंग हार हुन सक्छ।

आफ्नो प्रतिस्पर्धीको रणनीतीहरुको जानकारी जुटाउनु पनि एउटा प्रबंधन कौशल नै हो। यसमा जो जति सफल हुन्छ उ प्रतिस्पर्धाको समयमा उति नै सफल हुन्छ किनकि उसलाई आफ्नो विपक्षीको हरेक दांव-पेंचको जानकारी पहिला देखि नै थाहा हुन्छ। यो कुरा हरेक क्षेत्रमा समान रूपमा लागू हुन्छ। त्यो चाहे कारोबार होस्, राजनीति होस्, नौकरी होस् वा फेरि कुनै अरु क्षेत्र।

आफ्नो प्रतिस्पर्धीको प्रयत्नहरु माथि ध्यान बनाई राख्नको लागि आचार्य चाणक्यको सूत्र छ-

यावच्छत्रोश्छिद्रं तावद् बद्धहस्तेन वा स्कन्धेन वा बाह्यः।

यसको मतलब यो छ कि *शत्रुको दुर्बलताको जानकारी नपाए सम्म उसलाई कृत्रिम तरीकाबाट धोकामा राख्नुहोस्।*

यो तपाईको रणनीतिको अहम भाग हुन सक्छ। तपाईको प्रतिस्पर्धीलाई यदि यो कुरा थाहा हुन्छ कि तपाई उसको दुर्बलताको जानकारी लिदै हुनुहुन्छ भने उ सावधान हुनेछ। यस्तो हुदा उ आफ्नो रणनीतिमा बदलाव ल्याउन सक्छ। यसबाट तपाईको काम झन गाह्रो हुन सक्छ। यस्तो स्थितिमा यो आवश्यक छ कि प्रतिस्पर्धीलाई, यसको भनक नलागोस्। चाणक्यले यस सूत्रमा मैनेजमेंट फंडा पनि बखूबी जोडेका छन्। यदि तपाईलाई शत्रुको दुर्बलता र तपाईको विरुद्धमा गरिएको जालको बारेमा थाहा पाउने बितिक्कै लडाई छेड्नु हुदैन् बल्कि उसंग बनावटी प्रेम र आदर देखाएर सबै कुराहरुको जानकारी लिने कोशिश गर्नुपर्छ। जब तपाईसंग आफ्नो विपक्षीको रणनीतीहरुको पूरा जानकारी संकलण हुन्छ तब उसलाई निष्फल गर्ने तपाईसंग पक्का तैयारी हुन जान्छ र तपाई उससंग सीधा-सीधा प्रतिस्पर्धा गर्न सक्नुहुन्छ। यस्तो परिणाम तपाईको हितमा नै हुन्छ।

यो सूत्रलाई हामीले उदाहरणको माध्यमबाट बुझ्दा ज्यादा सुविधाजनक हुनेछ। भारत र पाकिस्तानको बीच आपसी शत्रुता जगजाहिर छ। समय-समयमा दुबै देशहरुको संबंधहरुमा सुधार गर्ने प्रक्रिया चलि रहन्छ तर हरेक पटक नतीजा ढाकको तीन पात सरह नै हुन्छ। यदि भारत पाकिस्तानमा चलि रहेको यस्ता गतिविधीहरुको बारेमा जानकारी जुटाउन चाहनुहुन्छ, जुन भारतको खिलाफ छ भने उसले धेरै नै गोपनीयताको साथ यो काम गर्नुपर्ने हुन्छ। यदि भारत पाकिस्तानको कमजोरीहरुको बारेमा थाहा गर्न चाहन्छ भने उसले धेरै नै गोपनीयतासंग यो कामलाई अंजाम दिनुपर्छ। यसको लागि धेरै पटक सतही रुपमा सौहार्दपूर्ण रवैया पनि देखाउनुपर्छ र जब ती सबै कुराहरुको पुख्ता

प्रमाणहरु एकत्रित हुन जान्छ तब भारत पाकिस्तानको अगाडि यो मामलालाई उठाउन सक्छ। यस्तो हालतमा पाकिस्तानको अगाडि भारतको कुराहरुलाई मान्ने बाहेक अरु कुनै उपाय रह्दैन्।

यो सूत्र हरेक क्षेत्रमा समान रूपमा लागू हुन्छ। यदि तपाई राजनीतिमा हुनुहुन्छ भने पनि तपाईको लागि विपक्षिहरुको रणनीतिको जानकारीको र उनीहरुको कमजोरीहरुको बारेमा थाहा पाउनु धेरै नै आवश्यक हुन्छ। यदि तपाई कारोबारी हुनुहुन्छ भने पनि तपाईलाई अरु कारोबारीहरुको रणनीति र उनको दुर्बलताको जानकारी फाईदामंद साबित हुन सक्छ। यदि तपाई विद्यार्थी हुनुहुन्छ भने पनि तपाईको लागि अरु छात्राहरुको कमजोरीहरुको जानकारी हुनु धेरै नै फाईदामंद साबित हुन सक्छ। आफ्नो विपक्षिहरुको दुर्बलताको जानकारीको फाईदा सही मायनेमा हरेक क्षेत्रका मानिसहरुलाई प्राप्त हुन्छ।

शत्रुहरु वा विपक्षिहरुको सामना गर्नको लागि आचार्य चाणक्यले धेरै सूत्र दिएका छन्। जसमा एक अहम सूत्र छ–

शत्रुछिद्रे प्रहरेत्।

यसको मतलब यो छ कि *शत्रुको छिद्रमा नै प्रहार गर्नुपर्छ।*

सही मायनेमा भन्ने हो भने यो पछिल्लो सूत्रको नै विस्तार हो। पछिल्लो सूत्रमा मैनेजमेंट गुरु चाणक्यले शत्रुको दुर्बलताको तत्ता लगाउदै रहने र जानकारी थाहा गर्दा उसलाई धोकामा राख्ने कुरा भनेका थिए। यसमा उनी भन्छन् कि यदि तपाईलाई यो थाहा छ कि उसको कमजोरी के हो भने उसको कमजोर नस माथि नै प्रहार गर्नुपर्छ। जाहिर छ कि कमजोर नस माथि प्रहार हुनाले विपक्षीको बचावको संभावना धेरै नै कम हुन्छ र उ हार खान्छ। पहिलो वारमा नै विपक्षी आफ्नो कमजोरीहरुको कारण हैरान हुन्छ र जब उसको यसै कमजोरी माथि वार हुन्छ तब उ आफ्नो वचाव गर्न सक्दैन् र आफ्नो काम बन्न जान्छ।

यसलाई पनि एउटा उदाहरणको माध्यमबाट बुझ्दा सजिलो हुनेछ। मान्नुहोस् कि भारत र आस्ट्रेलियाको बीच क्रिकेट मैच हुन गई रहेकोछ। सबै जनालाई थाहा कि आस्ट्रेलियाका खेलाड़ी तेजिलो बललाई राम्ररी खेल्न सक्छन्। जबकि उनीहरु स्पिन बलको त्यति राम्ररी प्रतिकार गर्न सक्दैनन्। त्यसैले आस्ट्रेलियालाई मात दिनको लागि उनको विरुद्व तेजिलो बलको प्रयोग गर्ने रणनीति असफल प्रमाणित हुनेछ। जबकि यदि उनको खिलाफ स्पिन बलहरुको प्रयोग गरियो भने यो रणनीति धेरै नै असरदार साबित हुनेछ। याद गर्नुहोस्

2001 को भारत-आस्ट्रेलिया श्रृंखला। त्यस समय सौरव गांगुलीले यसै रणनीतिलाई अपनाएका थिए र हरभजन सिंहले तीन टैस्ट मैचहरुको सीरिजमा 32 विकेट लिएर आस्ट्रेलियालाई 2-1 बाट सीरिजमा हार खानको लागि मजबूर गरेका थिए। यही कुरा हरेक क्षेत्रमा लागू हुन्छ। जब तपाईले आफ्नो विपक्षीको कमजोर नस माथि प्रहार गर्नुहुनेछ तब उ आफ्नो वचाव गर्न पाउदैन् र स्वाभाविक रुपमा सफलता तपाईको हात लाग्नेछ।

यस बारेमा आफ्नो स्थितिलाई अझ बलियो गर्ने लागि आचार्य चाणक्यले एउटा सूत्र दिन्छन्-

आत्मछिद्रं न प्रकाशयेत्।

यसको मतलब यो छ कि आफ्नो *छिद्र (कमी)को प्रकाश (प्रदर्शन) गर्नु हुदैन्।*

स्वाभाविक रुपमा हरेक इंसानमा केहि खूबिहरु हुन्छन् भने केहि कमीहरु पनि हुन्छन्। सबै यसमा समावेस छ। सही मायनेमा भन्ने हो भने यो प्रकृतिको नियम नै हो तर यस्तो हुदाहुदै केहि मानिसहरु सफल हुन्छन् र केहि मानिसहरु असफल। रणनीतिमा फरक आउनाले नै त्यस्तो हुन्छ। यो फरकलाई टाढा गरेर सफलता र असफलताको गहिराईबाट पार पाउन सकिन्छ।

पछिल्लो सूत्रमा चाणक्यले बताए कि शत्रु वा विपक्षीको कमजोर नसा माथि नै प्रहार गर्नुपर्छ। तर यसमा अहम कुरा यो छ कि तपाई यो काममा सफल तब नै हुन सक्नुहुन्छ जब तपाई आफ्नो कमजोरीहरुको जानकारी अरु विपक्षीलाई थाहा दिनुहुन्न। तपाईले कुनै पनि यस्तो काम अनजानमा नगर्नुहोस् जसबाट तपाईको कमीहरुको थाहा विपक्षीलाई वा कुनै अरुलाई होस्।

किनकि यस्तो कुराहरु सजिलैसंग एक ठॉउ बाट अर्को ठॉउमा पुग्छ। यदि तपाईको विपक्षीलाई तपाईको कमजोरीको जानकारी हुन्छ भने उ पनि तपाईको कमजोर नस माथि प्रहार गर्न सक्छ। जाहिर छ कि यस्तो स्थितिमा तपाईलाई वचाव गर्न धेरै नै गाह्रो हुनेछ र हार खानु बाहेक अरु कुनै बाटो शायद तपाईसंग हुदैन् होला। त्यसैले सफलताको इच्छा राख्ने मानिसहरुले आफ्नो कमजोरीहरुलाई आफू सम्म नै राख्नुपर्छ। अरुको अगाडि यसको प्रदर्शन खतरा भन्दा खाली हुदैन्।

खास रुपमा विपक्षीको अगाडि त सधै सशक्त र सक्षम नै देखिनुपर्छ। यदि तपाई उसको अगाडि कमजोर देखिनु भयो भने उ तपाईलाई मात दिनमा कुनै कसर छोड्नेछैन्। यस बाहेक सबै भन्दा अहम कुरा यो छ कि आफ्नो

कमजोरीहरुलाई टाढा गर्नको लागि निरंतर प्रयासरत बस्नुपर्छ। यस्तो गर्ने व्यक्तिले सफलताको बाटोमा अगाडि बढ्छ। यो कुरा हरेक ठॉउमा लागू हुन्छ। यसबाट कुनै खास फरक पर्दैन् कि त्यो कुन क्षेत्रमा काम गर्छ।

यहा यो बन्नु गलत नहोला कि कुनै पनि मानिसहको सफलतामा उसको रणनीतिक कौशलको ठूलो महत्व हुन्छ त्यसैले यस बारेमा लापरवाही गर्नु ठीक हुदैन्। व्यवहार कुशल हुनु पनि रणनीतिक कौशलको अहम भाग हो। यस बारेमा आचार्य चाणक्यले चाणक्य नीतिमा बताएका छन्-

सकुले योजयेत्कन्या पुत्रं विद्यासु योजयेत्।
व्यसने योजयेच्छत्रुं मित्रं धर्मे नियोजयेत्।।

यहा आचार्य चाणक्यले व्यावहारिकताको चर्चा गरेका छन्। उनले भनेका छन् कि कन्याको विवाह कुनै राम्रो घरमा गर्नुपर्छ, पुत्रलाई पढ़ाई-लेखाईमा लगाउनुपर्छ, मित्रलाई राम्रो कार्यहरुमा तथा शत्रुलाई नराम्रो काममा लगाउनुपर्छ। यो नै व्यावहारिकता छ र समयको मांग पनि।

यसको मतलब यो छ कि समयको हिसाबले र सही तरीकाले आफ्नो कार्यहरुलाई अंजाम सम्म पुगाउनु मानिसहरुको रणनीतिमा शामिल हुनुपर्छ। यस्तो नगरिकन उसको लागि सफल हुनु सजिलो हुदैन्। आचार्य चाणक्य सही समयमा आफ्नो दायित्वहरुको निर्वहनलाई व्यवहारिकता बताउछन्। यस्तो हुनु हाम्रो जीवनमा धेरै नै आवश्यक छ। यो पनि रणनीतिक कौशलको एउटा भाग हो कि मित्रहरुलाई मेहिनती बनाएर उनलाई राम्रो कार्यहरुमा लगाईयोस्। त्यहि आचार्य चाणक्य यो पनि भन्छन् कि दुश्मनहरुलाई नराम्रो बानीहरुको शिकार बनाईयोस् ताकि उ त्यसै उल्झनमा रहोस् र तपाईको लागि कुनै समस्या नआओस्।

व्यक्ति वा वस्तुको उपयोगिताको समझ राख्नु पनि रणनीतिक कौशलको नै एक भाग हो। यदि यस बारेमा तपाई कमजोर हुनुहुन्छ भने तपाईको रणनीतिमा पनि यो कमजोरी देखिन्छ। यहा मैनेजमेंट गुरु चाणक्य द्वारा चाणक्य नीतिमा दिईएको यो सूत्र धेरै नै उपयोगी देखापर्छ।

उनले लेखेका छन्-

किं तया क्रियते धेन्वा वा न दोग्ध्रो न गर्भिणी।
कोऽर्थ पुत्रेण जातेन यो न विद्वान्न भक्तिमान्।।

यसको माध्यमबाट आचार्य चाणक्यले वस्तुको उपयोगिताको चर्चा गरेका छन्। उनले बताएका छन् कि *त्यो गाईको के काम, जसले न त दूध दिन्छ र न गाभिन हुन्छ। त्यसैरी नै त्यो पुत्रको जन्ममा के लाभ, जो न विद्वान छ र न ईश्वर भक्त छ।*

यहा आचार्य चाणक्यले जुन कुरा भनका छन् त्यसलाई गहिराईले बुझ्नु धेरै नै आवश्यक छ। वास्तवमा, प्रश्न केवल गाई र पुत्रको छैन् बल्कि यो कुरा धेरै चीजहरुमा लागू हुन्छ। हरेक चीज वा हरेक व्यक्तिको आफ्नै उपयोगिता हुन्छ।

त्यसैले त्यस हिसाबबाट उसको प्रयोग हुन्छ। त्यसै हिसाबबाट उसलाई महत्व प्राप्त हुन्छ। त्यसैले मानिसले रणनीतिक रुपमा यो कुरालाई बुझ्नुपर्छ कि कसको के उपयोगिता छ? त्यसको आधारमा नै उसंग परिणामको अपेक्षा गर्नुपर्छ। तर यदि परिणाम आई रहेको छैन् भने आफ्नो रणनीतिमा बदलाव गरेर उसंग निजात पाउनुपर्छ किनकि परिणाम नआउनु तपाईको सीधा संबंध सफलतासग हुन्छ। परिणाम आएन भने त्यसलाई असफलता नै भनिन्छ।

सफलता पाउनको लागि अरुलाई आफ्नो बनाउनु धेरै नै आवश्यक हुन्छ। यो पनि एउटा प्रबंधन कला हो। अरुलाई आफ्नो बनाउनमा केहि संकोच मान्नुहुदैन् र सही मायनेमा भन्ने हो भने यस्तो कुनै मौका आफ्नो हातबाट उम्किन दिनु हुदैन्। यस बारेमा आचार्य चाणक्यले एउटा धेरै नै अहम सूत्र दिएका छन्-

क्षन्तव्यमिति पुरुषं न बाधेत।

यसको मतलब यो छ कि *क्षमा गर्ने योग्य व्यक्तिलाई दुखी नगर्नुहोस्।*

वास्तवमा, क्षमा गर्नु एउटा महान गुण हुनु साथै एक धेरै नै अहम रणनीति पनि हो। यदि तपाई कुनै व्यक्तिलाई उसको कुनै यस्तो कार्यको लागि जुन कि क्षमा गर्ने योग्य छ, क्षमा गर्नुहुन्छ भने त्यो व्यक्ति तपाईको मुरीद हुन जान्छ। यस्तो व्यक्ति तपाईको लागि सधै जे पनि गर्नको लागि तैयार रहन्छ। यस्ता मानिसहरुलाई आफूसंग जोड्ने एउटा महत्वपूर्ण रणनीति हो। जुन व्यक्तिलाई तपाई क्षमा गर्नुहुनेछ त्यो व्यक्ति तपाईसंग एक किसिमको खास लगाव महसूस गर्ने थाल्छ र तपाईको लागि उ स्वाभाविक रुपमा समर्पित भएर काम गर्ने थाल्छ। सही मायनेमा कसैलाई माफि गर्नु एउटा यस्तो हतियार हो जुन ज्यादातर मौकाहरुमा अचूक रहन्छ। यसको माध्यमबाट घोर विरोधी पनि आफ्नो हुन जान्छ।

हो, तर यो रणनीतिलाई अपनाउदा यो कुराको ख्याल अवश्य राख्नुपर्छ कि यस्तो कार्यको लागि कसैलाई क्षमा नगरियोस् जसको कारणले भारी नोक्सान भएको छ। कुनै गंभीर अपराधको दोषीलाई क्षमा गर्नु पनि एक किसिमको अपराध हो। त्यसैले यस्तो मामलामा दोषीलाई सजाय दिनु नै सही

रणनीति हो। यस बाहेक क्षमा गर्दा खेरी यो कुराको पनि ख्याल राख्नुपर्छ कि जुन व्यक्तिलाई माफी दिईएको छ उसको व्यक्तित्व कुन किसिमको छ र उसको पुरानो रिकार्ड कस्तो छ। यदि त्यो व्यक्ति पटक-पटक गलती गरि रहन्छ भने उसलाई क्षमा गर्नु रणनीतिको खिलाफ हुनेछ। यस्तोमा तपाईले आफै असफलताको बीजारोपण गर्नुहुनेछ।

मैनेंजमेंट गुरु चाणक्य आफ्नो कामलाई अंजाम दिने बैरी माथि विश्वास नगर्ने सल्लाह दिदै सूत्र दिन्छन्-

अर्थसिद्धौ वैरिणं न विश्वसेत्।

यसको तात्पर्य यो छ कि *प्रयोजन सिद्ध गर्नमा बैरीको विश्वास कहिले पनि गर्नुहुदैन्।*

यो पनि रणनीतिको भाग हो। यदि तपाई धोकामा वा अजानी आफ्नो कुनै कामलाई अंजाम दिनको लागि बैरी माथि विश्वास गर्नुहुन्छ भने विश्वास गर्नुहोस् तपाईको नोक्सान तय छ। बैरी कहिले पनि तपाईको भलाईको चाहना गर्दैन्। त्यसैले यस्तो मानिसहरुबाट पर्याप्त दूरी बनाएर राख्नु नै ठीक हुन्छ। यस्ता मानिस यदि तपाईको मनलाई मिठा कुराहरुको माध्यमबाट तपाईको हितेशी देखिए उसंग सावधान बस्नुपर्छ। किनकि सामान्यतः यस्तो मानिसहरुले भन्छन् केहि र गर्छन् केहि। यस्तो मानिसहरु माथि विश्वास गर्नु खतरा भन्दा कम हुदैन्। त्यसैले कुनै पनि क्षेत्रमा सफलता पाउने इच्छा राख्ने मानिसको लागि यो धेरै नै आवश्यक हुन जान्छ कि उ आफ्नो लक्ष्यलाई पाउनको लागि बैरी माथि भूलेर पनि विश्वास नगरोस्।

यसै सूत्रसंग जोडिएको एउटा अर्को सूत्र आचार्य चाणक्यले दिएका छन्-

हस्तगतमपि शत्रुं न विश्वसेद्।

यसको मतलब यो छ कि *हातमा आएको (हारेको) शत्रु (विपक्षी)को पनि विश्वास नगर्नुहोस्।*

सामान्यतः यस्तो हुन्छ कि जब तपाईको चालबाट विपक्षी चित(हार) हुन जान्छ तब उ तपाईको हितमा काम गर्ने ढोंग रच्छ। तर यस्ता मानिसहरुसंग धेरै नै सतर्क रहनुपर्ने आवश्यक्ता हुन्छ। किनकि यस्ता मानिसहरु शुरुआतमा त तपाईको हितेशी हुने ढोंग गर्छन् तर मौका पाउदा नै तपाईलाई मात दिनमा पर पर्दैनन्। आफ्नो विपक्षी माथि कहिले पनि विश्वास गर्नु हुदैन्। यदि उ

तपाईको हितहरुको चिंता गर्ने कुरा भनिं रहेको छ भने उस माथि विश्वास गर्नु हुदैंन्। यस्तो मानिसहरु माथि विश्वास गर्नु आफ्नो असफलतालाई आफैले आमंत्रित गर्नुहो।

यदि तपाईलाई लाग्छ कि तपाईको विपक्षी सही मायनेमा तपाईसंग संधि गर्नु चाहन्छ र तपाईको सहयोग गर्नु चाहन्छ भने उसको कुराहरु माथि विश्वास गर्नु भन्दा पहिला उसको कडा परीक्षा लिनुपर्छ। उससंग आफ्नो गोपनीय कुराहरुलाई भूलेर पनि साझा गर्नुहुदैन्। यस्ता मानिसहरुलाई पहिलो कम महत्वको काम दिनुपर्छ। त्यो कामलाई यदि उ राम्ररी गर्नमा सफल हुन्छ भने उसलाई फेरि पहिला गरेको कामको अपेक्षा ज्यादा महत्व भएको काम दिन सकिन्छ। तर यस पूरा प्रक्रियामा एउटा कुराको ख्याल विशेष रुपमा राख्नुपर्छ अर्थाम उ जे कार्य गर्छ त्यस माथि कडा ध्यान राख्नुपर्छ ताकि उ चाहेर पनि कुनै गड़बड़ी गर्न नसकोस्। यस्तो गर्नाले उसको दाल गल्दैन् र आफ्नो गलत मनसायलाई उ पूरा गर्न पाउदैन् र तपाईलाई उसको मंशाको बारेमा थाहा हुन्छ र तपाईको कुनै नोक्सान पनि हुदैन्।

हरेक क्षेत्रमा कामयाबीको लागि राम्रो संबंधहरु हुनु अहम भूमिका रहेको छ। यस बारेमा आचार्य चाणक्यले एउटा सूत्र दिएका छन्-

अर्थाहीन एव नियतसम्बन्धः।

यसको मतबल यो छ कि *संबंध उद्देश्यको अधीन हुन्छ।*

यसो त यो धेरै नै सामान्य कुरा जस्तो लाग्छ तर अक्सर हामी यो कुरालाई संबंध बनाउदा भूलेका हुन्छौं। आखिर कुनै पनि संबंध कुनै उद्देश्य बिना हुदैन्। कसैसंग मित्रता हुन्छ भने त्यसको कुनै कारण हुन्छ र यदि कसैसंग दुश्मनी हुन्छ भने त्यसको पनि कुनै कारण अवश्य हुन्छ। यस मामलेमा रणनीति यो अपनाईन्छ कि जुन व्यक्तिसंग तपाईले संबंध बनानुहुन्छ त्यसको बारेमा धेरै छिटो स्पष्ट हुनुपर्छ कि आखिर यो संबंध किन बनेको छ? एक पटक उद्देश्य सफा भए पछि संबंध पनि सही तरीकासंग निभाउन सकिन्छ र परिणाम पनि राम्रो आउछ। सही मायनेमा भन्ने हो भने जो व्यक्ति आफ्नो निजी जीवनको साथ-साथै पेशेवर जीवनमा पनि संबंधहरुलाई साध्नमा जति सफल हुन्छ उ आफ्नो जीवनमा पनि उति नै सफल हुन्छ। यस्ता मानिसहरु सफलताको बाटोमा धेरै तेजीसग अगाडि बढ्छन्। त्यसैले सफल हुनको लागि धेरै नै आवश्यक छ कि तपाई संबंधहरुलाई साध्न सिक्नुहोस्।

धेरै मौकाहरु यस्ता पनि आउछन् जब केहि खास प्रवृत्तिको मानिसहरुलाई साध्न अलि गाह्रो हुन्छ। यस्ता मानिसहरुलाई आखिर कसरी साध्न सकिन्छ, यस बारेमा चाणक्य नीतिमा कौटिल्य लेख्छन्-

लुब्धमर्थेन गृह्णीयात्स्तब्धमंजलिकर्मणा।
मूर्खश्छन्दानुरोधेन यथार्थवादेन पण्डितम्॥

यसको मतलब यो छ कि *लालचीलाई धन दिएर, अहंकारीलाई हात जोडेर, मूर्खलाई उपदेश दिएर तथा पंडितलाई यथार्थ (सच्चाई) बताएर वशमा गर्नुपर्छ।*

यो कुराबाट जगजाहिर छ कि समस्याको हिसाबबाट समाधान खोज्ने कोशिश गर्नुपर्छ। हरेक सरहको समस्याको समाधान एक किसिमको हुदैन्। त्यसरी नै अलग-अलग सरहका मानिसहरुलाई साध्नको लागि अलग-अलग बाटो अख्तियार गर्नुपर्छ। आचार्य चाणक्यले एउटा उत्कृष्ट मैनेजमेंट गुरुको सरह यसको लागि बाटो बताएका छन्। उनले भनेका छन् कि लालचीलाई धन दिएर वशमा गर्नुपर्छ। लालची मानिसहरुको लागि पैसा नै सबै थोक हुन्छ। त्यसैले यस्ता मानिसहरुलाई काबूमा गर्नको लागि धनको प्रयोग हतियारको सरह गर्नुपर्छ। तर यस्ता मानिसहरु माथि ज्यादा विश्वास गर्नु खतराको समान हुन्छ। किनकि यीनीहरु धनका भोको हुन्छन्। आज यदि तपाईले उसलाई ध न दिंई रहनु भएको छ भने उ आज तपाईको साथमा हुन्छ तर भोली कुनै अरुले तपाई भन्दा ज्यादा धन उसलाई दिन थाल्यो भने उ त्यो व्यक्तिको साथमा हुनेछ र तपाईको जानकारीहरु र कमजोरीहरुलाई उसलाई बताउन सक्छ। यस्तोमा स्वाभाविक रुपमा नोक्सान तपाईको नै हुनेछ। त्यसैले लालची मानिसहरुलाई आफ्नो वशमा धनको बलमा त अवश्य गर्नुहोस् र उनको माध्यमबाट आफ्नो काम पनि निकाल्नुहोस्, तर भूलेर पनि उ माथि धेरै ज्यादा विश्वास नगर्नुहोस् किनकि यसबाट आखिरकार नोक्सान तपाईको नै हुनेछ।

अरुलाई वशमा गर्ने रणनीति माथि कुरा गर्दै चाणक्य अगाडि भन्छन् कि अहंकारीलाई हात जोडेर वशमा गर्नुपर्छ। यहा यो बताउन खोजिएको छ कि अहंकारीहरुको लागि उनको अहं नै सबै थोक हुन्छ। चाहे त्यसको कारणबाट उनको जति सुकै ठूलो नोक्सान किन नहोस्। उ आफ्नो अहंको त्याग गर्न सक्दैन्। यस्ता मानिसहरुको अहंलाई यदि तुष्ट गरियो भने उ तपाईको लागि जे पनि गर्नको तैयार हुन सक्छ। यस्ता मानिसहरुको अगाडि हात जोडेर नरम स्वभावमा पेश आउनाले काम बन्न सक्छ। यस्ता मानिसहरु माथि पनि धेरै ज्यादा विश्वास गर्नु हुदैन्। उसको अहंमा ठेस धेरै छिटो पुग्छ।

यस बाहेक आचार्य चाणक्यको भनाई छ कि मूर्खलाई उपदेश दिएर र पंडितलाई साचो बताएर वष्ठामा गर्नुपर्छ। वास्तवमा, मूर्खलाई सही स्थितिको जानकारी हुदैन् र उ आधा-अधूरो जानकारीको आधारमा आफ्नो राय कायम गर्नेगर्छ। त्यसैले यस्ता मानिसहरुबाट काम निकाल्नको लागि उसलाई पूरा स्थितिको जानकारी धैरै नै धैर्यसंग दिनु आवश्यक छ। एक पटक उसको मनले तपाईको भनेको कुरा सही माने पछि उनीहरुले तपाईको सहयोग गर्ने थाल्नेछन्। तर मूर्ख मानिसहरु माथि पनि एक हद सम्म नै विश्वास गर्नुपर्छ। उनीहरु माथि ज्यादा विश्वास गर्नु आफ्नो लागि समस्याको स्वंय आमंत्रित गर्नु सरह हो।

त्यहि अर्कातिर आचार्य चाणक्य पंडितहरुलाई वशमा गर्नको लागि उनीहरुलाई सही जानकारी दिने सल्लाह दिन्छन्। वस्तुतः, पंडितहरु अर्थात संबंधित विषयको जानकारहरुलाई थाहा हुन्छ कि के सही र के गलत छ। त्यसैले यदि उनीहरुलाई सही-सही जानकारी दिईयो भने उनीहरु तपाईको काम आउन सक्छन् र उनीहरुको सहयोगबाट तपाईले सफलता प्राप्त गर्न सक्नुहुन्छ। वास्तवमा, संबंध बनाउन र त्यसलाई चलाउनको लागि रणनीतिक कौशलको आवश्यक्ता हुन्छ। यो सबैको वशको कुरा होईन्। तर मैनेजमेंट गुरु चाणक्यले जुन सूत्रहरु दिएका छन् त्यस माथि अमल गरेर हरेक क्षेत्रमा सफल हुन सकिन्छ। ●

4

सही समयको पहिचान

कुनै पनि मानिसको सफलता यो कुरा माथि धेरै हद सम्म निर्भर गर्छ कि उ सही समयको पहिचान गर्नमा कति सफल छ। सही समयको पहिचान गर्ने क्षमता सफलताको एउटा अहम नियम हो। अवसर त सबैको जीवनमा आउछ तर ती अवसरहरुलाई सही समयमा जसले पहिचान गर्छ, उ सफल हुन्छ। जसले यी अवसरहरुको पहिचान गर्नमा चूक गर्छ, उ असफल मानिसहरुको रुपमा अगाडि आउछ।

वास्तवमा, सही समयको पहिचान गर्नु पनि एउटा कला हो। यो सबै जनामा हुदैन्। जसमा हुन्छ, उसको बाटो सजिलो हुदै जान्छ। तर यस्तो पनि छैन् कि सही समयको पहिचान गर्ने कलाको विकसित गर्न सकिदैन्। केहि कुराहरुलाई ध्यानमा राखेर काम गर्नाले समयको साथमा यो कला विकसित हुदै जान्छ। आचार्य चाणक्यले सही समयको पहिचानको महत्वलाई हेर्दै केहि सूत्रहरु दिएका छन्। एउटा राम्रो मैनेजमेंट गुरुको सरह दिएका उनका सूत्रहरु धेरै नै उपयोगी छन्। यदि यी सूत्रहरु माथि अमल गरियो भने स्वाभाविक रुपमा सही समयको पहिचान र यस कलाको विकसित गर्नमा धेरै मद्दत मिल्नेछ।

समयमा गरिएको हरेक कार्यमा सफलता प्राप्त हुन्छ। यसै कुरालाई आचार्य चाणक्यले एउटा सूत्रको माध्यमबाट व्यक्त गर्छन्-

कालवित् कार्य साधयेत्।

यसको मतलब यो भयो कि *सम्म्यलाई जान्ने व्यक्तिले आफ्नो कार्यलाई साध्नमा सफल रहन्छ।*

सबै जनालाई थाहा छ कि कुनै पनि कार्य गर्ने एक निश्चित समय हुन्छ। त्यसैले सोच-समझ भएका मानिसले कार्य गर्नु भन्दा पहिला केहि बुनियादी कुराहरु माथि विचार गर्छ। उ सबै भन्दा पहिला यो तय गर्छ कि समय कस्तो

छ? उ यो तय गर्छ कि यो कार्यलाई अंजाम सम्म पुगाउनको लागि मसंग कति सहायक छन्? उ यो तय गर्छ कि हालात कस्तो छ? त्यो व्यक्तिले यो कुराको पनि विचार गर्छ कि यो काम पूरा गर्नमा कति खर्च हुनेछ? यो कार्यलाई गर्नाले के लाभ हुनेछ? तथा यो कार्यलाई अंजाम सम्म पुगाउनमा कति श्रम लाग्नेछ?

सफल व्यक्तिको पहिचान यो हो कि उ यी कुराहरुको विचार गरेर नै कुनै कार्यमा हात हाल्छ। जसले यी कुराहरुको विचार गरेर काम हातमा लिन्छ र सही रणनीतिको साथमा त्यसलाई अंजाम दिनमा लाग्छ उसले सफलता निश्चित रुपमा प्राप्त गर्छ। जसले यी कुराहरुको विचार गर्दैन्, उसको सफलता माथि खतराको बादल छाएको हुन्छ। सामान्य रुपमा देखिएको छ कि यस्ता मानिसहरु सफल हुदैनन्। यस्ता मानिसहरु आफ्नो असफलताको लागि आफ्नो भूललाई जिम्मेवार नमानेर त्यसको दोज़ अरुको माथि थोप्ने गर्छन् जबकि सही मायनेमा भन्ने हो भने आफ्नो असफलताको लागि उनीहरु आफै नै जिम्मेवार हुन्छ।

आचार्य चाणक्य यस्तै मानिसहरुको बारेमा एउटा अर्को अहम कुरा भन्छन्। उनले सूत्र दिएका छन्–

यः कार्यं न पश्यति सोऽन्धः।

यो सूत्रको माध्यमबाट मैनेजमेंट गुरु चाणक्यले भनेका छन् कि *जसले कार्यलाई हेर्दैन् उ अंधो हो।*

जसलाई यो थाहा छैन् कि कहिले के गर्नुपर्छ, उ त आँखा भएर पनि अंधो छ। यो कुरा हरेक क्षेत्रको मानिसहरुमा समान रूपमा लागू हुन्छ। किनकि कुनै पनि क्षेत्रमा काम गर्ने व्यक्तिको लागि सही समयको पहिचान गरेर काम गर्नु सफलताको गारंटी हो र जो मानिस यस्तो गदैन् उसलाई मैनेजमेंट गुरु चाणक्यले अंधो भनेका छन्। वास्तवमा यस्ता मानिसहरुको लागि यो उपाधि बिल्कुल ठीक प्रमाणित हुन्छ।

सही समयको पहिचान गर्ने क्षमताको फल धेरै ठूलो र गुलियो छ। यसलाई बुझ्नु धेरै नै आवश्यक छ। सही समयको पहचानको तहत नै सही स्थितिहरुको पहिचान पनि शामिल छ। यस बारेमा आचार्य कौटिल्यले चाणक्य नीतिमा धेरै नै अहम कुरा भनेका छन्, उनले लेखेका छन्–

यस्मिन् देशे न सम्मानो न वृत्तिर्न च बान्धवाः।
न च विद्यागमोऽप्यस्ति वासस्तत्र न कारयेत्॥

यसको माध्यमबाट मैनेजमेंट गुरु चाणक्यले भन्छन् कि जुन देशमा सम्मान हुदैन्, जहा कुनै आजीविका प्राप्त हुदैन्, जहा आफ्नो कुनै भाई-बंधुछैन् र विद्या प्राप्त गर्न सकिदैन्, त्यो स्थानमा बस्नु हुदैन्।

जाहिर छ कि यस्तो स्थानको पहिचान छिटो भन्दा छिटो गर्नुपर्छ। जब पहिचान हुन्छ तब समय खेर नफालिकन त्यस्ता स्थानको त्याग गरिदिनुपर्छ। सही समयमा सही निर्णय लिने व्यक्तिले सफल मानिसहरुमा आफ्नो स्थान बनाउछन्। त्यसैले कहिले पनि यो भ्रममा रहनु हुदैन् कि तपाईले सबै थोक ठीक पार्न सक्नुहुन्छ। यस्तो संभव हुदैन्। तर यो कुरालाई दिमागमा राख्नु धेरै नै आवश्यक छ कि तपाईको उद्देश्य केहि अरु छ। त्यसैले तपाईले अरुको कार्यमा आफ्नो समय र श्रम लगाउन सक्नुहुन्न। यस्तो गर्नाले मूल उद्देश्यबाट तपाईको भटकाव हुनेछ र फेरि अगाडि बढ्नु तपाईको लागि सजिलो हुनेछैन्।

सही समयको पहिचानको बाबत आचार्य चाणक्यले एउटा अरु धेरै नै महत्वपूर्ण कुरा भन्छन्। उनले चाणक्य नीतिमा लेखेका छन्-

उपसर्गेऽन्यचक्रे च दुर्भिक्षे च भयावहे।
असाधुजनकसम्पर्के पलायति स जीवति।।

यसको माध्यमबाट आचार्य चाणक्यले समयको सूझको चर्चा गरेका छन्। उनले बताएका छन् कि उपद्रव वा लड़ाई हुदा, भयंकर अकाल पर्दा र दुष्टहरुको साथमा हुदा भाग्ने व्यक्ति नै जितेको छ।

यसको आशय यो छ कि कतै वा अन्य मानिसहरुको बीच लडाई-झगड़ा, दंगा-फसाद हुदा, भयंकर अकाल पर्दा र दुष्ट मानिसहरुको संपर्कमा आउदा त्यो स्थानलाई छाडेर जाने व्यक्तिले आफ्नो बचाव गर्छ। यस्तो ठाउँहरुबाट भाग्नु नै सबै भन्दा ठूलो समझदारी हो।

वास्तवमा, सही समयको पहिचानको पूरा जीवनमा ठूलो महत्व छ। त्यसैले खतरनाक परिस्थितिहरुको पहिचान गर्नु र जरूरतको हिसाबबाट बिना समयको नोक्सान गरेर पाईला उठाउनु धेरै नै आवश्यक हुन्छ। यो क्षमताले मानिसको सफलता-असफलतामा अहम योगदान गर्छ। व्यक्तिमा यो कुराको हठ हुनुहुदैन् कि उ कुनै पनि सरहको परिस्थितिलाई आफ्नो हिसाबले झेल्न सक्छ। धेरै पटक चीजहरु आफ्नो हात भन्दा बाहिंर हुन्छ। त्यसैले यस्तो स्थितिमा समझदारी यसै कुरामा छ कि आफ्नो ज्यान जोगाईओस्।

सही समयको पहिचान गरेपछि यो कुराको आवश्यक्ता पर्छ कि तपाईले जुन कामलाई अंजाम सम्म पुगाउने फैसला गर्नु भएको छ, त्यसको लागि तपाई र तपाईको साधन कति उपयुक्त छ। यस्तो स्थितिबाट निज़ात पाउनको लागि मैनेजमेंट गुरु चाणक्यले यो सूत्र दिन्छन्। उनले लेखेका छन्-

प्रत्यक्षपरोक्षानुमानैः कार्याणि परीक्षेत्।

यसको मतलब यो भयो कि *प्रत्यक्ष, परोक्ष साधनहरु तथा अनुमानहरुले कार्यहरुको परीक्षा गर्नुहोस्।*

वास्तवमा, कुनै पनि कार्यलाई सफल बनाउनमा यो सूत्र ठूलो सहायक छ। कार्य शुरु गर्नु भन्दा पहिला यो विषय माथि विचार गर्नु धेरै नै आवश्यक छ कि कार्य गर्नमा कुन-कुन चीजहरुको आवश्यक्ता पर्छ। यो कुराको विचार गर्नु पनि अत्यावश्यक छ कि कार्यलाई अंजाम दिनको लागि आवश्यक चीजहरुबाट तपाईसंग के-के छ। यो पनि सोच्नुपर्छ कि के-के चीजहरु मगाउनुछ। यस बाहेक कार्य पूरा गर्नको लागि आवश्यक चीजहरु कताबाट प्राप्त हुन्छ। यी कुराहरु माथि विचार गरेर कार्यको शुरुआत गर्नाले त्यसमा हानि हुदैन् र काम पूरा हुन्छ। यस्तो गर्नको लागि प्रत्यक्ष र परोक्षको साधनहरु माथि ध्यान दिनु त आवश्यक छ नै साथै आफ्नो र अरुको नयाँ-पुराना अनुभवको प्रयोग पनि यसमा गर्नुपर्छ।

जसले यी कुराहरुको विचार नगरिकन कार्यको शुरुआत गर्छ उनको सफलता अक्सर संदिग्ध रहन्छ। ज्यादातर मामलाहरुमा पाईएको छ कि यस्ता मानिसहरु असफल नै भएका छन्। त्यसैले मैनेजमेंट गुरु चाणक्यको यो सूत्र धेरै नै उपयोगी छ।

समयको पहिचान गर्दै पहिला निश्चित कुराहरु हातमा लिनुपर्छ। निश्चितलाई छाडेर अनिश्चितको पछाडि दौडिनु हुदैन्, यस्तो कहिले गर्नु हुदैन्। यस्तो गर्ने व्यक्तिहरुको बारेमा यही भन्न सकिन्छ कि उनलाई समयको पहिचान हुदैन्। यस बारेमा आचार्य कौटिल्यले चाणक्य नीतिमा एउटा धेरै नै महत्वपूर्ण कुरा भनेका छन्-

यो ध्रुवाणि परित्यज्य ह्यध्रुवं परिसेवते।
ध्रुवाणि तस्य नश्यन्ति चाध्रुवं नष्टमेव तत्॥

यसको माध्यमबाट मैनेजमेंट गुरु चाणक्यले यो भन्छन् कि *जसले निश्चितलाई छाडेर अनिश्चितको सहारा लिन्छ, उ निश्चित रुपमा नष्ट हुन्छ।* अनिश्चित त स्वंय नष्ट हुन्छ नै। अभिप्राय यो छ कि जुन चीज पाउने पक्का वा निश्चित छ, त्यो पहिला प्राप्त गर्नुपर्छ वा त्यो काम पहिला गर्नुपर्छ। यस्तो न होस् कि हातमा आएको काम यो आशामा छाडिओस् कि यो त तुच्छ काम हो र भविष्यमा यो भन्दा राम्रो काम पाउनेछु। भोली पाउने काम भोली आउला तर अहिले हात माथि हात राखेर बसि रहनुपर्नेछ।

जो अनिश्चितको पछाडि दौड्छ त्यो निश्चित रुपमा नष्ट हुन्छ। अनिश्चितको त विश्वास गर्नु नै मूर्खता हो। जुन काम अधरमा छ त्यसलाई त नष्ट नै बुझ्नुपर्छ। यो कुरालाई एउटा व्यावहारिक उदाहरणको माध्यमबाट बुझ्न सकिन्छ। मान्नुहोस् कि कुनै व्यक्ति जागिरको खोजीमा छ र उसले आफूले चाहेको अनुरुप जागिर पाई रहेको छैन्। कतै राम्रो काम पाईंदैन् भने कतै राम्रो पैसा। त्यो व्यक्ति दिनौंहू भौतारिदैछ। यस्तै समयमा उसलाई कुनै अर्को जागिरको प्रस्ताव प्राप्त हुन्छ। यो प्रस्तावमा उसले आफ्नो चाहनाको अनुंरुप पैसा पाई रहेको छैन्, संभव छ मनले खोजेको जस्तो काम पनि नहोला।

यस्तो स्थितिमा दुई किसिमको निर्ण्य लिईन्छ। केहि मानिसहरु त्यस प्रस्तावलाई छोड्छन्। यस्ता मानिसहरुको मनमा भविज़्यमा राम्रा प्रस्तावहरु पाउनेछु। धेरै पटक यस्तो हुन पनि सक्छ। तर ज्यादातर मौकाहरुमा यस्तो हुदैन् र उनीहरु बेरोजगारको बेरोजगार नै बनेर बस्दछन्।

अर्कातिर जो अलि चतुर हुन्छ उ पहिला पाई रहेको प्रस्तावको त्याग गर्दैन्। उसले मनको मुताबिक पैसा र काम नपाउदा पनि जागिर गर्छ र त्यहा रहेर पनि उ राम्रो जागिरको खोजीमा रहेको हुन्छ। प्रायः हेर्न पाईन्छ कि यस्तो मानिसहरु सफल हुन्छन् र एउटा जागिर देखि अर्को नौकरीमा जानु अपेक्षाकृत सजिलो पनि हुन्छ। यो उदाहरणबाट पनि यो सफा हुन्छ कि मानिसले अनिश्चितलाई छाडेर निश्चितलाई समाट्नुपर्छ। ●

5

चरित्रको महत्व

कुनै पनि क्षेत्रमा सफलताको लागि चरित्रको धेरै ठूलो महत्व हुन्छ। चरित्र निर्माण माथि पनि मैनेजमेंट गुरु चाणक्यले ठूलो जोड दिएका छन्। चरित्रको आधारमा नै व्यक्तिको आचरण हुन्छ। आचरणंको अनुसार नै कर्म हुन्छ र त्यसै कर्मको आधारमा फल प्राप्त हुन्छ। यसबाट अनुमान लगाउन सकिन्छ कि कुनै पनि मानिसको सफलतामा चरित्रको कति अहम भूमिंका छ। कुनै पनि व्यक्तिको चरित्र निर्माणमा उसको संस्कारहरुको अहम भूमिका हुन्छ। तर आफ्नो आवश्यक्ताको हिसाबले त्यसमा सुधार गर्न सकिन्छ र सफलताको बाटोमा अगाडि बढ्न सकिन्छ।

यस बारेमा आचार्य चाणक्यले धेरै सूत्र दिएका छन्। तीनीहरुबाट एकमा उनले भनेका छन्-

कदाचिदपि चरित्रं न लंघेत।

यसको मतलब यो छ कि *चरित्रको उल्लंघन कहिले गर्नु हुदैन्।*

यो सूत्रको माध्यमबाट आचार्य चाणक्यले भनेका छन् कि काम, क्रोध, मोह-ममता, लोभ, नशा आदि मानव मनको कमजोरीहरु हुन्। यसमा सजिलै मानिस फस्न सक्छ। मानिसहको स्वाभाविक आकर्षण ती प्रवृत्तिहरु प्रति सजिलै हुन्छ। तर सफलताको चाहना राख्ने मानिसहरुले यो प्रवृतिको त्याग गर्नुपर्छ। होईन् भने उसको सफलताको बाटो धेरै नै गाह्रो हुनेछ र उसले आफ्नो चाहाना अनुरुप परिणाम प्राप्त गर्न सक्दैन्। त्यसैले यी इच्छाहरुलाई आफ्नो वशमा गर्नुपर्छ। जब यी कमजोरीहरु व्यक्तिको वशमा हुन्छ तब व्यक्तिले भारी विपत्तिहरुको सामना गर्नु पर्दैन्। यी सबै मानिसको चरित्रगत कमीहरु हुन्। यी कमीहरुलाई तब टाढा गर्न सकिन्छ जब चरित्र निर्माणको प्रति आधार पक्का हुन्छ।

यी कमीहरुलाई टाढा कसरी गर्न सकिन्छ, यसलाई एउटा उदाहरणको साथ बुझ्दा राम्रो होला। जुन चरित्रगत कमीहरुको उल्लेख यहा गरिएको छ,

ती सामान्यतः हरेक मानिसमा हुन्छ। यस प्रति मानिसको स्वाभाविक आकर्षण ठिक त्यस प्रकार हुन्छ मानौं कुनै अग्लो ठाँउबाट समथल स्थानमा जलको प्रवाह हुन्छ। त्यसैरी नै मानव मन पनि सामान्यतः उच्चतर देखि निम्नतर तिर बढ्छ। तर यहा सफल मानिसले फरक बनेर सफलता प्राप्त गर्न सक्छ। जसले आफ्नो मनलाई निम्नतर देखि उच्चतरको तिर मोड्यो, उसको लागि सफल हुनु कुनै ठूलो कुरा होईन्।

चरित्रलाई त्यस स्तरमा लैजानको लागि जीवनमा ठूलो लक्ष्य राख्नु धेरै नै आवश्यक छ किनकि यस बिना सामान्यतः मानिसहरु सानो चीजहरुमा अल्झेर बसिरहन्छ। जब लक्ष्य ठूलो हुन्छ तब विचार पनि त्यस्तै नै बन्छ। जाहिर छ कि कर्म पनि त्यस अनुरुप नै हुनेछन्। लक्ष्य यति पनि ठूलो हुनुहुदैन् कि उ दिन-रात त्यसैको धुनमा लागि रहोस्, लक्ष्य आफ्नो क्षमताहरुको अनुसार हुनुपर्छ। यस्तो भयो भने स्वाभाविक रुपमा यी चरित्रगत खामिहरुबाट मुक्ति प्राप्त हुन्छ। किनकि यो लक्ष्यको अगाडि यी चीजहरु तुच्छ देखिन्छन्। यसमा सुख खोज्ने सहज मानिसी प्रवृत्तिबाट मुक्ति मिल्न थाल्छ। यस्तो तपाई सफलताको बाटोमा धेरै नै तेजीले अगाडि बड्नुहुनेछ र यी तुच्छ चीजहरुलाई त्यागेर तपाई सफल बन्न सक्नुहुन्छ। यो कुरा हरेक क्षेत्रमा समान रूपबाट लागू हुन्छ। कुनै पनि क्षेत्रमा सफलता पाउनको लागि चरित्र बलियो बनाउनु धेरै नै आवश्यक छ।

लोभ मानिसको सहज प्रवृत्ति हो। आफ्नो संस्कारहरुको कारणले नै कोहि कम लाभी हुन्छ र कोहि अधिक। लालचको प्रवृत्तिले मानिसलाई धेरै पटक नराम्रो कर्म गर्नको लागि प्रोत्साहित गर्छ। चोरी पनि यसैको एउटा भाग हो। यो दुष्प्रवृत्तिको बारेमा आचार्य चाणक्यले एउटा सूत्र दिएका छन्-

अल्पमपि माथि द्रव्यं न हर्तव्यम्।

यो सूत्रको मतलब यो छ कि *अल्प हुदा पनि द्रव्य चोर्नु हुदैन्।*

यो बताउदा गलत नहोला कि लालच एउटा धेरै नै नराम्रो बानी हो। त्यसैले कहिले पनि यसको फंदामा फंसेर द्रव्यको चोरी गर्नु हुदैन्। चाहे त्यो अल्प नै किन नहोस्। अल्प हुदा पनि त्यो एक प्रकारको चोरी नै हो। यसमा त्यसको नाम बदलिन वा सजाय कम हुनेछ। पाप सानो होस् वा ठूलो होस् तर त्यो पापनै हो। त्यसैले सानो भन्दा सानो वस्तुको पनि चोरी गर्नु हुदैन्। यस प्रकारको विचार र कुनै वस्तु स्वामीको लागि धेरै नै उपयोगी मानेर चोरी गर्नु पनि एक सरहको चोरी नै हो। यसलाई सही मानिदैन्।

यो दुष्प्रवृत्तिको धेरै नै घातक परिणाम आउछ। वास्तवमा, एक पटक यदि कसैलाई थाहा भयो कि तपाईको भित्र पनि यस प्रकारको नराम्रो बानी छ भने उ आजीवन तपाई माथि विश्वास गर्नेछैन्। केहि पनि गड़बडी भएको स्थितिमा संदेहको ध्यान तपाई माथि नै आउनेछ। जाहिर कुरा छ कि यदि यस्तो नराम्रो बानी कसैको भित्र छ भने ढिलो-चाढो उ सबैको अगाडि आउछ नै।

किनकि हरेक व्यक्ति आफ्नो बानीबाट लाचार हुन्छ र मौका पाउदा नै उ आफ्नो बानीको अनुसार कार्यलाई अंजाम दिने प्रयत्न गर्छ। त्यसैले यो प्रवृत्तिबाट बचेर बस्दा राम्रो होला। यस्तो नराम्रो बानीलाई आफ्नो व्यक्तित्वको वर-पर आउन पनि दिनुहुदैन्। यस प्रकारको नराम्रो बानीले तपाईको सार्वजनिक जीवन र कामकाज माथि गहिरो असर पार्छ। किनकि सार्वजनिक जीवन र कामकाजको बुनियादी विश्वास माथि अडेको हुन्छ। त्यसैले विश्वास हराए पछि सफल हुनु असंभव जस्तो हुन जान्छ। त्यसैले यो दुष्प्रवृत्तिलाई भूलवश पनि आफ्नो वरपर आउन दिनुहुदैन्।

यो दुष्प्रवृत्तिको बारेमा आचार्य चाणक्यले एउटा अको सूत्र दिएका छन्। उनले लेखेका छन्-

न चौर्यात्परं मृत्युपाशः।

यो सूत्रको मतलब यो छ कि *चोरीको पाप मृत्यु भन्दा पनि ठूलो हुन्छ।*

मैनेजमेंट गुरु चाणक्यले यस सूत्रको माध्यमबाट चोरी जस्तो पापको भयावहतालाई अगाडि राख्छन्। उनको यो मान्यता छ कि चोरी गर्दा आउने दुखको तुलनामा मृत्युको दुख पनि कम छ। सही मायनेमा भन्ने हो भने चोरी गर्नु मानवताको हत्या गर्नु हो अर्थात मृत्युबाट त केवल मर्ने व्यक्तिलाई केहि बेरको लागि कष्ट हुन्छ तर चोरी गर्दा व्यक्तिले आफूसंग आफ्नो परिजनहरु, आफन्तहरु तथा चिन-जानका मानिसहरुलाई पनि कष्ट पुगाउछ।

यो कुरा बिल्कुल सही हो किनकि जब परिजनहरु यो थाहा हुन्छ कि उनको परिवारको कुनै सदस्यमा यो दुष्प्रवृत्ति छ भने उनीहरुलाई त्यो व्यक्तिसंग घृणा त हुन्छ नै साथै उनीहरुलाई आफू माथि पनि ग्लानी हुन्छ। उनीहरु यो सोच्न थाल्छन् कि आखिर हाम्रो परवरिशमा कहा कमी हुन गयो जसको कारण यो दुष्प्रवृति उनको परिवारको सदस्यमा आयो। यो कुरालाई जानेर आफन्तहरु बाहेक चिन-जानका मानिसहरु पनि स्वाभाविक रुपमा धेरै व्यथित हुन्छन्। उनको मनमा यही कुरा आउछ कि हिजो सम्म जस माथि

उनीहरु आँखा बन्द गरेर विश्वास गर्थ्ये उ यति विश्वासघातक कसरी हुन सक्छ। यो कुरा आफ्नो गतिमा फैलि रहन्छ।

यसको असरले तपाईको कामकाजी जीवनमा धेरै फरक आउछ। तपाई जहा वा जसको लागि काम गर्नुहुन्छ, उसलाई यदि तपाईको यो दुष्प्रवृत्तिको भान पनि लाग्यो भने तपाईलाई माथि जिम्मेंदारी दिने कुरा त कताहो कता तपाईको जागिर पनि जान सक्छ। यस कारणले तपाई माथि दबाव बढ्नेछ। यस्तो स्थिति पनि आउनेछ जब तपाई तनावपूर्ण जीवन बीताउनु पर्नेहुन्छ र अवसादग्रस्त भएर असफलता तिर धेरै तेजीबाट अग्रसर हुनुहुनेछ। यो गिरावट केवल तपाईको कामकाजी जीवनमा नै हुदैन् बल्कि सबै मोर्चाहरु माथि हुनेछ। त्यसैले राम्रो त यहि होला कि यस्तो नराम्रो बांनीहरु कुनै हालतमा नगर्दा राम्रो होला र जीवन राम्रो हुनेछ।

यहि देखि फेरि एउटा अर्को प्रश्न उठ्छ कि आखिर आफ्नो चरित्रलाई राम्रो बनाउनको लागि के गर्न सकिन्छ? आफ्नो चरित्रको राम्रोको लागि सबै भन्दा पहिला त आफ्नो स्वभावलाई राम्रो बनाउनु आवश्यक छ। यस बारेमा मैनेजमेंट गुरु चाणक्यले एउटा सूत्र दिएका छन्–

आर्यवृत्तमनुतिष्ठेत्।

यसको मतलब यो छ कि *श्रेष्ठ स्वभाव बनाउनुपर्छ।*

यो सूत्रको निहितार्थ धेरै गहिरो छ। सामान्य र सुखद परिस्थितीहरुमा र खास रुपमा आफ्ना प्रियजनहरुको साथ स्वभावको श्रेष्ठता त यथावत रहन्छ तर जब यी परिस्थितीहरुमा बदलाव हुन्छ तब स्वभाव माथि फरक पर्नजान्छ। सफलताको चाहना राख्ने मानिसहरुले यो प्रवृत्तिबाट आफ्नो बचाव गर्नुपर्छ। कुनै पनि क्षेत्रमा सफल हुनको लागि यो धेरै नै आवश्यक छ कि तपाईको संपर्कमा जो पनि छ उसंग तपाई श्रेष्ठ व्यवहार गर्नुहोस्। यस्तो तब संभव हुनेछ जब तपाईको स्वभाव ठीक हुन्छ।

स्वभावको खराबी स्वाभाविक रुपमा धेरै नोक्सान पुगाउछ। बनेको काम पनि राम्रो बर्ताव नभएको कारणले गर्दा बिग्रन जान्छ। त्यहि यो तपाईको अनुभवमा पनि होला कि धेरै बिग्रेको काम पनि राम्रो स्वभावको कारण नै बनेको हुन्छ। जसको स्वभाव श्रेष्ठ हुन्छ, उसको संबंध सबैसंग राम्रो हुन्छ। त्यहि जसको स्वभाव राम्रो हुदैन्, मानिसहरु उसको कुरा काट्न थाल्छन्। यस्ता मानिसहरुको लागि सफलताको बाटो धेरै नै गाह्रो हुन जान्छ। त्यसैले सफलताको आकांक्षी मानिसहरुको लागि यो धेरै नै आवश्यक छ कि उ आफ्नो स्वभावलाई श्रेष्ठ बनाओस्।

जो व्यक्ति गुणवान छ, उसलाई हरेक ठॉउमा सम्मान स्वाभाविक रुपमा प्राप्त हुन्छ। यस बारेमा आचार्य चाणक्यले चाणक्य नीतिमा लेखेका छन्-

एकेन शुष्कवृक्षेण दह्यमानेन वह्निना।
दह्यते तद्वनं सर्व कुपुत्रेण कुलं यथा।।

यसको माध्यमबाट आचार्य चाणक्य गुणवत्ताको महत्वलाई बताउदै भन्छन् कि कुनै संकेको वृक्षमा आगो लाग्दा सबै वन खरानी बन्छ। त्यसरी नै कुनै एक कुपुत्रले पूरा कुलको बदनामी गर्छ।

यसको मतलब यो भयो कि वनमा यदि कुनै सुकेको वृक्ष छ भने त्यसमा शीघ्र आगो लाग्छ। त्यो वृक्षको आगोले सबै वनलाई जलाएर खरानी बनाउछ। ठीक त्यसैरी नै यदि कुलमा कुनै कपूत जन्मिएको छ भने सबै कुलको बदनामी हुन्छ। यसबाट अनुमान लगाउन सकिन्छ कि गुणको कति महत्व छ।

यो कुरालाई मैनेंजमेंट गुरु चाणक्यले अझ अगाडि बढाउदै लेखेका छन्-

एकेनापि सुपुत्रेण विद्यायुक्ते च साधुना।
आह्लादितं कुलं सर्व यथा चंद्रेण शर्वरी।।

यहा पनि आचार्य चाणक्य भन्छन् कि गुणवान एक्लो रहदा पनि उ आफैमा पर्याप्त छ। उनी भन्छन् कि जसरी एक्लो चंद्रमा रातको शोभा बढाउछिन्, ठीक त्यसरी नै एक्लो विद्वानले पूरा कुलको मर्यादालाई बढाउछ।

एक एक्लो चंद्रमा रातीको अंध्यारोलाई टाढा गरेर सबै संसारलाई आफ्नो प्रकाशबाट उज्यालो पार्छिन्। त्यसैरी नै पुत्र एक्लो होस् तर यदि उ गुणवान छ भने सबै कुलको नामलाई प्रकाशमय पार्न सक्छ। त्यसैले सफलताको इच्छा राख्ने व्यक्तिहरुले आफ्नो चरित्र यस्तो बनाउनु पर्छ कि उ भित्र ज्यादा भन्दा ज्यादा गुणहरुको समावेश होस्।

यस गुणको बलमा उ राम्रा परिणाम प्राप्त गर्नमा सक्षम हुन सक्छ। यस्तो मानिसहरुले राम्रो परिणाम प्राप्त पनि गर्छन्। जब कुनै व्यक्ति गुणवान हुन्छ तब समाजमा उसको प्रतिष्ठा बढ्छ र यसको साथ-साथै उसको कुल-खानदानको मान-मर्यादामा पनि उन्नति हुन्छ। त्यसैले चरित्रलाई यस्तो बनाउनु पर्छ कि तपाई भित्र धेरै नै उपयोगी गुणहरुको विकास हुन सकोस्। जब यी गुणहरु विकसित हुनेछ तब स्वाभाविक रुपमा यसको असर तपाईको काम माथि देखिनेछ र प्क्का तपाई सफल हुनुहुनेछ।

संतुष्टि मानिसी चरित्रको अहम भाग हो। त्यसैले आफ्नो चरित्रमा यो गुणको विकास धेरै नै आवश्यक छ। यस कुरालाई मैनेजमेंट गुरु चाणक्यले

धेरै राम्ररी बुझेका थिए। जसको आधामा उनले चाणक्य नीतिमा एउटा धेरै नै आवश्यक कुरा भनेका छन्, उनले लेखेका छन्-

संतोषामृततृप्तानां यत्सुखं शान्तिरेव च।
न च तद्धनलुब्धानामितश्चेतश्च धावताम्।।

यहा आचार्य चाणक्यले संतोषको महत्वलाई प्रतिपादित गरेका छन्। उनले बताएका छन् कि संतोषको अमृतबाट तृप्त व्यक्तियहरुलाई जुन प्रकारको सुख र शांति प्राप्त हुन्छ, त्यो सुख-शान्ति धनको पछाडि यता-उता भाग्ने मानिसहरुलाई प्राप्त हुदैन्।

यसबाट सफा हुन्छ कि संतोष सबै भन्दा ठूलो सुख हो। जो व्यक्ति संतोषी हुन्छ उसलाई परम सुख र शांति प्राप्त हुन्छ। धनको चाहमा यता-उता दौडि-भागी रहने व्यक्तिहरुलाई यस्तो सुख-शांति कहिले प्राप्त हुदैन्।

चाणक्य पनि यो कुरा मान्दथिए कि मनुष्यको तृष्णाहरुको कुनै अंत हुदैन्। व्यक्तिको कामनाहरु र इच्छाहरु निरंतर बढि रहन्छ। यसरी इच्छाहरु बढ्नाले व्यक्तिको जीवनमा एक प्रकारको भटकाव बनि रहन्छ। जसले जति प्राप्त गर्छ उसले त्यतिमा नै संतोष गर्नुपर्छ, त्यसबाट नै साचो सुख प्राप्त हुन्छ।

किनकि सही मायनेमा हेर्ने हो भने असंतुष्टलाई त कहिले संतुष्ट गर्न सकिदैन् किनकि इच्छाहरु अनंत हुन्छन्। त्यसैले मानिसले आफ्नो चरित्रमा संतोषको समावेश गर्नुपर्छ। संतोज़को साथ जीवन जीउने मानिसहरु सदा सुखी रहन्छन्।

चरित्र निर्माणको बारेमा आचार्य चाणक्यले एउटा सूत्रमा भनेका छन्-

कुलानुरूपं वृत्तम्।

यसको मतलब यो भयो कि *कुलको अनुरुप नै चरित्र हुनुपर्छ।*

यो सूत्रको माध्यमबाट कुनै पनि कुललाई तल्लो र कुनै कुललाई माथि देखाउने प्रयत्न गरिएको छैन्। तर सामाजिक प्रतिष्ठाको आधारमा कुनै कुललाई ज्यादा प्रतिष्ठा प्राप्त हुन्छ भने कुनै कुललाई कम। अब प्रश्न यो उठ्छ कि यो सामाजिक प्रतिष्ठा कसरी निर्धारित हुन्छ? वास्तवमा, सामाजिक प्रतिष्ठाको निर्माणमा चरित्रको ठूलो भूमिका हुन्छ। चरित्रबाट नै आचरण निस्कन्छ र यसैले कुनै पनि कुललाई प्रतिष्ठा दिलाउछ वा फेरि यदि आचरणमा कुनै गड़बड़ी हुन्छ भने उ त्यस कुलको लागि अपयशको पनि कारण बन्न जान्छ।

कुलको असर स्वाभाविक रुपमा त्यस कुल विशेषमा आउने पीढिहरु माथि पर्छ। जुन कुलको आचरण राम्रो हुन्छ त्यो कुलमा आउने पीढिहरुले पनि

राम्रो व्यवहार गर्छन् वा उनीहरुबाट कम भन्दा कम आफ्नो कुलको यशको अनुरुप बर्ताव गर्ने अपेक्षा गरिन्छ। भनिएको पनि छ कि 'संगतबाट गुण हुन्छ, संगतबाट गुण जात।' यहा पनि कुल-खानदानको कुरा छ। आचार्य चाणक्य भन्छन् कि चरित्र कुलको अनुरुप नै हुनुपर्छ। त्यसैले आफ्नो कुलको मान-मर्यादाको ख्याल गर्दै आचरण गर्नुपर्छ। आफ्नो कुलको मान-मर्यादाको खिलाफ आचरण गर्दा दोहरो नोक्सान हुन्छ। पहिलो कुरा, यसबाट तपाईको कुलको नाम खराब हुन्छ। त्यहि अर्कोतिर तपाईको प्रति मानिसहरुको बीच सही राय कायम हुदैन्। यस्ता मानिसहरुले सफलता पउनु धेरै गाह्रो हुन जान्छ किनकि मानिसहरुले भन्न थाल्छन् कि यसले आफ्नो पुरखाको मान-मर्यादाको त ख्याल गरेन् भने हाम्रो मान-मर्यादाको यसले के ख्याल गर्ला। यस्तो स्थिति धेरै नै नोक्सानदेह हुन्छ। यस्तो स्थिति त पैदा नै दिनु हुदैन्।

यदि तपाईको आचरण कुलको मान-मर्यादाको अनुरुप छ भने यसको दोहरो फाईदा पनि हुन्छ। पहिलो कुरा यो कि तपाईको कुलको मान-मर्यादामा अझ बढ़ोतरी हुन्छ। यसको प्रत्यक्ष र परोक्ष रुपमा धेरै किसिमको लाभहरु तपाईलाई स्वाभाविक रुपमा प्राप्त हुन्छ। त्यहि दोस्रो कुरा यो छ कि यदि तपाईको चरित्र कुलको मान-मर्यादाको अनुरुप छ भने सार्वजनिक र कामकाजी जीवनमा पनि तपाईको आचरण राम्रो हुनेछ। जाहिर छ कि यसको फाईदा तपाईलाई त्यहा प्राप्त हुन्छ। यसको माध्यमबाट सफलताको बाटोमा तपाईको लागि धेरै नै सजिलो हुनेछ।

यहा यस विषय माथि कुराकानी पनि धेरै नै आवश्यक छ कि कुनै कारणले जसको कुलको मान-मर्यादा त्यति राम्रो छैन्, उनले आफ्नो आचरणबाट कुलको नामलाई माथि उठाउनु पर्छ र यस्तो गरिन्छ पनि। यस्तो कार्य गर्नाले धेरै फाईदाहरु हुन्छ। पहिलो कुरा त यो छ कि तपाईको कुलको प्रति समाजमा मानिसहरुको बीच एउटा नयाँ राय कायम हुनेछ। यो नयाँ रायको सूत्रधार तपाई आफै् हुनुहुनेछ। त्यसैले समाजमा तपाईको प्रतिष्ठा पनि बढ्नेछ। मानिसहरुले सोच्नेछन् कि उ त आफ्नो कुलको राम्रो गर्नको लागि प्रयासरत छ। सामान्य कुरा छ कि यस्तो गर्नाले बिस्तारै-बिस्तारै मानिसहरु तपाई माथि विश्वास गर्न थाल्नेछन् र स्वाभाविक रुपमा यसको फाईदा तपाईलाई धेरै किसिमले हुनेछ। राम्रो बर्ताव र व्यवहारको असर तपाईको निजी जीवनको बाहेक तपाईको सार्वजनिक जीवन र कामकाजी जीवन माथि पनि पर्नेछ। जाहिर छ कि यस्तो भयो भने तपाईको लागि सफलताको बाटो सजिलो हुनेछ र तपाई तेजीसंग त्यस बाटोमा बढ्नुहुनेछ।

तपाईको चरित्र यस कारणले पनि राम्रो हुनुपर्छ कि यसबाट तपाईको प्रतिष्ठाको साथ-साथै तपाईको कुलको प्रतिष्ठा पनि जोडिएको हुन्छ। यो कुरालाई मैनेजमेंट गुरु चाणक्यको एउटा सूत्रको माध्यम राम्रो तरीकाबाट बुझ्न सकिन्छ। उनले लेखेका छन्-

यथा कुलं तथाचारः।

यो सूत्रको मतलब यो छ कि जस्तो *कुल हुन्छ, त्यस अनुरुप नै चरित्र हुन्छ।*

त्यसैले आफ्नो आचार-व्यवहारलाई लिएर धेरै नै सजग रहनुपर्छ। किनकि तपाईको बर्तावसंग केवल तपाईको प्रतिष्ठा नै जोडिएको हुदैन् बल्कि तपाईको कुलको प्रतिष्ठा पनि जोडिएको हुन्छ। तपाईको चरित्रको माध्यमबाट नै मानिसले तपाईको कुलको बारेमा अनुमान लगाउछन्। यदि तपाईको बर्ताव राम्रो छ भने तपाईको कुलको मान-मर्यादामा स्वाभाविक रुपमा बढ़ोतरी हुदै जान्छ। तर यदि तपाईको आचरण सही छैन् भने तपाईको कुलको प्रति मानिसहरुको बीच नकारात्क धारणा आउन थाल्छ। त्यसैले आफ्नो बर्तावलाई सधै उच्च देखि उच्चतर तिर लैजाने प्रयत्न गर्नुपर्छ। यसमा सबैको भलाई छ। यसमा तपाईको पनि भलाई छ र तपाईको कुलको भलाई पनि यसैमा निहित छ।

यदि तपाईको आचरण कुलको प्रतिष्ठाको अनुरुप छैन् भने स्वाभाविक रुपमा यसको नोक्सान तपाईले हरेक स्तरमा उठाउनु पर्नेछ। निजी जीवनमा त तपाईलाई यसको खामीहरु भोग्नु नै पर्छ साथै सार्वजनिक जीवन र कामकाजी जीवनमा पनि यसको नराम्रो परिणामहरुले तपाईको सामना हुनेछ। यस्तो अवस्थामा सफलताको कुरा धेरै टाढा हुनेछ र तपाई यसको लागि अरुलाई जिम्मेवार मान्दै भ्रंममा बाच्नुहुनेछ। त्यसैले यस मामलेमा धेरै नै चौकस रहनुपर्छ। सफल मानिस यो मामलेमा धेरै नै सावधानी राख्नेगर्छन् किनकि उनलाई यो कुरा राम्ररी थाहा हुन्छ कि एउटा सानो गल्तीले पनि सबै काम माथि नराम्रो प्रभाव बनाउन सक्छ।

चरित्र निर्माणमा सत्यको धेरै नै अहम भूमिका हुन्छ। यदि तपाई सत्य बोल्नुहुन्छ भने तपाईको प्रति मानिसहरुको बीच एउटा सही संदेश्ठा जान्छ र तपाईको प्रति सही राय कायम हुन्छ। यसको फाईदा तपाईलाई हरेक सरहबाट प्राप्त हुन्छ। साचो बाल्ने मानिसहरुको आचरण पनि स्त्राभाविक रुपमा राम्रो नै हुन्छ र यस्ता व्यवहारबाट सामान्यतः मानिसहरु प्रभावित नभईकन रहन

सक्दैन्। त्यसैले साचोको साहारा लिएर सफलता पाउने बाटोमा अगाडि बढ्दै आफ्नो उद्देश्यलाई साध्नमा सफल हुन्छन्।

सत्यको आचरणको बारेमा आचार्य चाणक्यले एउटा धेरै नै अहम सूत्र दिएका छन्-

स्वर्ग नयति सुनृतम्।

मैनेजमेंट गुरुको यो सूत्रको तात्पर्य यो छ कि *सत्यको आचरणबाट स्वर्ग प्राप्त हुन्छ।*

बताउदा गलत नहोला कि सच्चाईको मार्गमा हिड्नाले मानिसलाई सबै भन्दा ठूलो सुख प्राप्त हुन्छ। यहा सुखको तात्पर्य सफलतासंग छ। सूत्रमा जुन स्वर्गको कुरा गरिएको छ त्यो कुनै अर्को लोकमा हुदैन्। बल्कि यहि छ। मानिसले जुन किसिमको कर्म गर्छ उसलाई फल पनि त्यस किसिमको नै प्राप्त हुन्छ। त्यसैले सत्यको आचरण गर्ने व्यक्तिले पनि साचोको अनुरुप नै फल प्राप्त हुन्छ। साचोको आश्रय हरेक क्षेत्रमा सफलता दिलाउने खालको हुन्छ। सत्यको सहाराबाट गाह्रो भन्दा गाह्रो काम पनि सजिलो हुन जान्छ।

आफ्नो-आफ्नो क्षेत्रमा सफलताको चाहना राख्ने व्यक्तिहरुले साचोको सहाराबाट हिड्नुपर्छ। यस्तो गर्नाले मानिसहरुको बीच उनको राम्रो छवि बन्छ र मानिसहरुको विश्वास जित्न सजिलो हुन्छ। जाहिर छ कि जब मानिस विश्वास गर्न थाल्नेछन् तब उनीहरु तपाईको काम आउनेछन् र फेरि तपाई जुन उद्देश्यमा सफल हुन चाहनुहुन्छ त्यसमा सफलता प्राप्त गर्नमा तपाईलाई मद्दत मिल्नेछ। त्यसैले कहिले पनि साचो मार्ग छाडेर झूठको बाटो लाग्नुहुदैन्। यस्तो गर्नु भनेको असफलतालाई आमंत्रित गर्नुहो। तपाईले यदि चाहान अनुरुप सफलता पाउनु भएको छ भने त्यो सुखलाई स्वर्गको सुख नै मान्नुपर्छ किनकि तपाईको अनुरुप सबै थोक हुनु नै साचो स्वर्ग हो।

सत्यको बाटोमा हिड्नु चरित्रको सुन्दरतालाई बढाउछ। तर यो त्यति सजिलो कार्य छैन्। सही मायनेमा यो तपस्या अलि गाह्रो छ। यसै कुरालाई राम्ररी बुझाउदै मैनेजमेंट गुरु चाणक्यले एउटा धेरै नै उपयोगी सूत्र दिएका छन्-

नास्ति सत्यापरं तपः।

यसको मतलब यो छ कि *सत्य भन्दा ठूलो तप हुदैन्।*

यो भन्न जति सजिलो लाग्छ वास्तवमा त्यति सजिलो छैन्, सत्यको आचरणमा आउन सजिलो त छ तर जब हामी यस्तो गर्न थाल्छौं तब थाहा हुन्छ कि यो कति गाह्रो काम छ। त्यसैले आचार्य चाणक्यले यसलाई तप

करार दिएका छन्। वास्तवमा, झूठो बोल्नमा हामी यति अभ्यस्त हुन्छौं कि धेरै पटक झूठो कुरा नै सत्य लाग्न थाल्छ। अक्सर मानिसहरु झूठोलाई मजबूरी र आवश्यकताको नाममा जायज बताउछन्। यो प्रवृत्तिको जति निंदा गरियोस् उति नै कम हुनेछ। किनकि आफ्नो कमजोरीलाई लुकाउनको लागि अरुको कुरालाई ढाल बनाउनु चरित्रको लचरतालाई प्रदर्शित गर्छ।

यस्तोमा प्रश्न यो उठ्छ कि फेरि सत्यलाई आचरणमा कसरी ल्याउन सकिन्छ? पूरा किसिमले सत्यको साथमा जीवन जीउन एक झटकामा संभव छैन्। यसको लागि तपाईले बिस्तारै-बिस्तारै अगाडि बढ्नु पर्छ। किनकि तपाईमा झूठो बाल्ने बानी यस प्रकारले आफ्नो प्रभाव बनाई सकेको छ कि शुरुआतमा साचोको साथमा जीउन धेरै नै गाह्रो हुन्छ। तर समयसंग सँगै यो समस्या कम हुन थाल्छ र फेरि केहि समय पछि झूठो कुराहरु देखि आफै नै नफरत हुन थाल्नेछ।

सत्य बाल्ने प्रवृत्ति सफल हुनको लागि धेरै नै मददगार साबित हुन्छ। यदि तपाईको पहिचान सत्य बाल्ने मानिसको रुपमा बनेको छ भने जीवनको कुनै पनि क्षेत्रमा तपाईको लागि सफलता पाउन गाह्रो हुदैन्। त्यहि यदि तपाईको पहिचान झूठोको रुपमा बनेको छ भने सफलता तपाईको वरपर पनि आउने कुरा छोडौं, तपाईको धेरै नोक्सान हुन्छ। त्यसैले सत्यलाई एउटा तप मानेर यसको निरंतर अभ्यास गरेर यसै बाटोलाई आफ्नो स्थाई बाटो बनाउदा धेरै लाभ हुन्छ।

सही मायनेमा भन्ने हो भने यहि गुणबाट मानिसले सफलताको सीढिहरु चढ्छ। झूठो र मक्कार किसिमका मानिसहरुसंग संसार घृणा गर्छन्। त्यसैले सधै सत्यको सहारा लिदै आफ्नो जीवनको सबै कार्यहरुलाई अंजाम दिनुपर्छ। यसरी राम्रो चरित्र जुन मानिसमा हुन्छ उसले सबैको मन जित्न सफल बन्छ र आफ्नो जीवनलाई जुन दिष्ठामा मोड्न चाहन्छ त्यस दिशामा मोड्नमा सफल हुन्छ।

6

कार्यकुशलता

कुनै पनि मानिसको सफलता यो कुरा माथि धेरै हद सम्म निर्भर गर्छ कि उ कति कार्यकुशल छ। जो जति कार्यकुशल हुन्छ उ उति नै सफल हुन्छ। यही कारण हो कि कुनै व्यक्ति कम श्रम गरेर पनि ज्यादा सफल हुन्छ र कुनै अथक परिश्रम गर्दा पनि उति सफल हुन पाउदैन्, जति उ हुनु पर्ने हो। यसबाट कार्यकुशलताको महत्व थाहा हुन्छ। कार्यकुशलताको महत्वलाई बुझाउदै आचार्य चाणक्यले धेरै सूत्र दिएका छन्। यी सूत्रहरुको पालन गरेर आफू भित्र यो गुणलाई विकसित गर्न सकिन्छ र यसको माध्यमबाट जीवनको हरेक क्षेत्रमा सफलता पाउन सकिन्छ।

मैनेजमेंट गुरु चाणक्यले एक धेरै सुंदर सूत्र दिएका छन्। उनले लेखेका छन्-

पूर्व निश्चित्य पश्चात् कार्यमारभेत्।

यसको मतलब यो भयो कि पहिला *निश्चय गर्नुहोस् फेरि कार्य आरंभ गर्नुहोस्।*

आचार्य चाणक्यको यो कुरा हरेक क्षेत्रमा समान रुपमा लागू हुन्छ। चाहे व्यक्ति कुनै पनि क्षेत्रमा जुन सुकै काम गरि रहेको होस् यदि उसले आफ्नो कार्यको शुरुआत गलत समयमा गरेको छ भने उसले सफलता पाउन सक्दैन्। यानी जो व्यक्ति आफ्नो कार्य र त्यसको उद्देश्य माथि कार्य शुरू गर्नु भन्दा पहिला स्पष्ट वा निश्चित छैन् भने उसको सफलताको संभावना घट्न जान्छ। त्यसैले सफलताको चाह राख्ने व्यक्तिहरुको लागि यो कुराको ठूलो महत्व छ कि उनीहरुले कार्य शुरू गर्नु भन्दा पहिला यो विचार गरुन् कि उसले त्यो कार्यलाई कसरी पूरा गर्नेछ?

उनीहरुले यो कुराको पनि विचार गर्नुपर्छ कि यो कार्य गर्नाले के र कति लाभ हुनेछ? जुन उद्देश्यको साथमा कार्यको शुरुआत गरि रहेका छन् त्यो उद्देश्य पूरा पनि हुन सक्छ वा सक्दैन्? त्यो कार्यलाई पूरा गर्नमा कति समय

लाग्नेछ? यो कार्यबाट कसैलाई प्रत्यक्ष वा परोक्ष रुपमा कुनै नोक्सान त हुदैन्? यदि यी आधारभूत प्रश्नहरु माथि विचार गरेर कार्यको शुरुआत गरियो भने सफलता प्राप्त हुन्छ। यस्तो नहोस् कि त्यो कार्य नै आफ्नो लागि समस्या बनोस् जसको फलस्वरुप त्यसमा सफलता पाउने कुरा कताहो कता नोक्सान नै नोक्सानको भरपाई गर्नुपरोस् र त्यसमा अल्झेर रहोस्।

एक पटक कार्य शुरु भए पछि त्यसलाई पूरा गर्नु हाम्रो लागि ठूलो चुनौती हुन्छ। आम रुपमा यो भएको पाईन्छ कि मानिस कार्य त धेरै उत्साहको साथमा शुरू गर्छन् तर उसलाई समयमा पूरा गर्नको लागि त्यो उत्साह यथावत रहदैन्। त्यो उत्साहलाई यथावत राख्नको लागि सबै भन्दा आवश्यक छ चितलाई स्थिर राख्नु। यस बारेमा मैनेजमेंट गुरु चाणक्यले एउटा धेरै नै उपयोगी सूत्र दिएका छन्-

न चलचित्तस्य कार्यावाप्तिः।

यसको तात्पर्य यो भयो कि *चंचल चित्तको साथमा कार्य पूरा हुदैन्।*

कुनै पनि कार्यलाई पूरा गर्नको लागि चित्तको स्थिरता धेरै नै आवश्यक छ। यदि चित्त चंचल छ भने त्यसको कार्य माथि नकारात्मक असर पर्छ। यसै कुराको महत्वलाई बुझाउदै शास्त्रहरुमा स्थिरचित्त राख्नको लागि आग्रह गरिएको छ। त्यसैले यो धेरै नै आवश्यक छ कि चित्तलाई नियंत्रणमा राखियोस्। सफलता यस्तै मानिसहरुले प्राप्त गर्छन् जसले आफ्नो चित्त काबूमा राख्नमा सफल हुन्छन्। यस्तो मानिस अपेक्षाकृत कम परिश्रम गरेर पनि ज्यादा सफलता प्राप्त गर्छन्।

जसले एक क्षण एउटा कार्य गर्न चाहन्छ, अर्को क्षणमा अर्को कार्य र क्षण-क्षणमा मनमा बदलाव ल्याउछ, त्यसैगरी पलपलमा उसको मनमा कुनै अरु योजनाहरु आउन थाल्छ, यस्ता मानिसहरुले कहिले सफलता पाउदैन् किनकि यस्ता मानिसहरु एकातिर कुनै कामलाई पूरा गर्दैनन् र अर्कोतिर नयाँ-नयाँ कार्यहरुको पछाडि भाग्दै हिड्छन्। यस्तो चंचल चित्त भएका व्यक्तिको कुनै पनि कार्य पूरा हुदैन्। सही मायनेमा भन्ने हो भने कुनै पनि कार्यलाई पूरा गर्नको लागि पक्का हुनुपर्छ। यो भावना बिना काम पूरा हुन सक्दैन्। यो कुरालाई मैनेजमेंट गुरु चाणक्य धेरै राम्ररी बुझेका थिए त्यसैले उनले यस्तो सूत्र दिएका छन्। मनमा पक्का रुपमा निश्चय गरेर काम शुरू गर्ने व्यक्तिको काम अवश्य पूरा हुन्छ। सफलता यस्ता मानिसहरुको पाईला चुम्छन्।

कुनै पनि कार्यलाई पूरा गर्नको लागि यो कुरा धेरै नै आवश्यक छ कि तपाईसंग जे उपलब्ध साधनहरु छ त्यसको सही सरहबाट उपयांग होस्। यो अहम कुराको बारेमा आचार्य चाणक्यले एउटा धेरै नै उपयोगी सूत्र दिएका छन्-

हस्तगतावमानात् कार्यव्यतिक्रमो भवति।

यसको मतलब यो भयो कि *हस्तगत साधनहरुको अवमाननाबाट कार्यको व्यतिक्रम हुन्छ।*

सामान्य शब्दहरुमा यसलाई यसरी बुझ्न सकिन्छ, जे पनि साधन हातमा छ, कार्यको शुरुआत त्यसैबाट गर्नुपर्छ। जे साधन आफूसंग छैन् र जसलाई प्राप्त गर्न कठिन छ, त्यसको लागि हैरान हुनु राम्रो कुरा होईन्। आफूसंग रहेको साधनहरुलाई छोडेर, ती साधनहरुको लागि, जुन प्राप्त हुन सक्दैन् त्यसको लागि दुखी हुदा कार्य नष्ट हुन्छ। त्यसैले सधै यो कुराको कोशिश गर्नुपर्छ कि उपलब्ध साधनहरुको सर्वोत्तम प्रयोग होस्। एक पटक यसरी गर्नाले आत्मविश्वास बढ्छ र फेरि समयको साथ-साथै साधनहरुमा पनि स्वाभाविक रुपमा बढ़ोतरी हुन्छ। तर यदि कसैले यो कुरालाई लिएर हात माथि हात राखेर बस्छ कि उसंग त्यो कामलाई पूरा गर्नको लागि पर्याप्त साधन नै छैन् भने उसले कसरी त्यो कामलाई पूरा गर्न सक्छ, त निश्चित रुपमा यसलाई मूर्खता नै मानिन्छ। त्यहि केहि यस्ता पराक्रमी पनि हुन्छन्। यस्ता मानिसहरु साधनहरुको वास्ता नगरिकन कार्यलाई हातमा लिन्छन्। सामान्य अनुभवबाट यो थाहा हुन्छ कि यस्तो मानिसहरु सफल पनि हुन्छन्।

कार्यकुशलताको एउटा अहम तत्व हो तत्परता। तपाई धेरै सही ढंगले काम गर्नुहुन्छ तर सही समयमा त्यसलाई अंजाम दिन सक्नु भएन भने त्यसको कुनै विशेष महत्व रह्दैन्। यसको बाहेक आजको काम भोली र भोलीको काम पर्सि गने प्रवृत्तिको त्याग गर्नु अत्यन्त आवश्यक छ। सफलता पाउने इच्छा राख्ने व्यक्तिहरुको लागि यो धेरै नै आवश्यक छ। यस कुरालाई एउटा उदाहरणको माध्यम सजिलैसंग बुझ्न सकिन्छ।

एक दिन दरबार समाप्त हुदा युधिष्ठिरले आफ्नो भाईहरु तथा पत्नी द्रौपदीको साथमा आपसमा वार्तालाप गरि रहेका थिए कि द्वारपाल आएर सूचना दिन्छ कि कुनै दुई अतिथि युधिष्ठिरसंग भट्न चाहन्छ। युधिष्ठिरले द्वारपालद्वारा तीनीहरुलाई अर्को दिन आउने संदेश दिए। यो हेरेर भीम त्यहाबाट उठेर जान्छ र राजमहलको नजिक रहेको विशाल घंटालाई बजाउन थाल्छ। उनले आश्चर्यजनक तरीकाले घंटा बजाएको देखेर सबै जना त्यह्रा उपस्थित भए।

भीम स्वंय विशाल काया भएका र घंटा पनि विशाल आकारको, भीम त्यसलाई जोर-जोरबाट बजाई रहेका थिए। कर्कश आवाजबाट सबैको कान थर्कियो। तब युधिष्ठिरले भीमसंग घंटा बजाउने कारण जान्न चाहे। तब भीम त्यहा आएर नागरिकहरुलाई संबोधित गर्दै भने, 'ऐ प्रजाजनहरु, हाम्रो राजा त यमराज भन्दा पनि श्रेष्ठ भएका छन्।'

'के भन्दैछौ भीम? सफा-सफा किन भन्दैनौ?'

भीमले उत्तर दियो, 'महाराज, अहिले-केहि क्षण पहिला तपाईले दुई अतिथिहरुलाई भोली आउनको लागि भन्नुभयो। यसको अर्थ भयो कि तपाईलाई पूरा विश्वास छ कि तपाई भोली सम्म जीवित रहनुहुनेछ। जबकि वास्तविकता यो छ कि मनुष्यलाई यो थाहा हुदैन् कि आउने दिनमा के घटित हुने वाला छ। तपाईले उनीहरुलाई भोली बोलाउने आदेशले यो सूचित गर्छ कि तपाई अवश्य नै भोली यो भूतल माथि रहनुहुनेछ।'

धर्मराजलाई आफ्नो गलती अनुभव भयो। उनले त्यसै समय दुबै अतिथीहरुलाई बोलाएर भेट्घाट गरे।

त्यसैले कुनै पनि कार्यलाई यसरी नै अंजाम दिनुपर्छ मानौं भोली आउने वाला छैन्। जुन मौका यो कार्यलाई पूरा गर्नको लागि छ त्यो आज छ र अहिले छ। त्यसैले एक क्षण पनि खेर नफालिकन सही काममा लाग्ने व्यक्तिको मनमा कुनै किसिमको संकोच सफलता प्रति हुनु हुदैन्।

व्यक्ति कार्यकुशल हुनुको साथै स्पष्टवादी पनि हुनु पर्छ। किनकि यदि मानिसमा यो गुण भएन भने उसले धेरै सरहबाट नोक्सान उठाउनुपर्छ। यस बारेमा मैनेजमेंट गुरु चाणक्यले एउटा ठाँउमा लेखेका छन्-

निस्पृहो नाधिकारी स्यान्न कामी भण्डनप्रिया।
नो विदग्धः प्रियं ब्रूयात् स्पष्ट वक्ता न वंचकः॥

यहा आचार्य चाणक्यले स्पष्टवक्ताको गुणहरुको चर्चा गरेका छन्। उनी भन्छन् कि *विरक्त व्यक्ति कुनै विषयको अधिकारी हुदैन्। जो व्यक्ति कामी हुन्छ, उसको लागि सिंगारको आवश्यकता हुदैन्। त्यहि विद्वान व्यक्ति प्रिय बोल्दैन् र स्पष्ट बाल्ने मानिस ठग हुदैन्।*

यसलाई केहि अझ विस्तारमा बुझौं, जो व्यक्ति संसारबाट वैराग्य हुन्छ उसलाई कुनै कार्य गर्न दिनुहुदैन् किनकि उसको मन त्यो काममा लाग्दैन्। किनकि उ त सबै चीजहरुलाई नश्वर मान्दछ। यस्ता मानिसहरु सांसारिक चीजहरुबाट विरक्त हुन्छन्। त्यसैरी विद्वान व्यक्ति सधै सत्य बोल्छ। संभव छ कि धेरै पटक उ यस्ता कुराहरु पनि बोल्छ होला जुन अगाडि रहेको

मानिसलाई राम्रो नलागोस्। तर सत्य धेरै पटक धेरै नै कडा हुन्छ। त्यसैले स्पष्टवादी हुनु धेरै नै आवश्यक छ।

स्पष्टवादी नभएको कारणले नै धेरै सरहको भ्रमहरु पैदा हुन्छ। आम रुपमा यो हेर्न पाईन्छ कि जो कार्यकुशल छन् उ स्पष्टवादी पनि हुन्छ। वास्तवमा, स्पष्टवादितालाई कार्यकुशलता भन्दा अलग गरेर हेर्नु हुदैन्। कार्यकुशलताको एउटा अहम भाग हो स्पष्टवादिता। त्यसैले सफलताको इच्छा राख्ने मानिसहरुमा स्पष्टवादी अनिवार्य रुपमा हुनुपर्छ।

कार्यकुशलतामा मानिसको सिक्ने क्षमतालाई पनि राम्रो पार्न सकिन्छ। वास्तवमा, जो मानिस हरेक समय केहि न केहि सिक्नको लागि तैयार रहन्छ, उ समयको साथ उति नै कार्यकुशल बन्दैजान्छ।

यो कुराको महत्वलाई प्रतिपादित गर्दै आचार्य चाणक्यले लेखेका छन्-

सिंहादेकं बकादेकं शिक्षेच्चत्वारि कुक्कुटात्।
वायसात्पंच शिक्षेच्चषट् शुनस्त्रीणि गर्दभात्॥

यहा आचार्य चाणक्यले भनेका छन् कि कसैसंग केहि सिक्नमा कुनै संकोच मान्नु हुदैन्। *सिंहसंग एउटा, बकुलासंग एउटा, कुखुरासंग चारवटा, कागसंग पांचवटा, कुकुरसंग छवटा र गधासंग सातवटा कुराहरु सिक्नुपर्छ।*

वाक्यको तात्पर्य यो छ कि यदि मानिस सिक्न चाहन्छ भने उसको लागि बाटोहरुको कुनै कमी छैन्। त्यसैले सिक्नेको मामलेमा कहिले पनि संकोच गर्नु हुदैन्। यसको बाहेक यस कुराको पनि ख्याल राख्नुपर्छ कि हरेक कुनै न कुनै खुबी हुन्छ। त्यसैले सफल उ नै हुन्छ जसले हरेकबाट सकारात्मक चीजहरुलाई आफ्नो व्यक्तित्वको भाग बनाउछ। यसबाट व्यक्तिको कार्यकुशलता बढ्छ र उ आफ्नो कार्यहरुलाई ज्यादा प्रभावशाली तरीकाबाट अंजाम दिनमा सफल हुन्छ।

तर पनि गलती गर्नु मानव स्वभावको भाग नै हो। त्यसैले यो कुरालाई लिएर धेरै ज्यादा चिंतित हुनु हुदैन्। आचार्य चाणक्य पनि यस कुरालाई राम्ररी बुझेका थिए। त्यसैले उनले मानिसको यस दुर्बलतालाई कार्यकुशलतासंग जोडेर एउटा धेरै नै उपयोगी सूत्र दिएका छन्। उनले लेखेका छन्-

दोषवर्जितानि कार्याणि दुर्लभानि।

यसको मतलब यो भयो कि *दोषहीन कार्य दुर्लभ हुन्छ।*

गलती गर्नु मानव स्वभावको एउटा भाग हो। यदि मानिसले गलती गरेन भने या त उ भगवान हुन्छ वा फेरि मशीन बनेर बस्छ होला। संसारमा यस्ता धेरै नै कम मानिसहरु छन्, जसको कार्यहरुमा कुनै कमी हुदैन्। सामान्य रुपमा

यो हेर्न पाईन्छ कि मानिसहरुले कुनै पनि कार्यलाई मनमा कुनै न कुनै स्वार्थ राखेर नै गर्छन्। जाहिर छ कि यस्ता कार्यहरुमा दोष पनि रहन्छ नै।

अब प्रश्न यो उठ्छ कि आखिर गलती हुन्छ भने त्यसको लागि के गर्न सकिन्छ? यो मानिसको हातमा नै छ। हरेक मानिसको कोशिश यहि हुर्नुपर्छ कि गलतीहरुको संख्या कम भन्दा कम होस्। जाहिर छ कि जब गलतीहरुको संख्या घट्छ तब त्यसबाट हुने खालको नोक्सान पनि कम हुनेछ।

यस्तोमा कार्यको राम्रो परिणाम आउने संभावना बढ्नेछ र अन्तमा मानिस सफलताको बाटोमा सजिलै जान सक्छ। त्यसैले सानो गलतीहरुबाट मन सानो नगर्दै पूरा निष्ठाको साथ काममा मन लगाउनुपर्छ। हो यो कुरालाई सधै दिमागमा राख्नुपर्छ कि गलतीहरु सिक्नको लागि हुन्छ र त्यसबाट केहिनकेहि षिाक्षा लिनुपर्छ। कोशिश यो कुराको पनि गर्नुपर्छ कि अगाडि गएर कम भन्दा कम यस्ता गलतीहरु दोहरियोस्। जसले गलतीहरुको प्रयोग आफ्नो कार्यकुशलतालाई राम्रो बनाउनको लागि गर्छन्, उ सफलताको बाटोमा धेरै नै अगाडि जान्छ।

कार्यकुशलताको तहत यो कुरा पनि आउछ कि तपाई आफ्नो कर्म माथि कति हद सम्म ईमानदार हुनुहुन्छ? सधै मानिसले आफ्नो कर्म माथि ईमानदार हुनुपर्छ। किनकि यसबाट नै मानिसले यशको प्राप्ति गर्छ र सफल हुन्छ। व्यक्ति जुन क्षेत्रसंग जोडिएका होस् उसले हरेक हालतमा त्यस क्षेत्रको पेशावर जिम्मेवारीहरुको वहन स्वाभाविक रुपमा गर्नुपर्छ। यो कुरालाई एउटा उदाहरणको माध्यमबाट बझ्दा राम्ररी र ज्यादा स्पष्ट हुनेछ।

कोलकातामा 1899 मा भयंकर रूपबाट प्लेग फैलिएको थियो। त्यसको चपेटामा धेरै मानिसहरु आउन थाले। रोगीहरुको सेवा-सुश्रूषा गर्ने व्यक्ति पनि भयभीत हुन थाले किनकि उनीहरु पनि बीमारी हुन थालेका थिए तर स्वामी विवेकानंद तनिक पनि विचलित भएनन्। यसको मुख्य कारण उनको मानव सेवाको व्रत जिम्मेवार थियो। आफ्नो शिष्यहरुको साथ उनी न केवल रोगीहरुको सेवा गरे बल्कि सडकहरु र नालाहरु पनि सफा गरे। तर उनको यो कार्य केहि धर्मभीरु पंडितहरुले हेर्न सकेनन्। उनीहरुले स्वामी ज्यूलाई भने, 'तपाई यो ठीक गर्दै हुनुहुन्न। तपाईलाई त यो राम्ररी थाहा छ कि प्रत्येक मनुष्यले आफ्नो पापहरुको फल भोग्नुपर्छ। जसले पाप गरेका छ, उनीहरु प्लेगबाट पीड़ित छन्। भगवान उनलाई उनको पापको दंड दिई रहेका छन्। तपाई उनीहरुको सुश्रूषा गरेर भगवानको कार्यमा व्यर्थमा नै किन बाधक बनि रहनु भएको छ?'

यो कुरा सुनेर स्वामी ज्यूले उत्तर दिए, 'यसमा कुनै शंका छैन् कि नराम्रो कर्म गर्ने व्यक्तिले नै कष्ट सहन गर्नुपर्छ। किन्तु कष्ट पाउने व्यक्तिलाई

जसले कष्टबाट मुक्त गराउछ उसलाई के पुण्य प्राप्त हुदैन्? जसरी रोगीहरुको भाग्यमा कष्ट पाउने लेखिएको छ त्यसै प्रकार हाम्रो भाग्यमा उनीहरुलाई कष्टबाट मुक्ति दिलाएर पुण्य प्राप्ति लेखिएको छ। त्यसैले हामीहरु पुण्य कार्य गरि रहेका छौं। यस्ता हुन सक्छ कि हामीले ईश्वरको कार्यमा बाधा दिन सक्छौं।' यो उत्तर सुनेर ती पंडितहरुले पछि केहि बोल्न सकेनन् तथा उनीहरु चुपचाप त्यहाबाट निस्के।

कार्यकुशलताको मतलब यो छ कि हामीहरुले बिना कसैको वास्ता गरिकन आफ्नो कार्यमा लागिरहनु पर्छ। यस्तो न होस् कि अरुले केहि कुरा काट्दा र हामी त्यसको कुराहरु माथि चिंता गर्दै आफ्नो कामको नै त्याग गरौं। यस्तो गर्नु आफ्नो असफलतालाई आफै आमंत्रित गर्नुहो। हो, यदि कसैले तपाईको कार्यमा कुनै सरहको आपत्ति जताउछ भने उसंग नराम्रो बर्ताव गर्नुको सट्टा उसलाई तर्कको साथ उत्तर दिनुपर्छ। सामान्यतः यो हेर्न पाईन्छ कि आत्मविश्वासको साथ तर्कसंगत उत्तर पाए पछि नराम्रो भावना भएका मानिसहरु पनि चुपचाप बस्छन्। त्यसैले सधै धैर्य, लगन र आत्मविश्वासको साथ आफ्नो कार्यलाई अंजाम सम्म पुगाउनको लागि तत्पर रहनुपर्छ।

जसले कार्यलाई अंजाम सम्म पुगाउनमा जति कुशल हुन्छ उ उति नै सफल हुन्छ। साचो कुरा नै यो हो कि संसारमा हरेक मानिसहरुले काम गर्छन् तर केहि मानिसहरुको नाम हुन्छ र धेरैजसोको नाम गुमनाम नै रहन्छ। देशका ठूला चिंतकहरुमा आउने शिव खेड़ाले एक धेरै नै महत्वपूर्ण कुरा भनेका छन् उनको यो कुरा कार्यकुशलताको लागि धेरै नै प्रासंगिक छ। उनले भनेका छन् कि सफल मानिस पनि कार्य गर्छन् तर उनको काम गर्ने तरीका फरक हुन्छ।

भनाईको मतलब यो छ कि काम त सबै जनाले गर्छ तर सफल मानिसहरुको काम गर्ने तरीकाले उसलाई फरक बनाउछ र उनको कार्यलाई पनि सफल बनाउछ। उदाहरणको रुपमा क्रिकेट त धेरै खेलाडीहरु खेल्छन् तर सचिन तेंदुलकर जस्तो खेल कसैको छैन् वा अर्को खेलाडी पनि जसको नाम ईज्जतका साथ लिईन्छ उनीहरु आफ्नो खेलको विशेष प्रकृतिको कारणले जानिन्छन्। त्यसैले सफलता पाउने इच्छा राख्ने मानिसले सधै आफ्नो कार्यलाई आफ्नो खास तरीकामा अंजाम सम्म पुगाउने कोशिश गर्नुपर्छ। ●

7

परिस्थितीको पहिचान गर्नु

कुनै पनि व्यक्ति सफल हुनको लागि उसमा समयको पहिचान गर्ने क्षमता साथै परिस्थिती पहिचान गर्ने क्षमता हुनु पनि धेरै नै आवश्यक छ। प्रायः यस्तो देखिन्छ कि व्यक्ति कुनै कार्य गर्दा परिस्थिती पहिचान गर्नमा भूल गर्छ। धेरै पटक तपाईको कार्यको अनुकूल परिस्थिती हुन्छ तर तपाई त्यसको पहिचान गर्न पाउनु हुन्न र राम्रो स्थिति तपाईको हातबाट उम्किन्छ। त्यहि धेरै पटक यो पनि हेर्न पाईन्छ कि कामको अनुकूल परिस्थितीहरु न हुनाले कुनै काम शुरू त गरिन्छ तर त्यो त्यस हालतमा कार्य पूरा हुदैन् र असफलता र निराशा हात आउछ। त्यसैले. परिस्थितीको पहिचान गर्ने क्षमताको विकास गर्नु धेरै नै आवश्यक छ।

यसको आवश्यक्ता मैनेजमेंट गुरु चाणक्यले राम्ररी बुझेका थिए। त्यसैले उनले यस बारेमा धेरै सूत्र दिएका छन्। यहा हामी ती सूत्रहरुबाट केहि छानिएका सूत्रहरुको माध्यमबाट कुराकनी गर्नेछौं र सही परिस्थितीहरुको पहिचान गर्ने क्षमता कसरी विकसित गर्न सकिन्छ त्यसको बारेमा जान्ने कोशिश गर्नेछौं।

आचार्य चाणक्यले एक धेरै नै अहम सूत्र दिएका छन्। उनले लेखेका छन्-

ज्ञानानुमानैश्च परीक्षा कर्तव्या।

यसको मतलब यो भयो कि *ज्ञान र अनुमान नै परीक्षा गर्नुपर्छ।*

यसलाई यसरी बुझौं, परिस्थितीको पहिचान गर्ने क्षमता व्यक्तिको ज्ञान र अनुभवबाट पैदा हुन्छ। त्यसैले यस्तो मानिन्छ कि यो कला रातो-रात विकसित भयो भने राम्रो हुदैन्। किनकि यस्तो हुनु असंभव छ। त्यसैले सधै यो सोच्नुपर्छ कि जुन कार्य तपाई गर्न गई रहनु भएको छ त्यससंग संबंधित ज्यादा

भन्दा ज्यादा ज्ञान अर्जित गर्नुहोस्। अधिक भन्दा अधिक जानकारी जुटाउनुहोस्। यस बाहेक त्यो कामसंग जुन मानिसहरु संबंधित रहेका छन्, उनीहरुसंग भेट्नुहोस्। उनीहरुको अनुभवहरुलाई जान्नुहोस्। त्यस पछि संबंधित जानकारीहरुलाई आफ्नो विवेकको कसौटीमा कसेर हेर्नुहोस्।

यो प्रक्रिया पछि तपाई एउटा राम्रो निर्णय लिनको लागि सक्षम हुनुहुनेछ। यो निर्णय धेरै अहम हुन्छ। तपाईको निर्णय यदि सही छ भने त्यसले तपाईलाई उत्कर्ष तिर नै लग्नेछ तर यदि तपाईको निर्णय गलत छ भने त्यसले तपाईलाई नराम्रो बाटोतिर लग्नसक्छ। त्यसैले यो कुरालाई लिएर धेरै नै सावधान रहनुहोस्। अहम निर्णय माथि तुरंत पुग्नु हुदैन् बल्कि ज्ञान र अनुभवको कसौटीमा चीजहरुलाई जाचे पछि नै महत्वपूर्ण निर्णय लिनुपर्छ। एक पटक निर्णय लिए पछि त्यसलाई पूरा गर्नु नै सफल मानिसको लक्ष्य हुन्छ। पटक-पटक निर्णयमा बदलाव पनि गर्नुहुदैन्। हो, यति जरूरी छ कि समयसंगै त्यसमा सुधारको प्रक्रिया चलि रहनुपर्छ। धेरै पटक आवश्यक्ता पनि हुन्छ कि त्यसमा केहि सुधार होस्। यहा पनि परिस्थितीहरुको पहिचान गर्ने कलाको ठूलो महत्व छ। यस्तो स्थितिको पहिचान गरेर जसले लचीलो रवैया अपनाउछ उ सफल हुन्छ। त्यहि जसले खराब रवैया अपनाउछ उ सफल हुन पाउदैन्।

समग्ररुपमा हेर्दा ज्ञान र अनुभव प्राप्त गर्नमा कहिले पनि पछाडि पर्नु हुदैन्। किनकि यी चीजहरु कहिले पनि व्यर्थ जादैन्। कुनै न कुनै बेला यसको प्रयोग हुन्छ नै। जसको ज्ञान र अनुभव जति पक्का हुन्छ उ उति नै छिटो निर्णय लिन सक्छ र उ उति नै सफल हुन्छ।

परिस्थितीहरुको मामलामा मानिसले यो कहिले भूल्नु हुदैन् कि काल सबै भन्दा प्रबल हुन्छ। यस माथि मानिसको कुनै वश हुदैन्। यस कुरालाई दिमागमा राखेर जसले आफ्नो कार्यलाई अगाडि बढाउछ उनले असफलताको सामना गर्नु पर्दैन्। कालको बारेमा आचार्य चाणक्यले एक ठॉउमा लेखेका छन्-

कालः पचति भूतानि कालः संहरते प्रजाः।
कालः सुप्तेषु जागर्ति कालो हि दुरतिक्रमः॥

आचार्य चाणक्यले यहा कालको प्रभावको चर्चा गर्दै भन्छन् कि *काललले प्राणीहरु निल्ने गर्छ। काललले सृष्टिको विनाश गर्छ। यो प्राणीहरु माथि सुत्दा समय पनि विद्यमान रहन्छं। यसको कसैले पनि अतिक्रमण गर्न सक्दैन्।*

यसको मतलब यो छ कि काल वा समय सबै भन्दा बलवान छ। समय बिस्तारै-बिस्तारै सबै प्राणीहरु र सबै संसारलाई निल्ने गर्छ। प्राणीहरु सुतेको बेला पनि यो चलि रहन्छ। प्रतिपल उनीहरुको उमेर कम हुदै जान्छ। यसलाई कसैले टाल्न सक्दैन् किनकि कालको प्रभावबाट बच्नु व्यक्तिको लागि संभव हुदैन्। त्यसैले यो कुरालाई दिमागमा राखेर नै व्यक्तिले आफ्नो पाईला अगाडि बढाउनु पर्छ।

वैज्ञानिक उपायहरुको माध्यमबाट पनि कालको प्रभावलाई हटाउन सकिदैन्। समयको प्रभाव त हरेक वस्तु माथि पर्छ। शरीर निर्बल हुन्छ। वस्तुहरु जीर्ण र क्षरित हुदै जान्छ। सबै जनालाई थाहा छ कि व्यक्तिले यौवनमा जसरी साहसपूर्ण कार्य गर्न सक्छ उ बुढेसकालमा उ त्यसरी गर्न सक्षम हुदैन्।

काललाई मोडेर पछाडि घुमाउन सकिदैन्। तात्पर्य यो छ कि बिति सेकेको समय फेरी फर्केर आउदैन्। यो कुरा बिल्कुल सत्य हो कि कालको गतिलाई रोक्न देवताहरुको लागि पनि संभव छैन्। अनेक कवीहरुले पनि कालको महिमाको वर्णन गरेका छन्। त्यसैले सही परिस्थितीहरुको पहिचान गर्ने व्यक्तिले आफनो जीवनमा काललाई महत्व दिन्छ।

परिस्थितीहरुको पहिचानमा धेरै कुराहरु शमावेश छन्। यसमा काम गर्नको लागि सही समयको पहिचानको संग-संगै नोक्सान हुने स्थितिको पहिचान पनि ष्टामावेष्ठा छ। यस बारेमा पनि आचार्य चाणक्यले चाणक्य नीतिमा बताएका छन्-

शकटं पंचहस्तेन दशहस्तेन वाजिनम्।
हस्तिनं शतहस्तेन देशत्यागेन दुर्जनम्।।

आचार्य चाणक्य भन्छन् कि *बैलगाडा देखि पांच हात, घोडा देखि दस हात र हात्ती देखि सय हात टाढा बस्नुपर्छ। तर दुष्ट व्यक्ति देखि बच्नको लागि त थोरै-धेरै अंतर पर्याप्त हुदैन्। उसंग बच्नको लागि आवश्यकता अनुसार देश पनि छोड्न सक्नुपर्छ।*

यी वस्तुहरुले टाढा रहनुको तात्पर्य यो छ कि घोडा-गाडी आदिबाट चोटको भय रहन्छ। वास्तवमा, यहा आचार्य चाणक्यले जुन कुराहरुको उल्लेख गरेका छन् त्यसलाई एक समग्र दृष्टिको साथमा हेर्नुपर्छ। किनकि गोरु, घोड़ा र हात्ती त एक सरहको प्रतीक मात्र हो। सही मायनेमा सावधानी त यस्ता खतरनाक परिस्थितीहरुमा अनाउनुपर्छ। नराम्रो परिस्थितीको पहिचान गरेर त्यस बच्नु नै समझदारी हो।

सही मायनेमा परिस्थितीहरुको पहिचान गर्ने व्यक्ति त्यो हो जसले परिस्थितीहरुको हिसाबले निर्णय लिन्छ र बिना समय नष्ट गरि कार्यको शुरुआत गर्छ। यस बारेमा पनि मैनेजमेंट गुरु चाणक्यले एउटा धेरै नै अहम सूत्र दिएका छन्-

क्षण प्रति कालविक्षेपः न कुर्यात्सर्व कृत्येषु।

यसको मतलब यो भयो कि सबै *प्रकारको कार्यहरुमा एक क्षणको पनि विलम्ब नगर्नुहोस्।*

यो बताउनु गलत नहोला कि उचित समयमा गरियो कार्यले नै राम्रो फल दिन्छ। त्यसैले आवश्यक यो छ कि यदि तपाईले कार्य गर्नको लागि राम्रो परिस्थितीको पहिचान गर्नु भएको छ भने कार्यलाई पूरा गर्नमा एक क्षणको पनि देरी नगर्नुहोस्। प्रायः यो यस्तो भएको पनि पाईन्छ कि मानिस आलस्यको कारण ढिलासुस्ती गर्छन् र उपयोगी समय हातबाट जान्छ। त्यस पछि उसंग हात मल्ने बाहेक अरु कुनै उपाय पनि हुदैन्। यस्ता मानिसहरु आफ्नो असफलताको कारण अरुलाई जिम्मेवार मान्छन् तर सही मायनेमा हेर्ने हो भने उ आफ्नो असफलताको आफै नै जिम्मेवार हुन्छ। त्यसैले सधै यो कुराको कोशिश गर्नुपर्छ कि कार्यलाई सही समयमा शुरू गरियोस्। केवल शुरुआत नै पर्याप्त हुदैन् बल्कि परिस्थितीहरुको पहिचान गरेर त्यसलाई पर्याप्त गतिको साथमा अंजाम सम्म पुगाउनु पनि धेरै आवश्यक छ।

समयको नाश गर्नु कार्यको सफलताको लागि बिल्कुल ठीक हुदैन्। यस्तो गर्ने व्यक्तिको साख पनि खराब हुन्छ र मानिसहरुको विश्वास उसबाट हराउन थाल्छ। त्यसैले सही परिस्थितीहरुको पहिचान गर्नु र त्यसको नाश नगरिकन सफलताको एक धेरै नै अहम रुप हो। समयको प्रतीक्षामा राम्रो समयलाई खेर फाल्नु सही मायनेमा आफ्नो असफलतालाई आफैले आमंत्रित गर्नुहो। यस्तो गर्ने व्यक्तिले कुनै पनि कार्यलाई सकारात्मक गर्न धेरै गाह्रो हुन्छ। किनकि उसको सबै भन्दा ठूलो समस्या यो नै हुन्छ कि उ राम्रो समयको प्रतिक्षामा नै आफ्नो वर्तमानको नाश गरि रहेको हुन्छ। जसले वर्तमानको नाश गरि रहेको छ, उसको भविष्य राम्रो हुन्छ यो कुराको के गारंटी छ।

स्वामी विवेकानंदले भनेका छन् कि हाम्रो वर्तमान अवस्थाको लागि भूतमा गरिएको हाम्रो कर्म जिम्मेवार हुन्छ। त्यसैले यदि हामी चाहन्छौं कि हाम्रो भविष्य राम्रो होस् भने हामीले वर्तमानमा राम्रा-राम्रा कर्म गर्नुपर्छ। बनाईको

मतलब यो छ कि जसले आफ्नो भविष्यलाई सुखी बनाउनु चाहन्छ वा जसले भविष्यमा आफूलाई सफल हेर्न चाहन्छ उसले मौजूदा समयको सही उपयोग गर्नुपर्छ। जसले यस्तो गर्छ उ निश्चित रुपमा सफल रहन्छ। जसले यस्तो गर्दैन् उनको जीवनको अधिकांश भाग राम्रो परिस्थितीको प्रतिक्षामा नै बित्छ।

त्यसैले होशियार व्यक्ति यो मामलेमा धेरै नै चौकस रहन्छ। एउटा पटक उसले परिस्थितीको पहिचान गरे पछि उ बाकी चीजहरुको वास्ता न गर्दै आफ्नो कार्यलाई अंजाम सम्म पुगाएर नै छोड्छ। समान्य रुपमा हेर्ने हो भने यस्तो गर्दा उ सफल पनि हुन्छ र मानिस र समाज उसलाई सफल व्यक्तिको रुपमा मान्यता दिन थाल्छन्।

वास्तवमा, सफलता आफूसंगै आत्मविश्वास पनि ल्याउछ। जो सफल हुन्छ उ आत्मविश्वासले भरेको पनि हुन्छ। भन्नु गलत नहोला कि आत्मविष्ठवासबाट परिपूर्ण मानिस आफ्नो जीवनमा जे चाहन्छ त्यो पाउनमा सफल हुन्छ। त्यसैले सही परिस्थितीको पहिचान गरेर जीवनमा अगाडि बढ्नु नै हरेक दृष्टिबाट राम्रो हुन्छ। जसले यस्तो गर्दैन् उ आफ्नो भाग्य माथि धिकार्दै बस्छ र आफ्नो असफलताको लागि अरुलाई जिम्मेवार मान्दछ। यस्ता मानिसहरुको कोहि मद्दत गर्न पनि आउदैन् । किनकि अरुलाई थाहा हुन्छ कि उसको प्रवृत्ति नै यस्तो छ। यदि उसको मद्दत पनि गर्न गयो भने उसले हामीलाई नै दोष लगाउनेछ। त्यसैले यस्तो स्थिति पैदा नै दिनुहुदैन्, यस बारेमा सोच्नुपर्छ।

परिस्थितीको पहिचानमा भौतिक परिस्थितीको पहिचान पनि धेरै अहम छ। यस बारेमा आचार्य चाणक्यले एउटा धेरै नै उपयोगी सूत्र दिएका छन्। उनले लेखेका छन्-

देशफलविभागौ ज्ञात्वां कार्यमारभेत्।

यसको मतलब यो भंयो कि *देश एवं फलको विभागलाई जानेर नै कार्य आरंभ गर्नुहोस्।*

यो सूत्रलाई बुझ्नु धेरै सजिलो छ। कुनै पनि कार्य गर्नु भन्दा पहिला देश यानी स्थानको विचार गर्नु धेरै नै आवश्यक छ। यसको साथ-साथै यसको फलको पनि विचार गर्नु उपयोगी हुन्छ। जस्तो कि हामीहरु थाहा भएको कुरा हो कि कुनै एक कार्य कुनै एक ठॉउमा फाईदाजनक हुन्छ भने त्यहि कार्य अर्को ठॉउमा नोक्सानदेह हुन सक्छ। किनकि हरेक ठॉउमा आफै परिस्थिती हुन्छ र त्यस हिसाबबाट अलग-अलग स्थानको अलग-अलग आवश्यक्ता हुन्छ।

त्यसैले त्यस स्थानको परिस्थिती र तेवर राम्ररी बुझ्नु धेरै नै आवश्यक छ किनकि त्यस बना त्यहाको आवश्यक्ता समझमा आउदैन् र मानिस हावामा तीर चलाउन थाल्छ र उनलाई अपेक्षित सफलता प्राप्त हुदैन्। उदाहरणको रुपमा यदि कुनै रेगिस्तानी इलाका छ भने त्यहा वाटर पैकिंग प्लांट लगाउनुको मतलब हुन्छ आफ्नो असफलतालाई निमंत्रण दिनु। जब त्यहा पानी नै छैन् भने पानीको बॉटल तैयार गर्ने प्लांट त्यहा कसरी चल्न सक्छ। हो, यदि पानीको नै कारोबार गर्नु छ भने त्यहा पानी बेच्ने चेन स्टोर त अवश्य चल्छ। त्यहि जहा सफा पानी पिउनको लागि सहज उपलब्ध हुन्छ त्यहा यदि कुनै मानिसले बोतलबंद पानी बेच्ने पसल खोल्छ भने उसलाई मूर्खको मेडल दिदा केहि गलत नहोला।

यस्तो ठॉउमा उ पानी बेच्ने पसलको सट्टा बॉटलिंग प्लांट लगायो भने उसको लागि त्यो ज्यादा फाईदाजनक व्यपार हुनेछ किनकि त्यहा उसले राम्रो गुणवत्ता भएको पानी सजिलैसंग उपलब्ध गर्न सक्छ। जसलाई उ यस्तो ठाउँहरुमा बेचेर राम्रो पैसा कमाउन सक्छ जहा यसको आवश्यक्ता छ। त्यसैरी नै स्थानको पहिचान हरेक मामलेमा समान रुपमा लागू हुन्छ। यस बारेमा जो जति सजग हुन्छ उसको लागि सफलताको बाटो पनि त्यति सरल हुन्छ।

यस्ता मानिसहरुबाट अरु पनि प्रेरणा लिन्छन्। सही मायनेमा भन्ने हो भने यस्ता मानिसहरु रियल लाइफको हीरो हुन्। मानिसहरु उसको उदाहरण दिन्छन् र अरुहरु उबाट प्रेरित भएर काम गर्न थाल्छन् र उ पनि सफलताको बाटोमा निरन्तर अगाडि बढि रहन्छं। यस्ता मानिसहरुको समाजमा धेरै प्रतिष्ठा हुन्छ र उसको नाम एक सफल मानिसको रुपमा धेरै नै सम्मानको साथ लिईन्छ। ●

८

ज्ञानको महत्व

हरेक क्षेत्रमा सफलताको हिसाब-किताब अन्तमा गएर ज्ञान माथि नै टिकेको हुन्छ। आचार्य चाणक्यले यस कुरालाई राम्ररी बुझेका थिए। त्यसैले उनले ज्ञानको महत्वलाई प्रतिपादित गर्ने खालका धेरै सूत्र दिएका छन्। वास्तवमा, जब सम्म तपाईसंग राम्रो ज्ञान हुदैन् तब सम्म सफलता प्राप्त गर्ने इच्छा राख्नु आकाशमा शिशाको महल बनाउनु सरह हुन्छ। यहा यो पनि बुझ्नु धेरै नै आवश्यक छ कि ज्ञान कुनै जन्मजात कुरा वा चीज होईन् बल्कि यो समय अनुसार प्राप्त गर्न सकिन्छ र समयको साथ यसमा बढ़ोतरी गरिन्छ। ज्ञान प्राप्त गर्ने धेरै माध्यमहरु छन्।

किताबहरुको साथमा गुरुजनहरुबाट ज्ञान प्राप्त हुन्छ साथै व्यावहारिक ज्ञान सही मायनेमा जीवनको अनुभवहरुबाट निस्केर अगाडि आउछ। अनुभवबाट ज्ञान प्राप्त गर्नको लागि तपाई सहेक समय चौकस रहनुपर्छ। जो व्यक्तिसंग आफ्नो कार्यक्षेत्रसंग संबंधित जति ज्ञान हुन्छ उसले आफ्नो कार्यहरुलाई अंजाम दिन उति नै सहज हुन्छ। जाहिर छ कि उ कार्यहरुलाई राम्रो तरीकाबाट अंजाम दिन्छ र पाईलामा पाईला सफलता प्राप्त गर्दै जान्छ। त्यसैले ज्ञान प्राप्त गर्नको लागि व्यक्ति गंभीऱ हुनु पर्छ। किनकि कुनै पनि क्षेत्रमा सफलता प्राप्त गर्नको लागि यो एउटा प्राथमिक अवस्था हो। जब तपाईसंग ज्ञान नै हुदैन् भने जाहिर छ कि तपाई आफ्नो क्षेत्रको कार्यहरुलाई सही तरीक़ाबाट अंजाम दिन सक्नुहुन्न।

यो कुरालाई बुझाउदै मैनेजमेंट गुरु चाणक्यले धेरै सूत्र दिएका छन्। यसो त उनको सबै सूत्रहरु धेरै नै उपयोगी छन् तर यहा हामी त्यसबाट केहि अहम नै सूत्रहरुको माध्यमबाट ज्ञानको महत्वलाई बुझ्ने कोशिश गर्नेछौं। उनले एक ठॉउमा लेखेका छन्-

विधा धनमधनानाम्।

यो सूत्रको मतलब यो भयो कि *विधा अधन यानी निर्धनहरुको धन हो।*

यो सूत्र कति अहम छ यसलाई आचार्य चाणक्यको जीवनबाट पनि बुझ्न सकिन्छ। उनीसंग धेरै धन थिएन। उनी एक धेरै नै सामान्य परिवारमा जन्मिएका थिए। तर उनको ज्ञानले उनलाई एक उदाहरणको रुपमा पूरा दुनियामा चिनाए। यस्तो उदाहरणबाट देशको इतिहास भरेको छ। सामान्य परिवारमा पैदा भएर पनि धेरै नै सामान्य परिवेशमा हुर्केको-बढेको व्यक्तिले आफ्नो विधा अर्थात ज्ञानको बलमा धेरै नै सफल रहेका छन्। यस्तो उदाहरण तपाईको वर-परमा पनि धेरै होलान्। अहम कुरा यो छ कि यसबाट षिाक्षा पर्छ।

धन त नश्वर चीज हो। आज छ संभव छ कि भोली नहोला। ठू-ठूला धनी मानिसहरु पनि समयको मारको चपेटमा परेका छन् र आफ्नो धन गुमाएका छन्। भनिएको पनि छ कि धन कसैको हुदैन्। धनको स्वभाव नै चंचल हुन्छ। त्यसैले धनको चिंता ज्यादा नगरेर विधा यानी ज्ञान अर्जित गर्ने कुरामा अधिक जोर दिनुपर्छ। किनकि ज्ञान एउटा यस्तो चीज हो जुन समय अनुसार नष्ट हुदैन् र न यसलाई कसैले चोर्न नै सक्छ।

त्यसैले सफलता पाउने इच्छा राख्ने व्यक्तिहरुको लागि यो धेरै नै आवश्यक छ कि उ ज्यादा भन्दा ज्यादा उपयोगी ज्ञान प्राप्त गर्नको लागि निरंतर प्रयासरत रहोस्। भनिएको छ कि ज्ञान कहिले बेकार जादैन्। यो कुरा सय प्रतिशत ठिक हो। हामी सबैलाई थाहा छ कि जब सबै जनाले साथ छोड्छ तब आफ्नो ज्ञान नै काम आउछ। आफ्नो ज्ञान र हुनरको बलमा व्यक्ति कुनै पनि देश र कालमा सफलताको परचम लहराउनमा सफल हुन्छ। त्यसैले हरेक पल केहि नयाँ सिक्नको लागि ललायित बस्नुपर्छ। यो एउटा सफल व्यक्तिको पहिचान पनि हुन्छ।

हो, यस कुराको विशेष रुपमा अवश्य ख्याल राख्नुपर्छ कि कहिले पनि आफ्नो ज्ञानको घमंड आफू भित्र नआओस्। यस्तो हुनु धेरै नै खतरनाक हुन सक्छ र मानिसको सबै काम भत्ताभुंग हुन सक्छ। यो कुरालाई एउटा उदाहरणको माध्यमबाट बुझ्दा ज्यादा सजिलो र व्यावहारिक हुनेछ।

कुनै एक युवा देस-विदेशको भ्रमण गर्दै त्यहाको ग्रंथहरुको ज्ञान लिएर जब आफ्नो देश फर्किन्छ तब उ सबैको सामू गएर यो कुराको घमण्ड गर्न थाल्छ कि कि उसको समान अधिक ज्ञानी र विद्वान अरु कोहि पनि छैन्। उ कहा जो पनि जान्थ्यो, उ त्यों व्यक्तिसंग प्रश्न गर्न थाल्थ्यो कि के उसले उ भन्दा ठूलो कुनै विद्वान हेरेको छ?

कुरा भगवान बुद्धको कानमा पनि पुग्यो। उनी ब्राह्मण वेश धारण गरेर उस कहा गए। त्यो युवाले उनीसंग पनि सोधे, 'तिमी को हौ?'

'आफ्नो शरीर र मन माथि जसको पूर्ण अधिकार छ, तर एउटा तुच्छ मनुष्य हू।', बुद्धदेवले जवाफ दिए।

त्यो अहंकारीले भन्यो, 'सही तरीकाले स्पष्ट गर। मैले केहि बुझ्न सकिन्।'

यो कुराको जवाफमा बुद्धदेवले बोले, 'जसरी कुमालेले माटोको घडाहरु बनाउछ, नाविक ढुंगा चलाउछ, धनुर्धारी बाण चलाउछ, गायक गीत गाउछ, वादक वाद्य बजाउछ र विद्वान वाद-विवादमा भाग लिन्छ, त्यसै गरी ज्ञानी आफू माथि नै शासन गर्छ।'

त्यो युवाले प्रश्न गर्‍यो, 'ज्ञानी पुरुष स्वंय कसरी आफू माथि शासन गर्छ।'

तब भगवान बुद्धले भने, 'मानिसहरुद्वारा स्तुति-सुमनहरुको वर्षा गरिदा अथवा निंदाको अंगार आउदा ज्ञानी पुरुषको मन शांत नै रहन्छ। उसको मन सदाचार, दया र विश्व प्रेम माथि नै केंद्रित रहन्छ। अतः प्रशंसा वा निंदाको उस माथि कुनै असर पर्दैन्। यही कारण हो कि उसको चित्तसागरमा शांतिको धारा बगिरहन्छ।'

भगवान बुद्धको कुरा सुनेर जब त्यो युवाले आफ्नो बारेमा सोच्यो तब उसलाई आत्मग्लानि भयो र उ बुद्धदेवको चरणहरुमा टाउको टेक्यो। उसले बोल्यो, 'स्वामी, अहिले सम्म म भूलमा थिए। म स्वंयलाई नै ज्ञानी मान्दथिए तर आज मैंले जाने कि मैले तपाईसंग धेरै सिक्ने बाकी छ।'

भगवान बुद्धले भने, 'हो, ज्ञानको प्रथम पाठ आज तिम्रो दिमागमा आयो बंधु र त्यो हो नम्रता। तिमी मसंग आश्रम हिड् र पछिको पाठ त्यहि ग्रहण गर्नु।'

यो प्रेरक घटनाबाट यो सफा हुन्छ कि कहिले पनि आफ्नो भित्र ज्ञानको अभिमान पालनु हुदैन्। यस्तो गर्नु धेरै नै खतरनाक हो। यो भन्दा पनि ठूलो कुरा यो छ कि जब आफ्नो ज्ञानको खोखलोपन थाहा हुन्छ तब कोहि संग पनि केहि सिक्नमा हिचकिचाहट मान्नु हुदैन्। चाहे त्यो जो सुकै होस्। किनकि ज्ञान कुनै यस्तो चीज होईन् जसलाई कसैले खोसेर लिन सक्छ फेरि कसैले त्यसलाई तपाईबाट चोर्न सक्छ।

ज्ञानको महत्वलाई स्पष्ट गर्दै मैनेजमेंट गुरुले चाणक्य नीतिमा बताएका छन्-

रूपयौवनसंपन्ना विशालकुलसंभवाः।
विद्याहीना न शोभंते निर्गंधा इव किंशुका॥

यहा आचार्य चाणक्यले विद्याको महत्वलाई प्रतिपादित गर्दै भन्छन् कि रूप र यौवनबाट संपन्न, उच्च कुलमा उत्पन्न भएर पनि विद्याहीन मनुष्य सुगंधहीन फूलको समान हुन्छन् र शोभा दिदैन्।

यसै कुरालाई यदि अरु विस्तार भन्ने हो भने धेरै कुराहरु सफा हुन्छ। मनुष्य चाहे जति नै सुंदर होस्, जवान होस् र धनी घरानाको होस् तर यदि उ विद्याहीन छ, मूर्ख छ भने उसलाई सम्मान प्राप्त हुदैन। विद्या मनुष्यको लागि सुगंधको समान हुन्छ। जोसंग ज्ञान छ उसको सुगंध पूरा समाजमा फैलिन्छ। मानिसहरु उसलाई धेरै नै सम्मानको साथ ध्यान दिन्छन्। यस्ता मानिसहरुले हरेक तिर सम्मान प्राप्त गर्छ।

त्यस्तो फूललाई पनि कसैले मन पराउदैन् जसमा सुगंध हुदैन्। हामीहरुलाई पनि त्यहि फूल चाहिन्छ जसमा सुगंध छ। त्यसैरी नै समाजमा त्यस्ता मानिसहरुले सम्मान प्राप्त गर्दैन् जससंग ज्ञान छैन्। सही मायनेमा हेर्ने हो भने व्यक्तिको प्रगतिको लागि ज्ञान अनिवार्य हुनुको साथै यसले समाजमा पनि प्रतिष्ठा दिलाउनमा अहम भूमिका निभाउछ। त्यसैले व्यक्तिले ज्ञान प्राप्त गर्ने हरेक अवसरको लाभ उठाउदै ज्यादा भन्दा ज्यादा ज्ञान अर्जित गर्नुपर्छ। किनकि सही मायनेमा हेर्ने हो भने ज्ञान एक धेरै ठूलो ताकत्त हो।

यस कुरालाई अगाडि बढाउदै मैनेजमेंट गुरु चाणक्यले नीतिमा लेखेका छन्-

कोकिलानां स्वरो रूपं नारी रूपं पतिव्रतम्।
विद्या रूपं कुरूपाणां क्षमा रूपं तपस्विनाम्॥

यहा आचार्य चाणक्यले रूप-चर्चा गर्दै सूरतको (अनुहारको) अपेक्षा सीरतलाई (गुण) महत्व दिन्छन्। उनी भन्छन् कि कोयलको रूप उसको स्वर हो। पतिव्रता हुनु नै स्त्रीहरुको सुंदरता हो। कुरूप मानिसहरुको ज्ञान नै उनको रूप हो तथा तपस्वियहरुको क्षमा भाव नै उसको रूप हो।

आशय छ कि कोयलको सुरीलो आवाज नै उसको सुंदरता हो। यसको सहाराबाट नै उनीहरुले आफ्नो प्रति आकर्षण पैदा गर्छन्। स्त्रीहरुको साचो सुंदरता उनको पतिव्रत धर्म हो। यसैमा नै स्त्री धर्मको सार्थकता निहित छ। कुरूप व्यक्तिको सुंदरता उसको विद्या हो। यो यस कारण छ कि ज्ञानबाट नै उ स्वंयको आत्म परिष्कार गरेर जगलाई प्रकाशित गर्न सक्छ। यी कुराहरुबाट अनुमान लगाउन सकिन्छ कि ज्ञानको मानव जीवनमा कति महत्व छ।

विधा वा ज्ञान कसरी मानिससंग रहन्छ यस बारेमा आचार्य चाणक्यले एउटा अर्को सूत्र दिएका छन्-

विद्या चौरैरपि न ग्राह्या।

यो सूत्रको मतलब यो भयो कि *विद्यालाई चोरले पनि चुराउन सक्दैन्।*

सबै भौतिक धनहरुको चोरी सजिलैबाट गर्न सकिन्छ। उसको स्वामित्व माथि कसैले ठोकुवा गर्न सक्दैन्। पल भरमा त्यो धन एक व्यक्तिबाट अर्कोको हुन सक्छ। तर विद्या अर्थात ज्ञान नै सही मायनेमा एक यस्तो धन हो जसलाई न त कसैले चोर्न सक्छ र न यस सम्पत्ति माथि कसैले ठोकुवा गर्न नै सक्छ। यो बिल्कुल निजी छ। त्यसैले यो धनलाई अर्जित गर्नु धेरै विशेष महत्व छ।

यस कुरालाई बुझेर सफल व्यक्ति ज्यादा भन्दा ज्यादा ज्ञान अर्जित गर्नको लागि निरंतर प्रयासरत रहन्छ। यस किसिमका व्यक्तिले एक पटक काम सफल भए पछि यो कहिले सोच्दैन कि अब यो क्षेत्रसंग जोडिएको जानकारीहरुको के मतलब अब त काम पूरा भई सकेको छ, यसको सट्टा ती व्यक्तिहरुले पछि पनि त्यस क्षेत्रसंग संबन्धित जानकारीहरु प्राप्त गरि रहन्छन्। भविष्यमा कुनै त्यस किसिमको काम अगाडि आउदा आवश्यक्ता अनुसार ती जानकारीहरुको सहज प्रयोग गरेर आफ्नो कार्य पक्का गर्छन्। सही मायनेमा भन्ने हो भने ज्ञान प्राप्त गर्ने उत्कृष्ट इच्छा नै सफल मानिसहरुको पहिचान हो। जसमा यो भोक जति धेरै हुन्छ उ उति नै ज्यादा सफल पनि हुन्छ वा उ उति नै तेज गतिमा सफलताको बाटोमा अग्रसर हुन्छ। यस्ता मानिसहरुको जीवन पूरा सरहबाट सुखी हुन्छ।

ज्ञानमा बढ़ोतरी गर्नको लागि हामी सधै तयार र तत्पर रहनुपर्छ। हामीलाई यो भ्रम कहिले हुनु हुदैन् कि म धेरै ज्ञानको भण्डार छ व अब र केहि जान्नुपर्ने आवश्यक्ता छैन्। यस कुरालाई एउटा उदाहरणको माध्यमबाट सजिलै बुझ्न सकिन्छ।

एक पटक स्वामी शंकराचार्य समुद्रको किनारामा बसेर आफ्नो शिष्यसंग वार्तालाप गरि रहेका थिए। अचानक कुनै एउटा शिष्यले चाटुकारिता भरेको शब्दहरुमा भने, 'गुरुवर! तपाईले यति अधिक ज्ञान कसरी अर्जित गर्नुभयो, यही सोचेर म आश्चर्यचकित छु। शायद अरु सकैसंग यति अधिक ज्ञानको भंडार नहोला!'

शंकराचार्यले भने, 'मसंग ज्ञानको भंडार छ, यो तिमीलाई कसले बतायो? मलाई त मेरो ज्ञान अझ बढाउनु छ।'

त्यस पछि उनले हातको काठलाई पानीमा डुबाए र त्यस शिष्यलाई देखाउदै भने, 'अहिले मैले यो अथाह सागरमा यो काठ डुबाए तर त्यसले केवल एक थोपा जल नै ग्रहण गर्‍यो। बस यही ज्ञानको बारेमा विवरण छ। ज्ञानागार कहिले पनि भर्दैन्। उसले केहि न केहि ग्रहण गर्नु पर्ने हुन्छ। म भन्दा पनि ठूला विद्वान विद्यमान छन्। मैले पनि धैरै कुराहरु र ज्ञानहरु ग्रहण गर्नु बाकी नै छ।'

सही मायनेमा भन्ने हो भने ज्ञान अर्जित गर्ने यस प्रकारको भोक हुनुपर्छ। शंकराचार्यको विद्वताबाट को अनजान छ र! तर पनि ज्ञान प्राप्त प्रति उनको रवैया कति प्रेरणादायक छ। यो उदाहरणबाट शिक्षा लिएर हरेक पल आफ्नो ज्ञानमा केहि न केहि जोड्ने भोक आफू भित्र जगाउनुपर्छ।

ज्ञान मानिसको लागि हरेक दृष्टिकोणबाट धैरै नै उपयोगी छ। यस बारेमा आचार्य चाणक्यले एउटा अहम सूत्र दिएका छन्-

विद्या ख्यापिता ख्यातिः।

यो सूत्रको मतलब यो हुन्छ कि *विद्याले ख्यातिको विस्तार गर्छ।*

यो सूत्रको माध्यमबाट मैनेजमेंट गुरु चाणक्यले यो कुरालाई बुझाउन चाहन्छन् कि विद्याबाट यश फैलिन्छ। त्यसैले जुन व्यक्तिसंग जति ज्ञान हुन्छ उसको यश उति नै फैलिन्छ। यसलाई अर्को शब्दमा यसरी पनि बयान गर्न सकिन्छ, जो व्यक्ति जति ज्ञानी छ जगमा उसको उति नै धैरै नाम हुन्छ। त्यसैले ज्यादा भन्छा ज्यादा ज्ञान प्राप्त गर्नुपर्छ।

वास्तवमा, यसको यो कारण पनि छ कि जो व्यक्ति जति ज्ञानी हुन्छ उ उति नै सफल पनि हुन्छ। त्यसैले उसको ख्याति स्वाभाविक रुपमा फैलिन्छ। ज्ञानबाट परिपूर्ण मानिस हरेक कामलाई धैरै नै सही तरीकाबाट र सही समयमा अंजाम दिन्छ। त्यसैले यस्ता मानिसहरुको नाम धैरै पर-पर सम्म फैलिएको हुन्छ। जाहिर छ कि जुन व्यक्तिको ख्याति जति हुन्छ उसको लागि आफ्नो कार्यहरुमा सफलता पाउन उति नै सजिलो हुदैजान्छ। हालांकि, ख्याति आफूमा जिम्मेवारी पनि बोकेको हुन्छ तर साथै यसले आफूसंग धैरै फाईदाहरु पनि ल्याउछ जसको कारण व्यक्तिको जीवनमा कुनै समस्या आउदैन् र उ सफलताको नित नयाँ झंडा गाड्न सफल रहन्छ।

ज्ञान प्राप्तिको दौरान सधै यो कुराको ख्याल राख्नुपर्छ कि तपाईको पकड़ विज्ञयको जडामा हुनुपर्छ। जब तपाईले विषयको मुख्य कुराहरु बुझ्नुहुन्छ तब बाकी चीजहरुलाई बुझ्नु धैरै नै सरल हुन जान्छ। सफल व्यक्तिले यसरी नै

कार्य गर्छ। त्यसैले यो प्रवृत्तिको विकास आफू भित्र अवश्य नै गर्नुपर्छ। यो कुरालाई बुझ्नको लागि एउटा धेरै नै चाकलाग्दो उदाहरण यहा दिएको छ।

सीमांत गांधीको टोलमा एउटा मौलवी साहब बस्थे। सबै टोलका मानिसहरु उनलाई पीरको सरह पूजा गर्ने गर्थे। एक दिन मौलवी साहबले आफ्नो बाख्री सीमांत गांधीलाई दिदै भने, यसलाई खूटोमा बाधिदिनुहोस्। बाख्री धेरै बदमास थियो। सीधा राख्दा धेरै बदमासी गर्थ्यो। उफ्रिउफ्रि भागेर यताउता गर्दा सीमांत गांधीको हातबाट ढोरी छूट्न गयो। तर उनी पनि कम थिएनन्। उनले पनि उफ्रिएर उसको दुबै खुट्टा समाते।

यो दृष्य मौलवी साहबले हेरि रहेका थिए। मौलवी साहब भने, 'छोरा! यो नै जीवनको वास्तविक सूत्र हो। जरा समाट्यो भने रुख आफ्नो हुन्छ। अतः हामीले कुनै कुराको जडाको पकड बनाउनुपर्छ। अनिमात्र हामीले त्यसलाई आत्मसात गर्न सक्छौं।'

ज्ञान प्राप्त गर्नमा कहिले पनि संकोच मान्नु हुदैन्। यसको प्राप्तिको कुनै शुभ समय हुदैन् बल्कि यो जुन सुकै पनि र जतासुकै प्राप्त गर्न सकिन्छ। यस बारेमा मैनेजमेंट गुरु चाणक्यले एउटा धेरै नै उपयोगी सूत्र दिएका छन्।

उहाले लेखेका छन्-

गुणे न मत्सरः कार्यः।

यसको मतलब यो छ कि *गुण सिक्ने काममा मत्सर गर्नु हुदैन्।*

यसको माध्यमबाट मैनेजमेंट गुरु चाणक्यले यो बताउन चाहन्छन् कि ज्ञान वा गुण प्राप्त गर्नमा कहिले पनि कुनै अरु चीजलाई बाधा बन्न दिनु हुदैन्। मान्नुहोस् कि तपाई कुनै व्यक्तिसंग रिस गर्नुहुन्छ भने यसको यो मतलब होईन् कि तपाई उसको गुणहरु वा उसको ज्ञानसंग पनि रिस गर्नुहोस्। यस्तो गर्नु त त्यो व्यक्तिको होईन् बल्कि उसको गुण र उसको ज्ञानको अपमान हो। त्यसैले सफल उ नै हुन्छ जो आफ्नो विपक्षीसंग पनि राम्रो कुराहरु सिक्नको लागि प्रयासरत रहन्छ। संभव छ कि त्यो तपाईको काम आउनेछ। धेरै पटक यस्तो पनि हुन्छ कि जसलाई हामी कुनै कामको लायक मानि रहेका हुदैनौं उसमा पनि कुनै यस्तो गुण हुन्छ वा उसंग पनि कुनै यस्तो ज्ञान हुन्छ जुन हाम्रो धेरै काम आउन सक्छ। त्यसैले सही मायनेमा सिक्ने काममा कुनै किसिमको अड़चन आउन दिनु हुदैन्। ●

९

धनको महत्व

यो सत्यता हो कि धनको हाम्रो जीवनमा धेरै नै अहम स्थान छ। हालांकि, ज्ञान र विधासंग त यसको तुलना गर्न सकिदैन् तर यो समाजमा यसको महत्व दिनदिनै बढि रहेको छ। सामाजिक ताना-बाना केहि यस प्रकार बनेका छन् कि जोसंग धन छ उसंग सबै थोक उपलब्ध हुन्छ। त्यसैले धनको उपयोगिता र महत्वलाई कुनै पनि सरहबाट कम गरेर आंकलन गर्न सकिदैन्।

मैनेजमेंट गुरु चाणक्यले धनको महत्वलाई बुझाउदै धेरै सूत्र दिएका छन्। यसको माध्यमबाट उनले मानव जीवनमा धनको आवश्यक्ता र यसको महत्वलाई प्रतिपादित गरेका छन्। वास्तवमा, यो समयको एक सबै भन्दा ठूलो सच्चाई त यो पनि हो कि धनबाट सबै थोक प्राप्त त गर्न सकिदैन् तर धन बिना जीवन पनि चल्दैन्। समाजले पनि उसलाई नै सफल मान्दछ जोसंग धन छ। त्यसैले धन अर्जित गर्ने कुरामा ध्यान दिनु आवश्यक छ।

धन अर्जित गर्ने प्रवृत्ति गलत पनि मानिएको छैन्। आचार्य चाणक्यले एउटा सूत्र दिएका छन्-

अर्थेषणा न व्यसनेषु गण्यते।

यसको मतलब यो भयो कि *धनको अभिलाषा व्यसन मानिदैन्।*

यो सूत्रको माध्यमबाट आचार्य चाणक्यले यस कुरालाई स्पष्ट गर्ने कोशिश गरेका छन् कि धन अर्जित गर्ने इच्छा राख्नु कुनै नराम्रो कुरा होईन् बल्कि सही मायनेमा भन्ने हो भने धन अर्जित गर्ने इच्छा राख्ने मानिसले आफ्नो क्षमता भन्दा केहि ज्यादा मेहिनत गर्नुपर्छ र उनीहरु त्यस अनुसार सफलता पनि प्राप्त गर्छन्। त्यसैले धन अर्जित गर्ने इच्छाको साथमा काम गर्ने मानिसहरुलाई कुनै पनि किसिमले गलत मान्नु राम्रो कुरा होईन्।

हो, यो इच्छाको साथ काम गर्दा केहि मामलाहरुमा केहि सावधानी अपनाउनु धैरै नै आवश्यक छ। यो कुरालाई सधै सुनिश्चित गर्नुपर्छ कि धन कमाउने चक्करमा कुनै किसिमको गलत माध्यमको सहारा लिन नपरांस्। कार्यको गुणवत्ता भन्दा धन कमाउने इच्छालाई प्राथमिकता दिनु हुदैन्। यस्तो गर्नाले काम पनि खराब हुन्छ र धन पनि आउदैन् साथै व्यक्ति असफल पनि हुन्छ। त्यसैले सधै यो कुराको खास रुपमा ख्याल राख्नुपर्छ।

अर्थ यानी धनको महत्वलाई प्रतिपादित गर्दै आचार्य चाणक्यले एउटा अर्को धैरै नै अंहम सूत्र दिएका छन्-

अर्थमूलौ धर्मकामौ।

यसको मतलब यो छ कि *धर्म नै कामको मूल 'अर्थ' हो।*

यो सूत्रको माध्यमबाट मैनेजमेंट गुरु चाणक्यले यो कुरालाई बिल्कुलै स्पष्ट गरेका छन् कि धर्मको साथ कामलाई पनि प्रेरित गर्ने खालको सबै भन्दा अहम कारक धन नै हो। त्यसैले धन अर्जित प्रति अनुदार रवैया ठीक हुदैन्। सही मायनेमा भन्ने हो भने मनुष्य जीवनमा सुखी रहनको लागि तथा आफ्नो मनको शांतिको लागि पूजा-पाठ अर्थात धर्मको आश्रय लिनुपर्छ। यो धर्मको पालनको लागि र जीवनको बुनियादी आवश्यकताहरुको पूर्तिको लागि पनि उसलाई धनको आवश्यक्ता हुन्छ। त्यसैले सबै भन्दा आवश्यक छ धनको आर्जन गर्नु। धन छैन् भने मनुष्यको लागि धर्म पालनको साथ-साथै स्वभाविक रुपमा परिवारको पालन पोषण पनि धैरै नै गाह्रो हुन जान्छ।

धन कमाउन र यसको संचय गर्ने इच्छा राख्ने मानिसहरुमा एक प्रकारको यो गुण हुनु धैरै नै आवश्यक छ, उसको भित्र मितव्ययिता हुनुपर्छ। यस्तो पनि हुन्छ कि उ धन त कमाउछ तर त्यसको संचय गर्न सक्दैन्। त्यसैले यो गुण स्वभावमा हुनु धैरै नै आवश्यक छ। यस गुणको महत्वलाई एक प्रसंगको माध्यमबाट बुझ्न सकिन्छ।

तमिल साहित्यमा वल्लुवर एउटा ठूलो नाम हो। उनी धैरै नै चर्चित कवि रहेका छन्। उनको पत्नीको नाम वासुकी थियो। उनी धैरै नै पतिव्रता महिला थिईन्। विवाहको दिन वल्लुवरलाई खाना दिदा समय उनले आफ्नो पत्नीसंग भने, 'मैले खाना खादा सधै एक कचौरा पानी तथा एउटा सियो राखिदिनु।' वासुकीले आजीवन पतिको यो आज्ञाको पालन गरिन्।

जीवनको अंतिम क्षणहरुमा जब वल्लुवरले उनीसंग सोध्यो कि तिमीलाई केंहि चाहिन्छ? के कहि इच्छा छ तिम्रो?

तब उनकी पत्नीले भनिन्, 'हो. एउटा कुरा सोध्नुछ। विवाहको दिन तपाईले भोजन गर्दा समय नित्य एक कचौरा पानी र एउटा सियो राख्नको लागि भन्नु भएको थियो। मैले तपाईसंग यसको प्रयोजन नसोधिकन त्यो कार्य प्रतिदिन गरि रहे। तथापि आज यो जान्ने मेरो इच्छा रहेको छ कि तपाई यी दुबै चीजहरु किन माग्ने गनुहुन्थ्यो? यदि बताई दिनुभयो भने शांतिले मर्नेछु।'

वल्लुवरले धेरै नै स्नेहको साथमा उत्तर दिए, 'यसको यो कारण थियो कि खाना पस्काउदा यदि चामलको कुनै दाना खस्यो भने त्यसलाई सियोले उठाएर पानीमा धोएर खान सकू तर तिमी यति दक्ष थियौ कि तिमीले एक दिन पनि सियो र पानीको उपयोग गर्ने मलाई अवसर नै थिएनौ।'

यसबाट यो शिक्षा प्राप्त हुन्छ कि कुन प्रकारबाट मानिसले मितव्ययिताको पालन गर्नुपर्छ। यसको मतलब कंजूस हुनु हुदैन्। मितव्ययिताको मतलब हो बेमतलबको खर्चलाई काबूमा राख्नु। आवश्यक कार्यहरुको लागि आवश्यक खर्च त सबै जनाले गर्नुपर्छ। तर गैर आवश्यक कार्यको लागि अनाप-शनाप पैसा खर्च गर्ने मानिसलाई मूर्खताको बाहेक अरु केहि भन्न सकिदैन्। त्यसैले धन कमाउने इच्छा राख्ने व्यक्तिहरुले यस मामलेमा धेरै नै सजग हुनुपर्छ।

निर्धनतालाई आचार्य चाणक्यले अभिशाप मानेका छन्। यही कारण हो कि उनले चाणक्य नीतिमा लेखेका छन्-

अपुत्रस्य गृहं शून्यं दिशः शून्यास्त्वबान्धवाः।
मूर्खस्य हृदयं शून्यं सर्वशून्यं दरिद्रता॥

निर्धनतालाई अभिशाप मान्दै आचार्य चाणक्यले यहा यो श्लोकको माध्यमबाट भन्छन् कि *पुत्रहीनको लागि घर सूना(कोहि नभएको जस्तो) हुन्छ। जसको भाई छैन् उसको लागि दिशाहरु सूना हुन्छ। मूर्खको हृदय सूना हुन्छ। तर निर्धनको सबै थोक सूना हुन्छ।*

यसबाट स्पष्ट हुन्छ कि धनको महत्व मानिसको जीवनमा कति धेरै छ। जसले धनलाई महत्व दिदैन् उसले धेरै समस्याहरुको सासना गर्नुपर्छ। धनबाट नै मानिसलाई समाजमा सम्मान पनि प्राप्त हुन्छ। जोसंग धन छैन् उसले

समाजमा सम्मान पाउदैन्। यस बाहेक यस्तो व्यक्तिलाई आफ्नो परिवार र नातेदारहरुमा पनि सम्मानको साथ हेरिदैन्।

त्यसैले यदि कसैले सबै तिर सम्मान पाउन चाहन्छ भने उसले धन कमाउने काम माथि विशेष जोर दिनुपर्छ। किनकि धन बिना त जीवन नै सूना छ। जाहिर कुरा छ कि धन कमाउनको लागि कठोर परिश्रम गर्नुपर्छ। त्यसैले व्यक्तिले कठोर परिश्रम गर्न् कहिले पनि पछाडि पर्नुहुदैन्। किनकि बिना कठोर परिश्रम गरिकन धनको प्राप्ति हुनैसक्छैन्।

धनको आवश्यक्तालाई पनि आचार्य चाणक्यले रेखांकित गरेका छन्। उनले चाणक्य नीतिमा लेखेका छन्-

यस्यार्थास्तस्य मित्राणि यस्यार्थास्तस्य बांधवाः।
यस्यार्थाः स पुमांल्लोके यस्यार्थाः स च पंडितः॥

यहा आचार्य चाणक्यले धनवान हुदा हुने उपजी गुणवत्ताको चर्चा गर्छन्। उनी भन्छन् कि जोसंग *पैसा हुन्छ मानिसहरु उसका मित्र स्वतः नै बन्छन्। बंधु-बांधव पनि उसको कुरा मान्छन्। जो धनवान छ उसैलाई आजको युगमा विद्वान र सम्मानित व्यक्ति मानिन्छ।* धनवान व्यक्तिलाई नै विद्वान र ज्ञानवान पनि मानिन्छ।

वस्तुतः सैंकडौं वर्ष भन्दा पहिला मैनेजमेंट गुरु चाणक्यद्वारा भनिएका यो कुरा आजको परिस्थितीहरुमा सय प्रतिशत साचो प्रमाणित भई रहेको छ। यो हेर्न पनि पाईन्छ कि जोसंग धन छैन् उसका मित्र र बंधुगण पनि उसंग कुनै राम्रो संबन्ध राख्दैनन्। बंधु-बांधव र परिवारले उसको त्याग गरि दिन्छ। धेरै पटक त स्थिति यो हुन जान्छ कि समाज निर्धनलाई मानिस सम्म मान्न तैयार हुदैनन्।

जाहिर कुरा छ कि यसलाई कुनै सही प्रवृत्ति मान्न सकिदैन् तर यो सत्य हो र यो समाजमा यस्तो पनि हुन्छ। निर्धन व्यक्तिलाई केहि महत्व दिईदैन्। धेरै पटक त यस्तो पनि देखिन्छ कि धेरै गुणहरुले संपन्न हुदाहुदा पनि निर्धन व्यक्तिलाई समाजमा उति सम्मान प्राप्त हुदैन् जतिको उ हकदार हुन्छ। यस्तो केवल एउटै कुराको कमीको कारणले हुन्छ। त्यो कमी हो धनको कमी। त्यसैले जसले नातेदारहरुको साथ-साथै समाजमा पनि सम्मान प्राप्त गर्न

चाहन्छ उसले धन अर्जित माथि जोर दिनुपर्छ। धन अर्जित गर्नको लागि जसरी परिश्रमको आवश्यक्ता हुन्छ, उति परिश्रम व्यक्तिले अवश्य गर्नुपर्छ।

धन कमाए पछि सबै भन्दा ठूलो चुनौती यो हुन्छ कि त्यसको प्रबंधन सही सरहबाट गरियोस्। आजकाल धन प्रबंधन एउटा विशेषज्ञताको क्षेत्र बनेको छ र ठू-ठूला मैनेजमेंट गुरु वेल्थ मैनेजमेंटको पाठ पढाएर लाखौं रुपैया कमाई रहेका छन्। तर आचार्य चाणक्य त सबै भन्दा प्राचीन मैनेजमेंट गुरु हुन् र उनले आफ्नो समयमा यसको महत्वलाई बुझेका थिए। यही कारण हो कि उनले यस बारेमा एक धेरै नै उपयोगी सूत्र दिएका छन्। उनले लेखेका छन्-

परीक्ष्यकारिणी श्रीश्चिरं तिष्ठति।

यसको मतलब यो भयो कि *परीक्षा गरेर कार्य गर्दा नै लक्ष्मी दीर्घकाल सम्म रहन्छिन्।*

यो कुनै सामान्य सूत्र होईन्। यसको धेरै ठूलो र गहिरो अर्थ छ। कार्य गर्नु भन्दा पहिला आवश्यक कुराहरुको विषय जसले विचार गर्छ उसको दिमागमा धनको सही प्रबंधनको बोरमा स्पष्ट रुपरेखा तैयार हुन्छ। यस्तो व्यक्तिसंग धन लामो समय सम्म रहन्छ। भनिएको पनि छ कि लक्ष्मीको स्वभाव चंचल हुन्छ र उनी लामो समय सम्म एक स्थानमा बस्न मन पराउदिनन्। यस्तो गर्नको लागि विशेष प्रयत्न गर्नुपर्छ। जसले सोच-विचार गरेर आफ्नो कार्यहरुलाई अंजाम दिन्छ उससंग लक्ष्मी स्वाभाविक रुपमा रहन्छिन्।

यसको पछाडि सीधा कारण छ। जसले सोच-विचार गरेर काम गर्न सक्छ, जाहिर छ कि उ सोच-विचार गरेर खर्च पनि गर्छ। यानी उ व्यर्थको खर्चे गर्दैन्। जसले व्यर्थको खर्च गर्दैन उससंग धन-लक्ष्मीको कुनै कमी हुदैन्। सामान्य रुपमा यो हेर्न पाईन्छ कि जोसंग धन आउछ उ मातिएर अत्यधिक खर्च गर्ने थाल्छ र यस्तो व्यक्ति कहा धन लामो समय सम्म रहदैन्। किनकि लक्ष्मीलाई लाग्छ कि त्यहा उनको अनादर भई रहेको छ। त्यहि जसले सोच-विचार गरेर आवश्यक कार्यहरुमा नै पैसा खर्च गर्छ उसंग धनको ठहराव स्वाभाविक रुपमा हुन्छ। यस्तो मानिसहरु हरेक पल प्रसन्न रहन्छ र यस्तो मानिसको सामाजिक प्रतिष्ठा पनि दिन प्रतिदिन बढ्दै जान्छ। त्यसैले सफलताको इच्छा राख्ने व्यक्तिहरुले धन खर्च प्रति पनि जागरूक हुनुपर्छ।

यसै सूत्रलाई अझ ज्यादा स्पष्ट गर्दै आचार्य चाणक्यले एक अति उपयोगी सूत्र दिएका छन्। उनले लेखेका छन्-

भाग्यवन्तमपरीक्ष्यकारिणं श्रीः परित्यजतिः।

यसको मतलब यो भयो कि *बिना विचार गरि कार्य गर्ने व्यक्ति भाग्यशाली छ भने पनि लक्ष्मीले उसको त्याग गर्छिन्।*

यो सूत्रको माध्यमबाट मैनेजमेंट गुरु चाणक्यले धेरै कुराहरुलाई स्पष्ट गर्दै भन्छन् कि कार्य प्रारंभ गर्नु भन्दा पहिला समय, स्थान, अवसर, परिणाम आदिको विचार अवश्य गर्नुपर्छ। यस्तो नगर्नाले व्यक्ति चाहे जति सुकै धनी किन नहोस्, शीघ्र नै निर्धन हुन जान्छ। भाग्यले पनि उसको धनलाई बचाउन सक्दैन्।

बताउनु पर्ने आवश्यक्ता नहोला कि जसले समय, स्थान, अवसर, परिणाम आदिको विचार नगरिकन कार्य गर्छ, उसले आफ्नो असफलतालाई आमंत्रित गर्छ। यस्तो गर्ने व्यक्तिले आफ्नो श्रमको साथ-साथै आफ्नो धनलाई पनि नष्ट गर्छ। यस्तो गर्ने व्यक्तिबाट सफलताको आशा गर्नु व्यर्थ हो। यस्तो गर्ने व्यक्तिको लागि धन अर्जित त टाढाको कुरा हो, संचित धनलाई पनि बर्बाद गर्छ। त्यसैले यस्तो व्यक्ति कहा लक्ष्मीको वास हुनु असंभव कुरा हो।

त्यसैले यो सूत्रको माध्यमबाट मैनेजमेंट गुरु चाणक्यले यही शिक्षा दिएका छन् कि धन कमाउनाले केहि हुदैन्। धन कमाउनु एउटा अलग चीज हो र यसको उचित प्रबंधन एउटा अलग चीज हो। दुबैमा तालमेल ल्याउने व्यक्ति नै सफल हुन्छ। त्यसैले सधै यो कुराको ख्याल राख्नुपर्छ कि कार्य गर्नु भन्दा पहिला त्यसको सबै पक्षहरु माथि राम्ररी विचार गरियोस्। अनिमात्र कार्यमा पनि सफलता प्राप्त हुन्छ र धन पनि आउछ र धनको वास पनि हुन्छ।

जसले यस्तो गर्दैन् उसको लागि पछि आउने बाटो धेरै नै गाह्रो हुन्छ। त्यहि जसले यस्तो गर्छ उसको लागि आउने पछिको बाटो धेरै नै सजिलो हुन्छ र उ हरेक पाईलामा पाईला सफलता प्राप्त गर्न सक्छ।

धन वा संपत्तीको आर्जन गर्नु मात्र नै पर्याप्त हुदैन् बल्कि त्यसको रक्षा गर्नु पनि धेरै ठूलो कुरा हो। यस बारेमा पनि आचार्य चाणक्यले एउटा धेरै नै उपयोगी सूत्र दिएका छन्। उनले लेखेका छन्-

सर्वाश्च संपतः सर्वोपायेन परिग्रहेत।

यो सूत्रको मतलब यो भयो कि *सबै संपत्तीको सबै उपायहरुबाट संग्रह गर्नुपर्छ।*

प्रायः यस्तो देखिन्छ कि जोसंग पैसा वा संपत्ति आउछ उ त्यसको दुरुपयोग गर्न शुरू गर्छ। मानिससंग धन आउदा फाल्तुको खर्चहरु गर्न शुरू गर्छन्। यस्ता मानिसहरुसंग लक्ष्मी तालमेल रहदैन् र आफ्नो बाटो लाग्छिन्। यस्तो गर्ने व्यक्तिहरुको भविष्य अंधकारमय नै हुन्छ।

जब एउटा पटक धन उसको हातबाट जान्छ तब उसलाई आफ्नो गलतीको अनुभव हुन्छ। तर त्यति बेला सम्म धेरै ढिलो भई सकेको हुन्छ र फेरि गलतीमा सुधार गर्न लगभग असंभव नै हुन्छ। यदि उ फेरी धन पाउने इच्छा राख्छन् भने उसले अझ धेरै परिश्रम गर्नुपर्छ। त्यसैले यस्तो प्रवृत्तिबाट बच्नु नै सबै भन्दा फाईदाजनक हुन्छ किनकि यस्तो गर्नु आफ्नो असफलतालाई नै आमंत्रित गर्नुहो।

समाजमा पनि यस्ता मानिसहरुलाई सम्मान प्राप्त हुदैन्। मानिसहरु सोच्छन् कि उ कहा धन आयो, संपत्ती आयो तर उसले त्यसको रक्षा गर्न सकेन्। जसको कारण मानिसहरुको विश्वास त्यस माथिबाट हराउन जान्छ र उसको लागि भविष्यमा समाजको सहयोग पाउन धेरै गाह्रो हुन्छ। जाहिर छ कि यस्तो हुदा उसको लागि भविष्यमा कुनै नयाँ काम गर्नु सजिलो हुदैन्। त्यसैले सफलताको इच्छा राख्ने व्यक्तिहरुले हरेक हालतमा यो नराम्रो प्रवृत्तिबाट आफ्नो गर्नुपर्छ।

एउटा अर्को कुरा देखिएको छ कि जब कसैसंग पैसा आउछ तब उ धेरै व्यसनमा फस्न जान्छ। जसको कारणले पनि उसले धनको रक्षा गर्न सक्दैन् किनकि यस्तो गरेर उसले लक्ष्मीको अपमान गर्छ। साथै यस्तो गर्नाले उसको काम पनि प्रभावित हुन्छ। किनकि जुन समय उ आफ्नो कामको प्रति समर्पित हुनु पर्थ्यो त्यस समय उ व्यसनको चिंता गरि रहेको हुन्छ।

यस्तो गर्ने व्यक्तिहरुको सही मायनेमा धेरै किसिमबाट नोक्सान हुन्छ। जुन धनको आगमन पछि व्यसनी गर्छ, उसले सबै भन्दा पहिला त धनको नोक्सान गर्छ। यसको पछि व्यसनको कारण उनको कार्यको नोक्सान हुन्छ। किनकि

व्यसनी भए पछि उनको प्राथमिकता बदलिन्छ। उनको लागि उसको व्यसन प्रधान हुन्छ। उ आफ्नो कार्यको उपेक्षा गर्ने थाल्छ। उ बिर्सन्छ कि यसै कार्यको बलमा उसले धन कमाएको हो। भनिएको पनि छ कि विपत्तिको समयमा व्यक्तिले उल्टो नै सोच्छ। बिल्कुल त्यहि अवस्था यस्ता व्यक्तिहरुको साथमा हुन्छ। उसले जानिबूझि आफ्नो नोक्सान गर्न थाल्छ।

यसको बाहेक जो व्यसनी हुन्छ उसको स्वास्थ्य माथि पनि यसको धेरै नराम्रो असर पर्छ। बिस्तारै-बिस्तारै उसको शरीर यो लायक रह्दैन कि उ पहिलाको सरह श्रम गर्न सकोस्। कार्यक्षमता माथि धेरै नराम्रो असर पर्छ। बिस्तारै-बिस्तारै उ असफल हुन्छ र कार्य गर्न सक्दैन्। यस्तो

हालतमा आए पछि स्वाभाविक रुपमा धेरै किसिमको नोक्सान हुन्छ नै।

जसले धनको मदमा व्यसनी गर्छ उसको परिवार पनि सुखी हुदैन। एक व्यक्तिको गलतीको कारण पूरा परिवारले भोग्नुपर्छ। हरेक दिनमा घरमा झगडा हुन थाल्छ र यस्तो मौका पनि आउछ कि परिवार यताउता हुने अवस्थामा पुग्छ। यसको प्रभाव उसको आउने अर्को पीढ़ी माथि पनि पर्छ जुन कि धेरै नै नकारात्मक हुन सक्छ। त्यसैले सफलताको इच्छा राख्ने व्यक्तिहरुले आफू भित्र यस किसिमको दुर्गुण कुनै पनि हालतमा पैदा दिनु हुदैन्।

10

मित्रता

सफल मानिसहरुको जीवनमा उनको मित्रको अहम योगदान हुन्छ। जसको मित्र जति राम्रो हुन्छ उ उति नै सफल हुन्छ। भारतीय र नेपाली समाजमा मित्रताको धेरै उदाहरणहरु पाईन्छ। कृष्ण–सुदामाको मित्रताको चर्चा अक्सर गरिन्छ। मित्रता रगतको नाता त होईन् तर त्यो भन्दा धेरै नै ठूलो हुन्छ। सही मायनेमा भन्ने हो भने यो एउटा यस्तो नाता हो जसले धेरै मानिसहरुलाई सफलताको शिखर सम्म पुगाएको छ। तपाईको वरपर पनि यस्ता उदाहरणहरु धेरै रहेको होला।

आचार्य चाणक्यले मित्रताको महत्वलाई बुझेका थिए। यही कारण हो कि उनले मित्रता माथि धेरै नै उपयोगी सूत्र दिएका छन्। मित्रतालाई उनी एक यस्तो नाता मानेका थिए जसको माध्यमबाट ठूलो भन्दा ठूलो बाधालाई सजिलैसंग पार गर्न सकिन्छ। सही मायनेमा हेर्ने हो भने मित्रता पनि यस सरहको नाता हो। जसको मित्र राम्रो हुन्छ उ सफलताको सीढिहरु सजिलै चढ्न सक्छ। त्यहि जसको मित्र कपटी हुन्छ उसलाई असफल केहि बेर लाग्दैन्। त्यसैले सही मित्रको पहिचान धेरै नै आवश्यक छ।

सही मायनेमा भन्ने हो भने साचो मित्र पाउनु पनि आजको यस युगमा धेरै नै गाह्रो छ। तर यो कुरा पनि उति नै सत्य छ कि हरेक युगमा राम्रा र नराम्रा मानिसहरु हुन्छन् वा यो भन्न सकिन्छ कि तपाईको प्रवृत्ति जस्तो हुन्छ त्यस प्रकारको मानिसहरु तपाईले पनि सहज र स्वाभाविक रुपमा भेट्नुहुनेछ। त्यसैले मित्रहरुको चयनको मामलामा चौकस रहनु धेरै नै आवश्यक छ। यो कुरा सधै याद राख्नुपर्छ कि जहा राम्रो मित्रहरुले तपाईको राम्रो गर्नेछन् त्यहि नराम्रो मित्रहरुले तपाईलाई उति नै छिटो बिग्रार्ने छन्। वास्तवमा त्यस किसिमको मानिसहरुलाई त मित्र भन्नु नै हुदैन्।

संम्रगमा, साचो मित्रको पहिचान गर्नु धेरै नै अहम कला हो र यसलाई रातोरात विकसित गर्न सकिदैन्। यो अनुभवको साथमा विकसित हुन्छ। तर केहि मानसिक तैयारी राखियो भने यस मामलामा सही निर्णय लिन सकिन्छ।

यस बारेमा आचार्य चाणक्यले एक ठूलो अहम सूत्र दिएका छन्। उनले लेखेका छन्-

आपत्सु स्नेहसंयुक्तं मित्रम्।

यो सूत्रको मतलब यो भयो कि विपत्तिको समय पनि स्नेह राख्ने मानिस नै मित्र हो।

यसको माध्यमबाट मैनेजमेंट गुरु चाणक्यले स्पष्ट रुपमा यो भनि रहेका छन् कि सुखमा त सबै आफ्नो हुन्छ तर आपतको समयमा साथ दिने व्यक्ति नै सही मायनेमा मित्र बनाउन लायक हुन्छ। जब परिस्थितीहरु तपाईको अनुकूल हुन्छ र सबै थोक तपाईको दायरामा हुन्छ, यस्तो समयमा यदि तपाईका सबै परिचित तपाईसंग तपाईको साथमा छन् भने त्यसलाई आश्चर्य मान्नु हुदैन्। यस्तो स्थितिमा ती सबै जनालाई मित्र मान्ने भूल गर्नु हुदैन्। किनकि यस्ता मानिसहरु संभव छन् तपाईको साथ आफ्नो स्वार्थ पूर्तिको लागि जोडिएको हुन सक्छ।

यस अवस्थामा प्रश्न उठ्छ कि आखिर साचो मित्रको पहिचान कसरी गर्न सकिन्छ? यसको लागि आचार्य चाणक्यले धेरै नै सामान्य सूत्र दिएका छन्, जो विपत्तिमा तपाईको साथमा हुन्छ उ नै तपाईको मित्र हो। हरेक व्यक्तिको जीवनमा राम्रो र नराम्रो समय आउछ। मित्रहरुको पहिचान त नराम्रो समयमा नै हुन्छ। जो नराम्रो समयमा तपाईको साथमा हुन्छ उ नै सही मायनेमा तपाईको मित्र हो। भन्नको लागि त यति सम्म भनिन्छ कि जब व्यक्तिको समय खराब हुन्छ तब उसको छायाले पनि उसको साथ छोडिदिन्छ। यो साचो हो कि राम्रो समयमा हितेशीको नाटक गर्ने मानिसहरु नराम्रो समयमा साथमा उभिन पनि डराउछन्। मतलब सफा छ, जब सम्म उसको स्वार्थ रहेको हुन्छ उ तपाईको साथमा रहन्छ र जब उसको स्वार्थ पूरा हुन्छ तब उ आफ्नो बाटो लाग्छ।

सफलताको चाहना राख्ने व्यक्तिहरुले यस्ता मतलबी मानिसहरुसंग कुनै किसिमको संबन्ध हुदैन्। यस किसिमको मानिसले तपाईको नास गर्नेछ। यस्तो

मानिसहरुले तपाईको तारिफ त गर्छन् तर मौका पाउदा नै तपाईलाई नोक्सान पुगाउनमा कुनै कसर छोड्दैनन् त्यहि अर्कातिर जसले नराम्रो समयमा पनि तपाईको साथ दिन्छ उ नै सच्चा हितैषी र सच्चा मित्र हुन्छ। यस्ता मानिसहरुको संख्या अपेक्षाकृत कम हुन्छ। एक पटक साचो मित्रको पहिचान भएर मित्रता भए पछि उसले मित्रता कुनै पनि अवस्थामा साथ दिनेछ।

जब तपाईसं सच्चा मित्र हुन्छ तब तपाईको आत्मविश्वास बढ्नेछ। यो स्पष्ट छ कि आत्मविश्वासबाट भरीभराउ व्यक्ति हरेक काममा सजिलैसंग सफलता प्राप्त गर्न सक्छ। त्यसैले राम्रो मित्रहरुलाई रत्नको समान साचेर

राख्नुपर्छ। किनकि आजकाल राम्रो मित्र खोजेर पनि पाईदैन्। यस प्रकारको सच्चा मित्रलाई गुमाउनु आफ्नो र उसको नोक्सान सरह नै हो।

यसको यो मतलब कतई होईन् कि कपटी र छली मित्रहरुको साथमा पनि मित्रता निभाउनको लागि जोर लगाउनुपर्छ। यस बारेमा मैनेजमेंट गुरु कौटिल्यले चाणक्य नीतिमा एक ठॉउमा धेरै नै अहम कुरा बताएका छन्। उनले लेखेका छन्-

परोक्षे कार्यहन्तारं प्रत्यक्षे प्रियवादिनम्।
वर्जयेत्तादृशं मित्रं विषकुम्भं पयोमुखम्।।

आचार्य चाणक्य भन्छन् कि मुखमा रामराम बगलिमा छुराको प्रविधीका मित्रको त्याग त्यसरी गर्नुपर्छ जसरी कसैले कोहि मुखमा तासेको दूधको गिलासको त्याग गर्छ जब उसलाई थाहा हुन्छ कि त्यो विष हो।

भनाईको मतलब यो छ कि कुनै विषले भरेको गाग्रोको माथि यदि केहि दूध हालियो भने त्यो तब पनि विषको नै गाग्रो हुन्छ। त्यसरी मुखमा मिठा-मिठा कुराहरु गर्ने र पछाडि काम बिग्राड्ने खालका मित्र पनि त्यस विषले भरेको गाग्रोको समान हुन्छ।

जसरी विषबाट भरेको गाग्रोलाई कसैले अपनाउन सक्दैन् त्यसरी नै छली मित्रलाई पनि अपनाउनु हुदैन्। यस्ता मित्रहरुको त्याग गर्नु नै उचित हुन्छ। वास्तविक्ता त़ यो छ कि यस्ता व्यक्तिहरु मित्र हुनै सक्दैनन्। यस्ता छली मित्रहरुलाई त मित्र भन्नु पनि मित्र शब्दको नाममा एक प्रकारको छल हो। यस्ता छली मानिसहरुको त्याग गर्नु नै सार्थक जीवनको सूत्र हो।

यस्ता मानिसहरु मित्र हुने नाटक त गर्छन् तर मौका पाउदा नै आफ्नो रंग देखाउन थाल्छन्। जब मामला उसको स्वार्थको आउछ तब उनीहरु आफ्नो स्वार्थमा यस प्रकारबाट अंधो हुन्छन् कि मौनौं अरुको हित-अहित संग उनीहरुलाई कुनै मतलब नै छैन्। यस्ता मानिसहरु भन्दा टाढा रहने व्यक्ति नै जीवनमा सफल हुन्छ।

जो यस्ता कपटी मानिसहरुको संपर्कमा हुन्छ उ आफ्नो असफलताको गाथा आफै लेख्छ। बनाईको यो मतलब छ कि उनलाई असफल हुनबाट कसैले बचाउन सक्दैन् किनकि यी कपटी मानिसहरुले उनलाई पाईला-पाईलामा ठगि रहेका हुन्छन् र जसको नोक्सान उसले भाग्नु पर्नेहुन्छ। त्यसैले जसरी कुनै मित्रको बारेमा यो कुराको पुख्ता प्रमाण प्राप्त हुन्छ कि उ कपटी छ भने ढिलो नगरिकन यस्ता मित्रहरुसंग संबंध खारिज गर्नु राम्रो हुन्छ।

किनकि मित्रहरुसंग तपाईसंग संबन्धित धेरै जानकारीहरु हुन्छ। यदि कुनै मित्र कपटी छ भने उसले ती जानकारीहरुको प्रयोग तपाईको खिलाफ प्रयोग

गर्न शुरू गर्नेछ। त्यसबाट तपाईको नोक्सान नै नोक्सान हुन्छ। त्यसैले समझदारी यो कुरामा छ कि छली मानिसहरुको साथ छाडेर सही मानिसहरुको साथमा लाग्नु नै राम्रो हाला।

आचार्य चाणक्यले राम्रो मित्रहरुको बारेमा पनि एक धेरै नै अहम सूत्र दिएका छन्। उनले लेखेका छन्-

मित्रसंग्रहेण बलं सम्पद्यते।

आचार्य चाणक्यको यस सूत्रको मतलब यो भयो कि मित्र संग्रहबाट बल प्राप्त हुन्छ।

मैनेजमेंट गुरु मित्रहरुको महत्वलाई अझ धेरै बढाउदै भन्छन् कि मित्र संग्रहबाट बल प्राप्त हुन्छ। यो कुरा बिल्कुल व्यावहारिक पनि छ र सय प्रतिशत सही पनि। जसको जति मित्र र जति राम्रा मित्रहरु हुन्छन् उ उति नै सफल हुन्छ। किनकि ठूलो संख्यामा राम्रा मित्रहरुको मतलब, तपाईसंग हरेक क्षेत्रका जानकार मानिसहरु रहेका छन्। जब तपाईसंग हरेक क्षेत्रको जानकार मानिसहरु हुन्छ तब जाहिर छ कि तपाई जुन क्षेत्रमा काम गर्न चाहनुहुन्छ त्यस क्षेत्रसंग संबंधित धेरै जानकारीहरु तपाई सम्म सहज रुपमा बिल्कुलै सही-सही तरीकाबाट आउनेछ। यदि यस्तो भयो भने तपाईको लागि निर्णय लिनु सजिलो हुनेछ।

मित्र बनाउनु एउटा धेरै ठूलो कला हो र यो कलाको विकास हरेक व्यक्तिले आफ्नो भित्र राख्नुपर्छ। प्रायः जो जीवनमा सफल हुन चाहन्छ, उस भित्र त यो कला अनिवार्य रुपमा हुनुपर्छ। जति पनि मानिसहरु सफल भएका छन् त्यसबाट सबै जना यो कलामा माहिर रहेका छन्। यो कलाको विकास समयको साथ र आफ्नो बर्तावको साथमा गर्न सकिन्छ। यो कला कसरी विकसित गर्न सकिन्छ त्यसलाई एउटा प्रसंगको सहयताबाट बुझ्दा ज्यादा उपयोगी हुनेछ।

एक पटक स्वामी रामतीर्थ जहाज द्वारा जापान बाट अमेरिका गई रहेका थिए। जब सैनेफ्रान्सिस्को बंदरगाह आयो तब सबै मानिसहरु ओर्लिए। तर स्वामी ज्यू निश्चिंत भावमा डेक माथि घुम्न थाले। एक अमेरिकीले उनलाई हेरे र उनीसंग सोधे कि महाशय! तपाईको सामान कहा छ?

स्वामी रामतीर्थले उत्तर दिए कि मसंग कुनै सामान छैन्, जे केहि छ, मेरो शरीरमा छ।

यस कुरामा ती अमेरिकीले भने कि के तपाईसंग पैसा पनि छैन्।

जवाफमा स्वामी रामतीर्थले भने कि छैन्।

अमेरिकीले सोधे कि तपाईको जीवन कसरी चल्छ?

स्वामी ज्यूले बोले कि सबैसंग प्रेमपूर्वक व्यवहार गर्नु नै मेरो जीवन हो। जब मलाई प्यास लाग्छ तब पानी पाउछु। जब भोक लाग्छ तब खाना कसैले मलाई दिन्छ।

यति सुनेर त्यो अमेरिकीले सोध्छ कि के अमेरिकामा तपाईको कुनै साथी छ?

स्वामी रामतीर्थले भने हो! छ किन छैन्। एउटा अमेरिकी मेरो साथी छ। यति भनेर स्वामी ज्यूले त्यो अमेरिकीको कांधमा हात राखेर भने कि मेरो साथी यो हो।

उनको यस आत्मीयतापूर्ण स्पर्षाको उस माथि जादू-जस्तो असर गर्यो। त्यो अमेरिकीलाई यस्तो महसूस भयो, मानौं उनीसंग उनको कुनै पुरानो मित्रता छ। उनले एउटा साचो साथीको समान उनको मित्र हुन गए। त्यस पछि स्वामी ज्यू जब सैनफ्रांसिस्को आए, उसले उनलाई आफू कहा सम्मानपूर्वक राखे र उनको बराबर हेरविचार गरे।

मित्रता यसरी नै गरिन्छ। तपाईको व्यक्तित्व यस्तो हुनु पर्छ कि तपाईले सही मानिसको पहिचान गर्न सक्नुहोस् र सही समयमा सही ढंगबाट उसलाई साथी बनाउन सक्नुहोस्। यस्तो तब सम्म हुदैन् जब सम्म तपाई आफ्नो चरित्रमा सुधार ल्यचाउनुहुन्न र तपाईको आचार-व्यवहारमा ईमानदारी हुदैन्। त्यसैले यी कुराहरुलाई आफ्नो व्यक्तित्वमा अवश्य नै शमावेश गर्नुपर्छ। यस किसिमका व्यक्तिहरु अवश्य सफल हुन्छन्।

मित्रताको दौरान सावधानी अवष्ठय राख्नुपर्छ। किनकि मित्रताको डोरी यस्तो हुन्छ जुन आपसी विश्वास माथि टिकेको हुन्छ। त्यसैले यदि यो डोरी कमजोर भयो भने नोक्सान तय छ। त्यसैले साथी बनाउदा राम्रो व्यक्तिको पहिचान आवश्यक छ। आजकाल सोशल नेटवर्किंगको समय छ। मानिस आर्कुट, फेसबुक, हाई फाइव, मिंगलबॉक्स, टैगड र कति हो कति यस्ता धेरै साइटहरुमा थोकको भावमा साथी बनाई रहेका छन्। यसबाट धेरैको जनाहरुको बीच आपसी पहिचान सम्म हुदैन्।

माउसको साहाराबाट स्थापित गरिने खालका यस प्रकारको मित्रतामा एक अर्काको बारेमा त्यहि जानकारी तपाईले पाउन सक्नुहुन्छ जुन अगाडिको व्यक्तिले बताउन चाहन्छ। यसमा खबरहरु दुरुपयोग पनि गरिन्छ र यसमा मित्रताकाको नाममा मानिसहरुको साथमा छल पनि गरिन्छ। यति हुदाहुदै मानिसहरु यसमा आकर्षित भई रहेका छन्। खास रुपमा युवा पीढ़ी सोशल नेटवर्किंगको यस व्यवस्थाको पछाडि पगल भई रहेका छन्। आज सोशल नेटवर्किंग अनगिनत वेबसाइटहरुको धंधा जोरको साथ चलि रहेको छ। यसको

संचालकहरुले युवाहरुलाई फास्ने पूरा व्यवस्था गरि राखेका छन्। वास्तविक्ता हेर्ने हो भने यसको मायाजालमा संसार भरीका युवाहरुको एउटा ठूलो वर्ग मित्रताकोको नाममा फंसि सकेका छन्।

दिल्लीका एक युवाले सोशल नेटवर्किंग साइटबाट प्रभावित भएर आत्महत्या गरेका थिए। वास्तवमा, यी साइटहरुमा अलग-अलग कम्युनिटीको कांसेप्ट छ। यसले एउटा खास विचारको प्रतिनिधत्व गर्छ। यो पनि मित्रताको नाममा गरिन्छ। बहरहाल, त्यो आत्महंता गर्ने युवक कम्युनिटीको सदस्य थियो। यी कम्युनिटिहरुमा बहस-मुबाहिसेको दौर चलि रहन्छ। मृत्युसंग जोडिएका कम्युनिटीमा मृत्यु माथि नै चर्चा हुन्छ। मृत्यू माथि आधारित कम्युनिटिहरुमा प्रवेश गर्ने बितिक्कै यसलाई संसारको सबै भन्दा ठूलो सुख बताउने एक प्रकारको संदेश सजिलैसंग देखिन्छ। यस्तै अश्लीलताबाट भरिभराव धेरै कम्युनिटिहरु छन्। यसको माध्यमबाट धेरै खुल्ला रुपमा नग्नता देखाउने गरिन्छ। नारी देह र पुरूष देहको धंधालाई पनि संचालित गर्ने खालका कार्यहरु कम्युनिटिहरुले गरि रहेका छन्। त्यहा धेरै कॉल गलर्स र जिगोलोले आफ्नो फोन नंबर सम्म हालेका छन्।

आतंकवादको बारेमा पनि धेरै कम्युनिटिहरु आर्कुटमा देखिन्छ। यहा ओसामा बिन लादेन देखि लिएर अल जवाहिरी सम्मका चहिताहरुले उनीहरुको नामबाट कम्युनिटिहरु बनाएका छन्। यसको माध्यमबाट आतंकवादिहरुको विचारहरुको प्रसार गरिन्छ। गाली-असभ्य शब्दहरु माथि आधारित धेरै कम्युनिटिहरु पनि सोशल नेटवर्किंग साइटहरुमा उपलब्ध छ। फेसबुकमा रक्सि पिउने केटिहरुले आफ्नो कम्युनिटी बनाएका छन्। यसमा पनि अश्लीलताको सबै हदहरु तोडिएको छ।

यस्ता अन्य धेरै विषयहरु माथि आधारित अनगिनत कम्युनिटिहरु वैचारिक प्रदूषण फैलाउने कार्य गरि रहेका छन्। वास्तवमा, आज एउटा ठूलो बजार सोशल नेटवर्किंग साइटहरुको हात परि सकेको छ। यी साइटहरु यस जीवनको अनिवार्य अंग सरह बनि सकेको छ। सबै काम-धाम छाडेर सोशल नेटवर्किंग वेबसाइटहरुमा समय बिताउन केटा-केटिहरुको जमात दिनदिनै बढि रहेको छ। जसको कारण जीवनशैली माथि पनि धेरै नकारात्मक असर परि रहेको छ।

यी सोशल नेटवर्किंग साइट युवाहरुमा झूठो र देखावटी प्रवृतिलाई पनि बढाई रहेको छ। अधिकांश प्रयोक्ताहरुले आफ्नो तस्वीरहरुको ठॉउमा माथि कुनै अभिनेता वा अभिनेत्रीको तस्वीरहरु लगाएका छन्। यसबाट प्रयोक्ताहरुको ईमानदारी र आपसी विश्वासको अनुमान सजिलै लगाउन सकिन्छ। माउसको

साहाराबाट बनाईएको मायाजालको दलदलमा फंसेर केहि मानिसहरुको ज्यान गुमाउने घटनाहरु पनि अगाडि नै छन्।

बहरहाल, यो कुरामा त कुनै किसिमको संदेह हुनु हुदैन् कि सोशल नेटवर्किंगको मायाजाल पूरा सरह बाजार आधारित छ। यसको माध्यमबाट युवा वर्गलाई भ्रमित गर्ने षडयंत्र माथि समय रहदा नै अंकुश लगाउनु पर्ने आवश्यक्ता छ। यसको लागि यी साइटहरुको संचालकहरु माथि दबाव बनाउनु पर्ने पनि आवश्यक्ता छ। यो कुरा त तय छ कि मौजूदा बाजारू व्यवस्थामा कुनै एक देशको सरकारको लागि यी वेबसाइटहरुलाई प्रतिबंधित लगाउनु पनि संभव छैन्। तर पनि यसलाई नियंत्रित गर्ने दिशामा त केहि न गर्न प्रभावपूर्ण कार्य गर्न सकिन्छ। जसले युवाहरुलाई पथभ्रष्ट मार्गबाट बचाउनमा धेरै हद सम्म आवश्यक र असरदार हुनेछ।

प्रयोक्ताहरुले पनि बाजारको चाललाई बुझ्नुपर्छ र यो जान्ने कोशिश गर्नुपर्छ कि तकनीक उनीहरुको सुविधाको लागि हो न कि दुविधाको लागि। उनीहरुले यो कुराको पनि ख्याल राख्नुपर्छ जुन सबै कार्यहरु मित्रताको नाममा भई रहेको छ त्यो वास्तवमा मित्रताको लागि होईन्। यो एकअर्कालाई भ्रममा राखेर धोका दिने एउटा माध्यम हो। यो आफ्नो वासनाको शांतिको लागि विकसित गरिएको आधुनिक माध्यमहरुबाट एक हो। बाजारले यो कुरालाई राम्ररी बुझेको छ कि मानिसहरुको भावनाहरुको प्रयोग आफ्नो हकमा कसरी गर्न सकिन्छ। तर मानिसहरु यसबाट सावधान रहनुपर्छ किनकि बाजारको त उद्‌देश्य नै अधिक भन्दा अधिक पैसा कमाउनु हो। सोशल नेटवर्किंगको माध्यमबाट मित्रताको चस्का वास्तवमा एक प्रकारको व्यसन नै हो।

यदि तपाईले यो पक्का गर्नुहुन्छ कि तपाईले कुनै एक क्षेत्रमा काम गर्नुछ भने त्यस क्षेत्रका राम्रा मित्रहरुको साथमा त्यो कामलाई अंजाम दिनमा तपाईलाई धेरै नै सजिलो हुनेछ। जाहिर छ कि मित्रहरुको सहयोगबाट त्यस नयाँ क्षेत्रमा पनि मानिसहरु सफलताको झंडा गाड्न सफल हुन्छन् र उनीहरुको यष्ठा बढ्‌दै जान्छ। त्यसैले सफलता पाउने इच्छा राख्ने व्यक्तिहरुले आफ्नो मित्रहरुको संख्या र खास रुपमा राम्रा मित्रहरुको संख्यालाई विस्तार दिनको लागि निरंतर प्रयासरत रहनुपर्छ। ●

11

संगति

कुनै पनि व्यक्तिको सफलतामा संगतिको विशेष महत्व हुन्छ। भनाई पनि छ कि जस्तो संगत हुन्छ त्यस्तै नै त्यस व्यक्तिको स्वभाव बन्छ र त्यसैको अनुसार उसको आचार-व्यवहार पनि हुन्छ। त्यसैले संगति राम्रो हुनु धेरै नै आवश्यक छ। संगति यदि राम्रो छ भने नराम्रो व्यक्ति पनि राम्रो बन्छ र उसले राम्रो परिणाम दिन सक्छ। किनकि राम्रो मानिसहरुको संगतमा रहेर उसलाई राम्रो प्रेरणा प्राप्त हुन्छ र ती प्रेरणाहरुको साहारामा उ राम्रो परिणाम प्राप्त गर्नमा सफल रहन्छ।

त्यहि अर्कातिर हेर्ने हो भने नराम्रो संगतिमा राम्रो व्यक्ति पनि नराम्रो बनेको पाईन्छ। किनकि नराम्रो संगतिमा राम्रो व्यक्ति अच्छाई पनि मंद हुन थाल्छ। उ पनि स-साना सुखको पछाडि भाग्न थाल्छ। परिणाम यो हुन्छ कि उ बिस्तारै-बिस्तारै आफ्नो राम्रा गुणहरु हराउदै जान्छ र अंततः उ पनि नराम्रो बन्न जान्छ। भनाई पनि छ कि संगतबाट गुण हुन्छ, संगतबाट गुण जात। त्यसैले सफलताको चाहना राख्ने व्यक्तिले सधै राम्रो संगति गर्ने कार्यमा प्रयासरत रहनुपर्छ।

राम्रो संगतिमा रहने व्यक्तिले आफ्नो सबै कामलाई धेरै राम्रो तरीकाबाट पूरा गर्छ। यस्ता मानिसहरुको गन्ति सफल मानिसहरुमा गरिन्छ। त्यहि नराम्रो संगतिमा रहने व्यक्तिलाई समाजले पनि नराम्रो नै मान्न थाल्छ। यसको परिणाम

यो हुन्छ कि यदि उसले राम्रो काम पनि गर्छ भने त्यसलाई मान्यता प्राप्त हुदैन्।

संगतिको महत्वलाई मैनेजमेंट गुरु चाणक्यले राम्ररी बुझेका थिए। यही कारण हो कि उनले संगति माथि धेरै सूत्रहरु दिएका छन्। त्यसबाट केहि

चुनिंदा सूत्रहरुको माध्यमबाट हामी यहा सफलता र संगतिको आपसी संबंध हरुलाई बुझ्न कोशिश गर्नेछौं।

आचार्य चाणक्यले एउटा सूत्र दिएका छन्-

गुणवदाश्रयन्निर्गुणोपि गुणी भवति।

यसको मतलब यो भयो कि *गुणवानको आश्रयमा निर्गुण पनि गुणी हुन्छ।*

यो कुरा बिल्कुलै सत्य छ कि गुणवान मानिसहरुको साथमा रहदा गुणहीन व्यक्तिमा पनि गुण आउछ। संगतिको असर अवश्य पर्छ। त्यसैले सज्जनहरु, विद्वानहरु आदि गुणवान मानिसहरुको नै संगति गर्नुपर्छ। राम्रो संगतिबाट नै यो नतीजा आउछ कि एक सामान्य व्यक्ति पनि कुनै राम्रो विशेषज्ञको सरह ज्ञान राख्नमा सफल रहन्छ।

वास्तवमा, यसको पछाडिको कारणलाई नियालेर हेर्दा थाहा हुन्छ कि राम्रा मानिसहरुको साथमा रहनाले त्यस व्यक्तिको कामहरु पनि राम्रैसंग हुन्छ। उसको सोचको दायरा बढ्न जान्छ। उसको आदर्श ठूलो हुन्छ। उ स-साना सुखहरुमा हराउदैन्। उ एउटा ठूलो आदर्शको साथमा जीवन जीउछ। मानौं कुनै ज्ञानीको संगतमा रहदा त्यसै प्रकारको कुराहरुलाई ग्रहण गर्छ।

यदि कसैको संगति नराम्रो छ भने उसको विचार पनि नराम्रो हुन्छ। उसको आचरण पनि नराम्रो हुन्छ। यस्ता मानिसहरुले त सफलताको समपना पनि हेर्नु हुदैन् किनकि जस्तो सोच हुन्छ त्यस प्रकारको नै आचरण हुन्छ। जाहिर कुरा छ कि सोच तैयार गर्नमा संगतिको अहम भूमिका हुन्छ। त्यसैले सफलता पाउने इच्छा भएका व्यक्तिहरुले राम्रो संगती गर्नुपर्छ।

संगतिको महत्वलाई प्रतिपादित गर्दै आच्चार्य चाणक्यले एक धेरै नै अहम सूत्र दिएका छन्। उनले लेखेका छन्-

रजतं कनकसंगात् कनकं भवति।

यसको मतलब यो भयो कि *रजत कनकको संगतिबाट कनक नै हुन्छ।*

यो सूत्रको माध्यमबाट आचार्य चाणक्यले भनेका छन् कि सुनको साथमा मिसिदा चांदीले आफ्नो रंग हराउछ र त्यसले पनि सुनको रंगलाई धारण गर्छ र सुन जस्तै बन्न जान्छ। यो संकेतबाट मैनेजमेंट गुरुले धेरै ठूलो कुरा भनेका छन्। उनको भनाई छ कि संगति आफ्नो रंगमा रंगिन्छ। त्यसैरी नै तपाईको संगति जस्तो हुनेछ त्यस्तै तपाई हुनुहुनेछ। त्यसैले जो सफलता पाउने इच्छा राख्छ उनले आफ्नो संगतिमा धेरै नै चौकस रहनुपर्छ।

राम्रो संगतिले तपाईलाई राम्रो बनाउन सक्छ भने नराम्रो संगतले तपाईको संसार बिग्रार्न पनि सक्छ। त्यसैले यस सन्धर्वमा धेरै नै सावधानी राख्नुपर्छ। संगती खराब हुदा त्यसको सीधा असर हाम्रो जीवनमा पर्छ। त्यहि संगति यदि राम्रो छ भने मानिस दिन प्रतिदिन सफलताको बाटोमा अगाडि बढ्दै जान्छ। हाम्रो संगति तब राम्रो हुन्छ जब हामी राम्रा-राम्रा कुराहरुको ग्रहण गर्छौं। यो कुरालाई एक प्रसंगको माध्यमबाट बुझ्दा धेरै नै उपयोगी हुन्छ।

एक पटक लालबहादुर शास्त्रीले उनको एक मित्रसंग सोधे कि शास्त्री जी, तपाई सधै प्रशंसा देखि टाढा रहनुहुन्छ र आदर-सत्कारको कार्यक्रमहरुमा आउनुहुन्न। तपाई यस्तो किन गर्नुहुन्छ?

शास्त्री जीले यो प्रश्नको जवाफ हॉसेर दिए। उनले भने, 'यसको यो कारण छ मित्र कि एक पटक लाला लाजपत रायले मसंग भनेका थिए कि लालबहादुर, ताजमहल बनाउनमा दुई प्रकारको पत्थरहरुको उपयोग भएको छ। एउटा बहुमूल्य संगमरमर पत्थर, जसको उपयोग गुंबजको लागि र यत्र-तत्र गरिएको छ र दोस्रो छ साधारण पत्थर। यी साधारण पत्थरको प्रयोग नींवमा गरिएको छ। सामान्यतः यसको चर्चा हुदैन्। उनले बताए, हामीले आफ्नो जीवनमा यो दोस्रो प्रकारको पत्थरको नै अनुकरण गर्नुपर्छ। आफ्नो प्रशंसा र आदर-सत्कार भन्दा सधै टाढा रहेर सत्कर्म गर्नुपर्छ। बस उनको यो सीख मेरो मनमा बस्यो र म नींवको पत्थरको अनुकरण गर्दैछु।'

संगतिको बारेमा आचार्य चाणक्यले अवगत पनि गर्छन्। उनले अवगत गर्दै एउटा सूत्र दिएका छन्-

पदुतरे तृष्णापरे सुलभमतिसंधानम्।

यो सूत्रको मतलब यो भयो कि *चलाक र लोभी व्यक्तिले बेकारको घनिष्ठता बढाउछ।*

यो कुरा बिल्कुलै सत्य छ कि चलाक र लोभी व्यक्तिले बिना कुनै चिन-जानको मित्रता बढाउने ताकमा रहन्छन्। यदि कुनै व्यक्ति बिना चिन-जानको तपाईको समीप आउने कोशिश गर्छ भने बुझ्नुपर्छ कि त्यो व्यक्ति धेरै नै चलाक र लालची छ। यस्तो व्यक्तिसंग समय रहदा नै सावधान हुनुपर्छ। होईन् भने यस्तो व्यक्तिले धेरै नोक्सान पुगाउन सक्छ।

वास्तवमा, यस्ता मानिसहरु तपाईंको समीप आउने ताकमा त्यस कारणले हुन्छन् कि त्यसमा उनको केहि निहित स्वार्थ हुन्छ। जसलाई पाउनको लागि

उनीहरु नजिक आउने कोशिश गर्छन्। त्यसैले यस्ता मानिसहरुको संगतिबाट सतर्क रहनु नै राम्रो हुन्छ। यस किसिमका मानिसहरुले तपाईसंग आफ्नो काम गराउछन् र जब उनको आवश्यक्ता तपाईबाट पूरा हुन्छ तब किनारा लाग्छन्। यस्ता अवसरवादी मानिसहरुको पहिचान गर्नु धेरै नै आवश्यक छ र यस्ता मानिसहरुबाट टाढा रहनु पनि धेरै जरूरी छ।

यदि तपाई कसै माथि धेरै विश्वास गर्नुहुन्छ र उ त्यस मौकामा घात गर्छ भने दुख त हुन्छ नै साथै साथ आत्मविश्वास पनि हराउछ। यस्तो समयमा आफूलाई संभाल्न सजिलो हुदैन्। यस्तो हुदा सफलताको बाटो पनि अपेक्षाकृत कठिन हुनजान्छ। त्यसैले यस्ता मानिसहरुको संगतिमा रहनु भनेको जानि-बूझि आफ्नो असफलतालाई आमंत्रित गर्ने नै हो। त्यसैले सही मानिस त्यो नै हुन्छ र सफलता उसले प्राप्त गर्छ जो यस्ता मानिसहरुबाट टाढा रहन्छ।

वास्तवमा, केहि समय पहिला देखि यस्तो व्यवस्था बनि सकेको छ कि अवसरवादिहरु धेरै नै माथि पुगेका छन्। राजनीति देखि तमाम क्षेत्रहरुमा यो हेर्न पाईन्छ छ कि जो पनि अवसरवादी छ उ सफल छ। तर उसको यो सफलता कुनै मिथ्या भन्दा कम छैन् किनकि कुनै समय पछि उसको यी कुराहरु सबैको अगाडि आउछ। यस्तो हालतमा उसको हालत धोबीको कुकुर जस्तो हुन्छ। जब उसको अवसरवादिता सबैको अगाडि आउछ तब उ न त घरको हुन्छ र न घाटको।

अवसरवादीले आफ्नो मतलब निकाल्नको लागि करीब आउने कोशिश गर्छन्। यो प्रवृत्ति बाजारवादी व्यवस्थामा धेरै तेजीले बढेको छ। बाजारवादी व्यवस्थाले जहिले देखि आफ्नो जडा गहिरो गरेको छ तब देखि जन माथि धन भारी हुन गएको छ। यसको असर यो भयो कि मतलबी मानिसहरु धन कमाउनको लागि कुनै पनि हद सम्म जान सक्छन्।

चाहे त्यसको लागि उसले कसैसंग झूठो मित्रता गरेर उसलाई धोका नै किन दिन नपरोस्। आजकाल यस किसिमका मानिसहरु आम रुपमा पाईन्छन्। तर एउटा कुराको सधै ख्याल राख्नुपर्छ कि पहिला देखि नै समाजमा जो आम मानिसहरु भन्दा अलग

छ त्यो नै खास र सफल सही मायनेमा भएको पाईन्छ। त्यसैले अनुभव र ज्ञानको साहारामा मानिसको जॉच गर्दै उसंग मित्रता कायम गर्नुपर्छ।

यस्तो गर्नु सबैतिरबाट फाईदामंद हुन्छ। यसमा न त तपाईलाई कसैले धोका दिनेछ र न तपाईको कार्यलाई कुनै सरहको नोक्सान हुनेछ। यस बाहेक

धोकाको कारणबाट हुने खालका मानसिक पीडाबाट पनि तपाई बच्न सक्नुहुन्छ। यो कुरालाई सधै दिमागमा राख्नुपर्छ कि सही मानिसको पहिचान गर्नु कुनै सजिलो काम होईन् तर त्यति धेरै गाह्रो पनि छैन्। केहि सावधानी र आफ्नो विवेक अनुसार आफ्नो अनुभव र ज्ञानको प्रयोग गरेर सही व्यक्तिको पहिचान गर्न सकिन्छ र गलत मानिसहरुलाई मित्र बनाउने भ्रमबाट पनि बच्न सकिन्छ।

संगतिको बारेमा मैनेजमेंट गुरु चाणक्यले चाणक्य नीतिमा पनि धेरै नै अहम कुराहरु बताएका छन्। उनले बताएका छन्-

एतदर्थ कुलीनानां नृपाः कुर्वन्ति संग्रहम्।
आदिमध्यावसानेषु न त्यजन्ति च ते नृपम्॥

आचार्य चाणक्य यहा कुलीनताको विशेषता बताउदै भन्छन् कि कुलीन मानिसहरु आरंभ देखि अंत सम्म साथ छौड्दैनन्। उनीहरु वास्तवमा संगतिको धर्म निभाउछन्। त्यसैले राजा कुलीनको संग्रह गर्छन् यानी उनको संगति गर्छन्। ताकि समय-समयमा उनलाई सही परामर्श प्राप्त हुन सकोस्।

यसको मतलब, राम्रो खानदानी व्यक्तिहरुले जोसंग मित्रता गर्छन्, त्यसलाई जीवन भरि निभाउछन्। उनीहरु शुरू देखि अंत सम्म सुख र दुख दुबै अवस्थामा आफ्नो मित्रको साथ दिन्छन्। त्यसैले राजा स्वभावका व्यक्तिहरुले यस्तो कुलीनहरुलाई आफ्नो साथमा राख्छन्।

भनाई तात्पर्य यो छ कि कुलीन मानिसहरु माथि विश्वास गर्न सकिन्छ। किनकि यस्ता मानिसहरु कहिले पनिं नीच अथवा खराब प्रविधी अपनाएर आफ्नो स्वामीको साथमा छल वा धोका गर्दैनन्। त्यसैले सफलताको इच्छा राख्ने मानिसहरुले संगति कुलीनसंग नै गर्नुपर्छ। खराब किसिमका मानिसहरुसंगको संगति सधै नोक्सान नै पुगाउछ। त्यसैले यस्ता मानिसहरुसंग सावधान रहेर दूरी बनाएर रहदा नै भलाई हुन्छ।

आचार्य चाणक्य मूर्खहरुको संगतिलाई धेरै नै खतरनाक मान्छन्। यस बारेमा उनले चाणक्य नीतिमा बताएका छन्-

मूर्खस्तु परिहर्तव्यः प्रत्यक्षो द्विपदः पशुः।
भिनत्ति वाक्यशूलेन अदृश्ययं कण्टकं यथा॥

यहा आचार्य चाणक्यले नरपशुको चर्चा गरेका छन्। उनी भन्छन् कि मूर्ख व्यक्तिलाई दुई खुट्टा भएको पशु मानेर त्याग दिनुपर्छ। किनकि उ आफ्नो शब्दहरुबाट सियोको समान त्यसरी भेद गर्छ जसरी अदृश्य काडा पस्दा खेरी दुखाई हुन्छ।

यसको तात्पर्य यो छ कि मूर्ख व्यक्ति मनुष्य भएर एक प्रकारको पशु नै हो। जसरी खुट्टामा घोचेको काडा त देखिदैन् तर त्यसको पिडा सहन गर्न सकिदैन्। यसरी नै मूर्ख व्यक्तिको शब्द देखिदैन् तर त्यसले मनमा काडाको सरह घोच्ने गर्छ। त्यसैले मूर्खको त्याग गर्नुमा बुद्धिमानी छ।

वास्तवमा, यो पनि हेर्न पाईन्छ कि मूर्ख मानिसहरुको संगतिले व्यक्तिको सोचविचार गर्ने क्षमता माथि धेरै नकारात्मक असर पार्छ तथा धेरै किसिमको नराम्रो असरहरु पनि पर्ने गर्छ। पहिलो कुरा, मूर्ख व्यक्तिको सोचको दायरा धेरै नै सीमित हुन्छ। त्यसैले उ धेरै नै सानोतिना कुराहरु माथि नै विचार गर्छ। उसले जसरी सोच्छ त्यसरी नै सोच्ने सल्लाह तपाईलाई दिन्छ।

यो कुराको कसैले पनि अस्वीकार गर्न सक्दैन् कि संगतिको असर धेरै गहिरो हुन्छ। यो कुरालाई अलि विस्तारमा सोच्नुहोस् अनि थाहा हुन्छ कि धेरै पटक जानकार व्यक्तिहरु पनि मूर्खको संगतिमा परेर मूर्खको समान नै सोच्न थाल्छ। त्यसैले भलाई त यसैमा छ कि मूर्खहरुको त्याग विषको सरह जति छिटो हुन सक्छ, गरि हाल्नुपर्छ किनकि जसले यस्तो गर्दैन् उ आफ्नो असफलतालाई आफैले आमन्त्रित गर्छ। मूर्खको संगतिले कुनै पनि कार्यलाई सफल हुन दिदैन्।

राम्रो संगतिको चर्चा गर्दै आचार्य चाणक्यले यो सूत्र दिएका छन्। उनले लेखेका छन्--

सत्संगः स्वर्गवासः।

आचार्यको यस सूत्रको मतलब यो छ कि *सत्संग स्वर्गनिवासको समान छ।*

यो प्रयोगात्मक कुरा हो कि सज्जनहरुको साथमा रहनाले स्वर्ग जस्तो सुख प्राप्त हुन्छ। राम्रो मानिसहरुको साथ प्राप्त हुनु पनि सौभाग्य नै हो। त्यसैले मौका पाउदा नै राम्रो मानिसहरुको साथमा समय बिताउनुपर्छ। उनको साथ स्वर्गमा समान छ। स्वर्ग कुनै सातौं आकाश माथि हुदैन्। बल्कि व्यावहारिक अर्थमा भन्ने हो भने स्वर्गको तात्पर्य राम्रो र सम्मानजनक जीवनसंग छ। सज्जनहरुको संगतिबाट जसरी प्रेरणा प्राप्त हुन्छ त्यसले जीवन सफल, सुखद र मंगलमय बन्नमा अहम भूमिका खेल्छ। त्यसैले सफलताको इच्छा राख्ने सज्जनहरुको संगति पाउनको लागि निरंतर प्रयासरत रहनु पर्छ। जसलाई सज्जनहरुको संगति प्राप्त हुन्छ· उसले भूलेर पनि सज्जनहरुको संगति छोड्नु हुदैन्।

धेरै पटक यस्तो समय पनि आउछ कि संगतिको साथ प्रयोग गर्नुपर्ने हुन्छ। तात्पर्य यो कि समाज कल्याणको उद्देश्यबाट नराम्रो मानिसहरुको आचार–व्यवहारमा सुधार गर्नुपर्ने आवश्यक्ता महसूस हुन्छ। यस्तो गर्नको लागि उसको संगति आवश्यक छ तर खतरा यो हुन्छ कि कतै उसको संगतिमा गएर उसको रंग–ढंगमा नै ढल्नुहुदैन्। यस्तो स्थितिमा यो कुरालाई सधै याद राख्नुपर्छ कि यदि तपाईको आत्मबल बलियो छ भने तपाईले आफूतिर अरु ल्याउनमा सफल हुनुहुनेछ। तर यदि तपाईमा आत्मबल कमजोर छ भने तपाई अरुको बदलाव आउनुहुनेछ। हालांकि, यस योग्यतालाई आफू भित्र अभ्यासबाट पैदा गर्न सकिन्छ। बलियो आत्मबल भएका मानिसहरु कसरी आफ्नो मन अनुसार काम गर्छन् त्यसलाई एउटा प्रसंगको साहाराले बुझ्ने प्रयास गरौं।

संत जलालुद्दीन बादशाहसंग भेट्न उनको महलमा गए। जब यो कुरा उनका शिष्यहरुलाई थाहा भयो तब उनीहरुलाई ठूलो दुख भयो किनकि उनीहरुले कुरानमा पढेका थिए कि फकीर (माग्ने) राजा वा धनीको महलमा जानुहुदैन्।

संतको फिर्ता आउदा एक शिष्यले उनीसंग भने, हामीले कुरानमा पढेका छौं कि फकीरले महलमा जानुहुदैन्। तर तपाई यस नियमको उल्लंघन गरेर त्यहा जानुभयो। यदि बादशाहलाई तपाईसंग भेट्नुपर्ने आवश्यक्ता थियो भने उ आफै पनि आउन सक्थ्यो।

यो कुराको उत्तरमा जलालुद्दीनले भने, तिमीहरु किन दिमाग खपाउदैछौ। म उनी कहा जाऊ वा उनी म कहा आऊन, कुरा त एउटै हो। उनी म कहा आएका थिए, यस्तो किन सोच्दैनौ? उनले फेरी भने बादशाहलाई म कहा आउने फुर्सत कहा छ। उ अज्ञानी जो छ! र म चाहन्छु कि मबाट जति हुन सक्छ, उसको संगति गरू। म उ कहा जानेछु तब उनी पनि म कहा आउने कोशिश गर्नेछन्।

उनले पछि फेरी भने म उनी कहा केहि माग्नको लागि गएको थिईन्। म त उसलाई केहि दिनको लागि गएको थिए। म उसलाई नसीहत(उपदेश) दिन गएको थिए। ताकि उसको जीवनमा बदलाव आओस् र उनी पनि सदाचारी, सहिष्णु र सहृदय बनून्। उनी सधै आफ्नो दरबारीहरुको घेरामा रहन्छन् र म चाहन्छु कि केहि क्षणको लागि नै किन नहोस्, उनी त्यहा टाढा रहेर आफ्नो मन अनुसार काम गरोस्।

संतले पछि भन्छन्, अब आयो कुरानमा रहेको नियमको कुरा, यहा आयतको तात्पर्य यो छ कि फकीर, धनीको घरमा त्यस कारणले जानु हुदैन् कि उ त्यहा रहेको ऐश-आरामको समानहरु हेरेर लोभ र मोहमा पर्न सक्छ। फकीरको संगति त राजालाई पनि राम्रो बाटो देखाउछ।

त्यसैले कहिले पनि यस्तो मौका आउदा पछाडि पर्नु हुदैन्। किनकि सुधारको तात्पर्य केवल एक व्यक्तिको सुधारसंग हुदैन् बल्कि उसंग जोडिएका धेरै मानिसहरुको सुधार हो, धेरै चीजहरुको सुधार हो। यदि त्यो व्यक्ति राम्रो खालको छ र उसंग यस्तो निर्णय लिने शक्ति छ जसबाट समाज प्रभावित हुन सक्छ भने यस्तो व्यक्तिको सुधार गर्नको लागि उसको संगत अनिवार्य रुपमा गर्नुपर्छ किनकि यो ठूलो सामाजिक दायित्वको निर्वहन पनि हो। ●

12

धैर्य वा धर्यता

यो कुरा बताउनु पर्ने आवश्यक्ता छैन् कि हरेक सफल व्यक्तिमा धैर्यताको गुण रहेको हुन्छ। सही मायनेमा भन्ने हो भने सफलता पाउनको लागि धैर्य एउटा आधारभूत गुण हो। यदि धैर्य छैन् भने उतावलोपनमा मानिसले कतैनकतै काम खराब गरेको नै हुन्छ। त्यहि धैर्यवान मानिस गाह्रो भन्दा गाह्रो परिस्थितीको पनि सामना धेरै सहज तरीकामा गर्छ। भनाई पनि छ कि राम्रो र नराम्रो परिस्थिती त हरेक मानिसको जीवनमा आउछ। राम्रो परिस्थितीमा त सबै आरामले बस्न सक्छ तर नराम्रो परिस्थितीको सामना जसले जति सही तरीकाबाट गर्छ उ उति नै सफल हुन्छ।

धैर्यको क्षमता विकसित नगरिकन सफल हुने सपना पालनु खुल्ला आखाले सपना हेर्नु जस्तै हो। किनकि जसमा धैर्य राख्नुपर्ने ठॉउमा हड़बड़ी गर्छ उसले बनि सकेको कामलाई पनि बिग्रार्न सक्छ। त्यसैले सफलताको इच्छा राख्ने व्यक्तिहरुको लागि धैर्यवान हुनु धेरै नै आवश्यक छ। यो एउटा यस्तो गुण हो जसको उपयोगिता हरेक समयमा र हरेक क्षेत्रमा रहेका छ। धैर्य जस्ता गुणको आफ्नो व्यक्तित्वमा रातोरात समावेश गर्न सकिदैन्। यसको लागि पनि धेरै नै धैर्यताको साथ प्रयत्न गर्नुपर्ने आवश्यक्ता छ।

व्यक्तिमा धैर्य यति धेरै हुनु पर्छ कि उ आफ्नो नजिकमा आफै निंदक राख्ने साहस गर्न सकोस्। यसका धेरै फाईदाहरु छन्। सबै भन्दा पहिलो कुरा त यो छ कि तपाईको कार्य र कामकाजको तरीकाको निष्पक्ष समीक्षा हुदै जान्छ। यसको सहयोगबाट तपाईले आफ्नो प्रयासमा सकारात्मक सुधार गर्न सक्नुहुन्छ र सफलता प्राप्त गर्न सक्नुहुन्छ। निंदकलाई आफ्नो नजिक राख्दा कत्ति धेरै फाईदाहरु छन् र सफल मानिसले यो कसरी गर्छ, यसलाई एउटा प्रसंगको माध्यमबाट बुझ्न सकिन्छ।

विनोबा जी आफ्नो पत्रहरुलाई संगालेर राख्ने गर्थे। उनी सबै पत्रहरुको यथावत उत्तर पनि दिने गर्थ्ये। एक दिन उनी कहा गांधी जीको एउटा पत्र आयो तब उनले त्यसलाई पढेर च्याति दिए। उनीसंगै कमलनयन बजाज पनि बसेका थिए। यो हेरेर उनी आष्ठचर्य भए। उनी आफ्नो उद्वेगलाई दबाउन सकेनन्। उनले ती च्यातिएका टुक्राहरुलाई जोडेर पढे तब त्यो विनोबा जीको प्रष्ठांसाले ओत-प्रोत थियो। त्यसमा लेखिएको थियो कि तपाई जस्तो उच्च आत्मा मैले अरु कतै देखेको छैन्।

आश्चर्य मान्दै बजाज जीले विनोबा जीसंग सोधे कि तपाईले यो पत्र किन च्यात्नु भयो? यसमा सही कुरा त लेखिएको थियो। यसलाई संभालेर किन राख्नु भएन।

यो कुराको जवाफमा विनोबाजीले भने, यो पत्र मेरो लागि बेकार छ। त्यसैले मैले यसलाई च्यातेको हु। पूज्य बापूले आफ्नो विशाल दृष्टिबाट जस्तो हेर्नुभयो त्यस्तै यो पत्रमा लेख्नु भयो। तर दोषहरुको उनलाई के खबर? मलाई त आत्म प्रशंसा बिल्कुलै मन पर्दैन्। हो, यदि कसैले मेरो दोष बताउछ भने म बराबर उसको ख्याल राख्नेछु।

आचार्य चाणक्य धैर्यको महत्वलाई बुझेका थिए। यही कारण हो कि उनले धैर्य माथि धेरै सूत्रहरु दिएका छन्। यसो त उनको सबै सूत्रहरु धेरै नै उपयोगी छन् तर ती सूत्रहरुबाट केहि चुनिंदा सूत्रहरुको आधारमा धैर्य र सफलताको संबंधहरुलाई बुझ्ने कोशिश गर्नेछौं।

सूत्रहरुको आधारमा कुराकानीलाई अगाडि बढाउनु भन्दा पहिला चाणक्य नीतिमा मैनेजमेंट गुरुद्वारा भनिएका एक अहम कुरालाई बुझ्नु आवश्यक छ। उनले एक ठॉउमा लेखेका छन्-

तावद् भयेषु भेतव्यं यावद्भयमनागतम्।
आगतं तु भयं दृष्ट्वा प्रहर्तव्यमशंकया।।

आचार्य चाणक्य यहा टाउको माथि आएको संकटबाट बचाव गर्ने संदर्भमा भन्छन् कि आपत्तिहरु र संकटहरुबाट तब सम्म डराउनु पर्छ जब सम्म ती टाढा छन्। तर जब संकट अगाडि आउछ तब बहादुरीका साथमा त्यसको सामना गर्नुपर्छ र शंकारहित भएर त्यसमाथि प्रहार गर्नुपर्छ। यी संकटहरु देखि आतिनु हुदैन् बल्कि त्यसलाई टाढा गर्ने बाटो खोज्नुपर्छ।

वास्तवमा, हुन्छ यो कि मानिसहरु संकटमा आतिएर पलायन हुन थाल्छन्। जबकि पलायन हुनु सही होईन्। संकट तब सम्म तपाईलाई डराउछ जब सम्म

तपाई उसंग डराउनुहुन्छ। जब तपाई डराउन छाड्नुहुन्छ, संकट तपाईलाई डराउन पनि छाडिदिन्छ।

यसै संदर्भमा उनले एउटा धेरै उपयोगी सूत्र दिएका छन्-

दैवं शांतिकर्मणा प्रतिषेद्धव्यम्।

यसको मतलब यो भयो कि *दैवको शांतिकर्मबाट प्रतिषेध गर्नुपर्छ।*

धेरै चोटी यस्तो पनि हुन्छ कि प्राकृतिक आपदाहरुले बनि सकेको कामलाई बिग्रार्ने गर्छ। भूकंप, बिजली खस्नु, अत्याधिक वर्षा, सूखा, हुरी, बतास आदि दैवी विपत्तिहरु हुन्। यस माथि मानिसको कुनै वश छैन्। यी विपत्तिहरुले कार्यलाई नष्ट गर्छ। यदि यस्तो हुन्छ भने होशियार व्यक्तिले धैर्यको साथमा काम लिनुपर्छ। यस्तो परिस्थितीमा हिम्मत हार्नु कायरता हो। यसले पलायनवादी मानसिकतालाई नै दर्शाउछ। यस्तो स्थितिमा मनलाई शांत राख्नुपर्छ र विपत्तिलाई टाल्ने भरसक प्रयास गर्नुपर्छ।

यदि यसमा पनि तपाई सफल हुनुहुन्न भने पनि हिम्मत हार्नु हुदैन् र धैर्यको साथ नोक्सानलाई कम भन्दा कम गर्ने कोशिश गर्नुपर्छ। आम रुपमा यो हेर्न पाईन्छ कि यस्तो गर्नमा धैर्यवान मानिस सफल हुन्छ। यदि विपत्ति धेरै ठूलो छ र सबै थोक नष्ट भएको छ भने पनि मन सानो गर्नु हुदैन्।

किनकि जे हुनु थियो त्यो भई सक्यो। अब मन सानो पारेर पनि भई सकेको नोक्सान फिर्ता त आउदैन्। त्यसैले धैर्यवान मानिसले पहिला नोक्सान र त्यहा सम्म कामलाई पुगाउदा आफूले पएका अनुभवहरुबाट शिक्षा लिदै नयाँ तरीकाबाट कामलाई शुरू गर्नुपर्छ। सधै मनमा यो आत्मविश्वास राख्नुपर्छ कि आखिर मैले नै यो कामलाई यहां सम्म पुगाएको थिए र निश्चित रुपमा फेरी कार्य गरेर म यसलाई यहा सम्म कम समयमा र राम्रो तरीकाबाट पुगाउनेछु। यस्तो सोच राखेर काम शुरू गर्नाले विश्वास गर्नुहोस् तपाईको सफलता पक्का छ र अरु व्यक्तिहरुले पनि त्यसबाट प्रेरणा लिनेछन्।

यो सूत्रलाई अझ विस्तार दिदै आचार्य चाणक्य भन्छन्-

मानुवीं कार्यविपत्ति कौशलेन विनिवारयेत्।

यसको तात्पर्य यो छ कि *मनुष्यले कार्य विपत्तिलाई कुशलताको साथ निवारण गर्नुपर्छ।*

यस्तो संभव छ कि तपाईको काममा तपाईको विपक्षी वा तपाईको अहित चाहने मानिसले बाधा पुगाउने कोशिश गर्नेछ वा बाधा पुगाउनेछ। यस्तो

स्थितिमा धेरै धैर्यता र होशियारी आवश्यक्ता पर्छ। किनकि उसको उद्‌देश्य तपाईको कामलाई नोक्सान पुगाउने र तपाईलाई नोक्सान पुगाउनु हो। त्यसैले उसले तपाईलाई भाड्ने कोशिशमा रहन्छ। उसद्वारा गरिएको नोक्सान माथि हतार नगरिकन धैर्यको साथ नोक्सानलाई समाप्त वा कम भन्दा कम गर्ने प्रयास गर्नुपर्छ। प्राय: जसो समस्याको समाधान पनि हुन्छ तपाईको काम फेरी त्यहि गतिमा आउन सक्छ। आफ्नो कार्यलाई दिमागले कसरी हुन्छ अरुद्वारा उत्पन्न गरिएको बाधाहरुको उपेक्षा गर्नुपर्छ, यो कुरालाई एउटा प्रसंगको माध्यमबाट बुझ्न सकिन्छ।

संत एकनाथको नाम कसै माथि रिस नगर्ने सन्धर्वमा धेरै प्रख्यात थियो। उनको विनम्रता र सहनशीलताको सबै प्रशंसा गर्थ्ये। एक दिन केहि बदमास मानिसहरुले उनलाई रिस उठाउने निधो गरे। उनीहरुले त्यस कार्यको लागि कुनै दुष्ट व्यक्तिको छनौट गरे र उसले संतलाई रिस उठाउने सकेमा पैसा दिने लालच दिए।

एकनाथ ज्यू भजन गरि रहेका थिए कि त्यो दुष्ट व्यक्ति आयो। उसले देख्यो कि उनी नेत्र बंद गरेर भजनमा लीन छन्। उ उनको कांध माथि चढेर बस्यो। संतले आंखा खोले र मुस्कुराउदै भने बंधु! तपाई जस्तो आत्मीयता दर्शाउने कुनै पनि अतिथि मेरो घर आज सम्म आएको थिएन। म तपाईलाई भोजन नगराकन जान्न दिन्न।

उनले साच्चैमा उसलाई प्रेमपूर्वक भोजन गराए। त्यो व्यक्तिलाई पश्चाताप भयो साथै उसलाई उस्काउने मानिसहरुलाई पनि संतको धैर्यको अनुमान भयो। त्यसैले आफ्नो कार्यलाई अंजाम दिदा पक्का धैर्य राख्नुपर्छ। चाहे जसले जुनसुकै बाधा पुगाउने कोशिश गरोस्, उसको उपेक्षा गर्नु नै ठीक हुन्छ।

यसै संबंधमा एउटा अर्को प्रसंग धेरै नै उपयोगी छ। एक पटक स्वामी दयानंद फर्रुखाबाद गए। त्यहा गंगा तटमा उनले आफ्नो आसन जमाए। नजिकको झोपडीमा एउटा साधु बस्ने गर्थ्यो। स्वामी जीलाई त्यहा आएको देखेर उसलाई ईर्ष्या भयो र उ त्यहा आएर उनलाई गाली गर्न थाले। तर स्वामी जी उसको उपेक्षा गर्थ्ये।

एक दिन स्वामी जीको भक्तले उनलाई फलहरुको टोकरी अर्पित गरे। स्वामी जीले त्यसबाट केहि राम्रो फलहरु निकाले र त्यसलाई कुनै शिष्यद्वारा त्यस साधुलाई दिनको लागि भने। शिष्यले फल लिएर त्यस साधु कहा पुग्यो।

उसले स्वामी जीको नाम के लिएको थियो त्यो साधु कराउन थाल्यो। उसले भन्यो कि तिमीले बिहान–बिहानै कुन पाखंडीको नाम लियौ। आज मलाई भोजन प्राप्त हुन्छ वा हुदैन्, त्यसमा पनि शंका नै छ। जाऊ, यी फलहरु अरु कसैलाई दिनको लागि भनेका होला।

त्यो शिष्य स्वामी जी कहा फिर्ता आयो र उनलाई सबै कुरा सुनाए। स्वामी जी उसलाई फेरी पठाउदै भने जाऊ, उनलाई भन्नु कि उनले जुन म माथि प्रतिदिन अमृतवर्षा गर्छन् त्यसमा उनको पर्याप्त शक्ति नष्ट हुन्छ। त्यसैले उनी ती फलहरुको रसास्वादन गरुन्, जसबाट उनको शक्ति बनि रहन्छ।

शिष्यले स्वामी जीको संदेश जस्ताको त्यस्तै त्यस साधु कहा पुगायो। यो कुरा सुन्दा मानौं त्यस साधु माथि ठूलो वर्षा भयो। उनलाई धेरै पश्चाताप भयो र उनी आएर स्वामी जीको चरण माथि टाउको टेकेर भने कि क्षमा गर्नुहोस्, म त तपाईलाई साधारण मनुष्य मानेको थिए। तर तपाई देवता निस्कनुभयो। त्यस पछि स्वामी जीले त्यस साधुलाई अंगालो मारे। त्यसैले सफलताको इच्छा राख्ने व्यक्तिहरुले आफ्नो कार्यलाई साध्नको लागि दुर्जनहरुलाई पनि आफ्नो बर्तावले जित्ने बानी बसाल्नुपर्छ।

एक चोटी काम आफ्नो गतिमा फिर्ता आए पछि तपाईको आत्मविश्वास बढ्छ र तपाईले नोक्सान पुगाउने व्यक्तिलाई उचित जवाफ दिने सक्ने स्थितिमा आउनुहुनेछ। यस्तो हालतमा जवाफ दिर्नाले अगाडि रहेको व्यक्तिलाई दोहरो मार पर्छ। पहिलो कुरा यो छ कि उ तपाईलाई नोक्सान पुगाउने कोशिशमा असफल हुदा आफैमा अल्झेको हुन्छ र दोस्रो कुरा तपाईको जवाफ उसको लागि जलेको माथि नून छरेको समान हुनेछ।

यस्तो स्थितिमा सामान्यतः यो कुरा नै देखिन्छ कि त्यसलाई उ एउटा शिक्षको रुपमा लिन्छ र पछि गएर तपाईलाई नोक्सान पुगाउने कार्य गर्दैन्। किनकि उसलाई तपाईको धैर्य क्षमताको बारेमा थाहा हुन्छ। उसलाई थाहा हुन्छ कि उसको तुच्छ प्रयास व्यर्थ नै जानेछ। यसबाट जाहिर छ कि सफलताको इच्छा राख्ने मानिसहरुले आफू भित्र यस किसिमको धेरै नै उपयोगी गुण अर्थात धैर्यतालाई विकसित गर्ने प्रयास गर्नुपर्छ।

धैर्यको तहत नै संयमको अभ्यासलाई पनि शमावेश गर्नुपर्छ। संयमबाट ठू–ठूला काम सफल हुन्छ। त्यसैले सफलताको इच्छा राख्ने व्यक्तिले संयमको अभ्यास गर्नुपर्छ। संयम कति हुनुपर्छ, यसलाई एउटा प्रसंगको माध्यमबाट बुझ्न सकिन्छ।

महाभारत लेख्नको लागि व्यासजीलाई कुनै व्यक्तिको खोज भयो। यसको लागि उनले गणेश जीलाई छाने। कार्य प्रारंभ भयो। व्यास जी भन्दै र गणेश जी लेख्दै गए। महाभारत पूरा भयो तब व्यास जीले गणेश जीसंग सोधे कि महाभाग! मैले चौबीस लाख शब्द बोलेर तपाईलाई लेखाए तर आश्चर्य छ कि यस बीच तपाईले कुनै पनि शब्द बोल्नु भएन र चुपचाप लेख्नुभयो।

यो सुनेर गणेश जीले उत्तर दिए कि बादरायण! ठूलो काम गर्नको लागि शक्ति चाहिन्छ र शक्तिको आधार हो संयम। संयम नै समस्त सिद्धिहरुको प्रदाता हो। यदि मैले वाणीको संयम नराखेको भए यो ग्रंथ कसरी तैयार हुन्थ्यो।

बहरहाल, पछिल्लो दुबै सूत्रहरुलाई मैनेजमेंट गुरु चाणक्यले अगिल्ला सूत्रको माध्यमबाट अझ विस्तार दिएका छन्। उनी लेख्छन्-

कार्यविपत्तौ दोषान् वर्णयन्ति बालिशाः।

यो सूत्रको तात्पर्य यो हुन्छ कि *मूर्ख मानिसले कार्य-विपत्तिमा दोष वर्णन गर्छ।*

धैर्यवान मानिसको यहि पहिचान हो, यदि उसको कार्य कुनै पनि कारणले पूरा भएको छैन् भने यसको दोषारोपण उ अरु माथि राख्दैन् र कार्यको असफलताको दोज़ न त आफ्नो विपक्षी माथि नै राख्छ र न आफूसंग काम गर्ने व्यक्तिहरु माथि। किनकि यस्तो स्थितिमा काम बन्नुको सट्टा झन बिग्रदै जान्छ।

त्यसैले होशियारी यसैमा छ कि असफलताको पूरा जिम्मेवारी आफू माथि लिदै आफ्नो प्रयत्नहरुको समीक्षा गर्नुपर्छ। यो हेर्नु पर्छ कि आखिर हाम्रो प्रयासमा कहा कुन कमी रहयो कि यो काम पूरा हुन सकेन। यस्तो गर्नाले असफलताको लागि जिम्मेवार उचित कारण आफै अगाडि आउन थाल्छ र त्यसबाट शिक्षा लिएर अगाडिको रणनीति तैयार गर्नुपर्छ।

जब पछि गर्ने कार्यको रणनीति तैयार हुन्छ तब दुईगुणा आत्मविश्वासको साथ फेरि देखि त्यस कामलाई पूरा गर्नमा लाग्नुपर्छ। हो, तर एउटा कुरा अवश्य दिमागमा राख्नुपर्छ कि पहिला जुन गल्तिहरु भएको थियो। ती गल्तिहरु यस पटक नहोस्। यस किसिमको विचार राखेर काम शुरू गर्ने व्यक्तिले सफलता अवश्य प्राप्त गर्छ। सही मायनेमा भन्ने हो भने यस्तै परिस्थितीहरुमा धैर्यताको असली परीक्षा हुन्छ। जुन व्यक्तिमा धैर्य हुन्छ उ

यस्तो गाह्रो परिस्थितीहरुलाई पनि धेरै सूझबूझको साथ झेल्न सक्छ र बिना कुनै कुराको वास्ता गरि आफ्नो काममा लाग्छ। त्यसैले यो गुण धेरै नै आवश्यक छ।

यति कुरा त तय छ कि जसमा धैर्य छ उ सफलताको सीढिहरु चढ्न सक्छ किनकि उ निरंतर धैर्यताको साथ प्रयासरत रहन्छ। उ हिम्मत हार्दैन् बल्कि लगातार परिश्रम गर्छ। हामीले यो भूल्न हुदैन् कि जो दौड्छ उ नै लड्छ। त्यसैले व्यक्तिले साना-तिना असफलताहरुबाट मन सानो गरेर धैर्यता हराउनु हुदैन् किनकि सही मायनेमा भन्ने हो भने यी साना-तिना असफलताहरु हामीलाई शिक्षा दिनको लागि हुन्छ।

जसले यसलाई धैयतापूर्वक खेप्न सक्छ र त्यसबाट शिक्षा लिएर आफ्नो अधिष्ठानमा लगाउछ उ अवश्य नै सफल हुन्छ।

उ जस्तो चाहन्छ त्यस्तै गर्नु उसको लागि बिस्तारै-बिस्तारै बाया हातको खेल बन्न जान्छ। त्यसैले गाह्रो भन्दा गाह्रो परिस्थितीमा पनि धैर्यता हराउनु हुदैन्। यसको सफलतामा धेरै अहम योगदान छ।

13

आलसको त्याग

शास्त्रहरुमा आलसलाई मनुष्यको सबै भन्दा ठूलो दुश्मन बताईएको छ। सही अर्थमा भन्ने हो भने आलसी व्यक्ति कुनै पनि क्षेत्रमा सफल हुन सक्दैन्। यस्ता मानिसहरुको सबै भन्दा ठूलो समस्या यो हुन्छ कि उनीहरु आफ्नो असफलताको लागि आफू जिम्मेवार मान्नुको सट्टा अरुलाई जिम्मेवार मान्छन्। यस्तो मानिसहरु कुनै कामको हुदैन।

सफलता पाउने इच्छा राख्ने व्यक्तिहरुले यो दुर्गुणलाई आफ्नो वरपर पनि आउन दिनु हुदैन्। किनकि आलस एक प्रकारको यस्तो भयानक रोग हो जसले अगाडि बढ्न दिदैन् र अरु धैरै दुर्गुणहरुलाई पनि पैदा गर्छ। आलसी व्यक्तिको संगति पनि धैरै नै खतरनाक मानिन्छ। किनकि संगतिको मानिसको स्वभाव माथि गहिरो असर पर्छ। त्यसैले आलसी मानिसहरुको संगति गर्नु हुदैन्। किनकि आलसी मानिसहरुको संगत पनि आलस्य भरेको हुन्छ र तपाईलाई तपाईको लक्ष्यबाट टाढा गर्दै जान्छ। त्यसैले आलस नामको बीमारी देखि धैरै नै सावधान बस्नुपर्छ।

सफलताको बाटोमा आलस धैरै ठूलो बाधा हो। यो कुरालाई आचार्य चाणक्यले राम्ररी बुझेका थिए। त्यसैले उनले यस माथि धैरै सूत्रहरु दिएका छन्। आलस जस्तो समस्या माथि उनको सबै सूत्रहरु धैरै उपयोगी छन् तर त्यसबाट केहि चुनिंदा सूत्रहरुको माध्यमबाट हामी यो बुझ्ने कोष्ठिाष्ठा गर्नेछौं कि आलसको बानीले कसरी सफलताको बाटोमा बाधा पैदा गर्छ।

आलसको बारेमा आचार्य चाणक्यले एउटा सूत्र दिएका छन्। उनले लेखेका छन्-

आलस्य लब्धमति रक्षितुं न शक्यते।

यो सूत्रको तात्पर्य यो भयो. कि *आलसी, प्राप्त वस्तुको पनि रक्षा गर्न सक्दैन्।*

सबै भन्दा ठूलो कुरा यो छ कि आलसी व्यक्तिलाई केहि प्राप्त हुदैन्। यदि उसले कुनै किसिमको कार्य गर्दैन् भने उसले फल कहा बाट पाउछ। तर यदि कुनै कारणबाट उसलाई कुनै वस्तु प्राप्त हुन्छ भने उसले आलस्यको मारमा परेर त्यसको रक्षा गर्न सक्दैन् र त्यसलाई नष्ट गर्छ।

यसलाई एउटा उदाहरणको माध्यमबाट बुझ्दा ज्यादा सजिलो हुनेछ। मान्नुहोस् कि कुनै किसान आलसी छ। उ सही तरीकाबाट आफ्नो कामलाई अंजाम दिदैन्। समयमा उ आफ्नो खेतमा जादैन्। जसले गर्दा उसको खेतमा खेती राम्रो हुदैन् र उ घाटामा रहन्छ वा भनौं उसको आमदनी हुदैन्। मान्नुहोस् कि कुनै सरकारी योजनाको तहत उसले एउटा जोडा गोरु खेती गर्नको लागि प्राप्त गर्छ। प्रायः किसानहरुले ती गोरुहरुको साहाराबाट आफ्नो खेतीलाई हरा-भरा बनाउछन्। तर जो आलसी हुन्छ उ उल्टो गर्छ। उ गोरुहरुको हेरचाहमा पनि आलसी गर्छ। उसले गोरुहरुलाई समयमा दाना-पानी दिदैन्। जसको असर यो हुन्छ कि भोकको कारण बिस्तारै-बिस्तारै गोरु रोगी हुन थाल्छ। संभव छ कि केहि समय पछि त्यसको मृत्यू पनि हुन सक्छ। यसको मतलब सफा छ कि उसले जुन मौका आफ्नो जीवनलाई बदलिनको लागि पाएको थियो त्यसको उसले सत्यानास गर्‍यो। त्यसैले आलसलाई आफ्नो वरपर पनि आउन दिनु आफ्नो असफलतालाई आफैले

आमंत्रित गर्नुहो। यस बाहेक सफलताको इच्छा राख्ने मानिसहरुले आलसी व्यक्तिको नजिक पनि जानु हुदैन्। यसबाट उ माथि नकारात्मक असर पर्छ।

यसै सूत्रको मूल कुराहरुलाई विस्तार दिदै आचार्य चाणक्यले एउटा अर्को सूत्र दिएका छन्-

न आलसस्य रक्षितं विवर्धतेः।

यो सूत्रको मतलब यो भयो कि *आलसीको रक्षितको बढ़ोतरी हुदैन्।*

मैनेजमेंट गुरु चाणक्यले यो सूत्रको माध्यमबाट यो कुरालाई स्पष्ट गर्न चाहन्छ कि भाग्यले यदि आलसीको संपत्तिको रक्षा हुन्छ भने उसले त्यसको बढ़ोतरी कुनै हालतमा गर्न सक्दैन्। तात्पर्य यो छ कि कुनै आलसी व्यक्तिसंग यदि पूखौली धैरै संपत्ती छ र कुनै कारणले त्यो सम्पत्ती नष्ट भएको छैन् भने यो कुरा तय छ कि त्यो आलसी मानिसले त्यस संपत्तिमा कहिले बढ़ोतरी गर्न सक्दैन्।

किनकि संपत्ति बढाउनको लागि कर्म गर्नुपर्छ वा उसले आफ्नो आलस्य त्याग गरेर काम गर्नुपर्छ। तर सामान्य रुपमा यो पनि हेर्न पाईन्छ कि जसलाई यो आलस्यको बीमारी लाग्छ, यसबाट छुटकारा पाउन धेरै गाह्रो हुन्छ। यस्ता मानिसहरु यो सोचेर बस्छन् कि पूखौली संपत्तिबाट उनीहरुको जीवन त आरामले बिति हाल्छ तर यो पनि उति नै सत्य छ कि एक पटक समय खराब भयो भने संपत्ति नष्ट हुनमा धेरै बेर लाग्दैन्।

त्यसैले यो धेरै नै आवश्यक छ कि आलस्यको आश्रय लिनुहुदैन्। यदि यो अलि मात्रामा पनि तपाईको भित्र रहेको छ भने त्यसको छिटो भन्दा छिटो त्याग गर्नुहोस्। किनकि यसले तपाईलाई कहिले छोड्दैन्। आलस्यको परित्याग गरेर यदि सफलताको बाटोमा बढ्न सकियो भने सफल हुने कुरा तय छ। त्यहि यदि आलसी व्यक्तिले कुनै ठूलो लक्ष्यको साथमा कुनै काम शुरू गर्छ भने उसको असफलता निश्चित छ। किनकि जुन आत्मविश्वास र गतिको साथ उ कामलाई शुरू गर्छ त्यो गति समयको साथ यथावत रहदैन्।

एक पटक कार्य शुरू गरे पछि बीचमा आलस्य गर्नाले दोहरो नोक्सान हुन्छ। यसै कुरालाई स्पष्ट गर्नको लागि मैनेजमेंट गुरु चाणक्यले सूत्र दिएका छन्-

कार्यान्तरे दीर्घसूत्रता न कर्तव्या।

यो सूत्रको मतलब यो भयो कि *कार्यको बीचमा आलस्य गर्नु हुदैन्।*

पहिलो कुरा, आलस गर्नु राम्रो बानी होईन्। तर यदि तपाईले कुनै काम शुरू गर्नु भएको छ भने त्यसलाई कुनै हालतमा पूरा गरेर नै दम लिनुपर्छ। कार्यको बीचमा आलस गर्नाले दोहरो नोक्सान हुन्छ। जब तपाईले कार्य शुरू गर्नुहुन्छ तब त्यो कुरा धेरै मानिसहरुको जानकारीमा आउछ र तपाईको साथमा रहेका धेरै मानिसहरुले पनि यस कार्यको बारेमा थाहा पाउछन्। यस्तो अवस्थामा यदि तपाईको काम पूरा हुदैन् र उनीहरुलाई यो थाहा हुन्छ कि काम पूरा नहुनुको कारण तपाईको आलसीपन हो, यसको असर तपाईको यश माथि नराम्रो संग पर्छ।

त्यसैले सफलताको इच्छा राख्ने व्यक्तिले तय गरिएको समयमा कार्य पूरा गर्ने प्रयासमा पूरा जोर लगाउनुपर्छ। किनकि यस्तो नगरिकन कार्य समयमा पूरा हुदैन् र तपाई सफलता पाउन सक्नुहुन्न। जबकि जो व्यक्ति चौकस रहेर सजगताको साथ आलस्यको चक्करमा नपरिकन आफ्नो काममा लागिरहन्छ

उसलाई सफलता निश्चित रुपमा प्राप्त हुन्छ र उसको गन्ति सफल व्यक्तिहरुमा हुन्छ।

एक पटक कार्य शुरू भए पछि त्यसमा जसरी अर्जुनलाई माछाको आँखा मात्र देखिन्थ्यो त्यसरी व्यक्तिले आफ्नो लक्ष्य हेर्नुपर्छ। आलसको कारण नै यता-उता भौतारिनु ठीक हुदैन्। यो भटकाव पूरा जीवनलाई भताभुंग पारि दिन्छ। त्यसैले आलस्यलाई त्यागेर पूरा मनोयोगबाट आफ्नो कार्यलाई समयमा पूरा गर्नु नै सफल व्यक्तिको पहिचान हो।

मैनेजमेंट गुरु चाणक्यले आलसीको सही स्थितिको वर्णन गर्दै एउटा उपयोगी र षिाक्षा दिने खालको सूत्र दिएका छन्। आचार्य चाणक्यले लेखेका छन्-

नास्त्यलसस्यैहकायुष्मिकम्।

यो सूत्रको तात्पर्य यो छ कि *आलसीको वर्तमान र भविष्य हुदैन्।*

यो कुरा पनि बिल्कुलै सही छ कि आलसीको वर्तमान र भविष्य हुदैन्। किनकि उ वर्तमानलाई भोली-भोली भने टालिरहुन्छ वा काटिरहुन्छ। सही मायनेमा यस्तो गरेर उसले समय मात्र काटि रहेको हुदैन् बल्कि आफ्नो जीवनको अमूल्य क्षणलाई गुमाई रहेको हुन्छ तर उसको भोली कहिले आउदैन्। किनकि भोली त कहिले हुदैन्।

जबकि सफलताको इच्छा राख्ने व्यक्तिहरुले यसको बिल्कुलै उल्टो विचार राख्छन्। उनीहरु *कल करे सो आज कर* र *आज करे सो अब* को पालना गर्छन्। यस्ता मानिसहरुले हरेक कार्यलाई आज नै र अहिले नै संपन्न गर्ने बारेमा सोच्छन्। सही मायनेमा भन्ने हो भने आजको सफलता नै सुनौलो भविष्यको निर्माण गर्छ र आउने भोलीलाई राम्रो बनाउछ।

यो सत्यतालाई आलसी मानिसले जानेका हुदैनन्। यदि कसैले उसलाई यो कुराको ज्ञान पनि दिन्छ भने उ त्यस कुराको पालना गर्दैन्। उसको टाउको माथि त आलस्यको भूत सवार हुन्छ। उ आलस्यको अगाडि अरु कुनै चीजहरुलाई महत्व नै दिदैन्। सही मायनेमा भन्ने हो भने आलसी व्यक्तिले आफ्नो वर्तमानको साथ-साथै आफ्नो भविष्यलाई पनि नष्ट गर्छ जसको जिम्मेवार आफूलाई नमानिकन अरुलाई मान्दछ। तर यो कुराको पनि उसले स्वीकार गर्दैन् र आफ्नो बर्बादीको दोष पनि अरु माथि नै राख्न चाहन्छ।

जसले आलस्य त्यागेर परिश्रमको बलमा आफ्नो वर्तमानको बलियो बनाउछ उसको भविष्य राम्रो बन्ने कुरा सय प्रतिशत पक्का छ किनकि आखिरकार कर्मबाट फल प्राप्त हुन्छ। यदि कोहि हात माथि हात राखेर बस्छ र फलको आश गर्छ भने त्यो आशा कहिले पूरा हुदैन्। केहि पाउनको लागि केहि गुमाउनुपर्छ। त्यसैले यदि सही मायनेमा कुनै सफल हुने इच्छा राख्छ भने उसले आफ्नो दुर्गुणहरुको त्याग गर्नुपर्छ। जीवनको एउटा ठूलो दुर्गुण हो आलस्य। जसले यसको त्याग गर्‍यो, उ चाहे कुनै पनि क्षेत्रमा होस्, अवश्य सफल हुन्छ। यस किसिमका उदाहरणहरुले पुस्तकहरु त

भरीभराव छ। तपाईले पनि आफ्नो वर-परमा यस किसिमका सयौं उदाहरणहरु सजिलैसंग पाउनु सक्नुहुन्छ। ●

14

व्यसनको त्याग

प्राय: असफल मानिसहरु कतैनकतै व्यसनी पनि हुन्छन्। अर्थात उनमा कुनै न कुनै व्यसन हुन्छ। त्यहि अर्कातिर यो कुरा पनि स्पष्ट रुपमा अगाडि आएको छ कि जो सफल हुन्छ उ व्यसनहरु देखि टाढा रहन्छ। वास्तवमा, भनाई पनि छ कि व्यसन बनेको कामलाई पनि बिग्रार्ने गर्छ। त्यहि जो व्यक्ति यसको गुलाम हुदैन् उसले गाह्रो भन्दा गाह्रो परिस्थितीहरुलाई पनि आफ्नो पक्ष तिर मोड्न सक्छ र सफलताको रथमा सवार हुन्छ।

त्यसैले अहम कुरा यो छ कि जीवनको कुनै पनि क्षेत्रमा सफलता इच्छा राख्ने व्यक्तिले व्यसनको त्याग गर्नुपर्छ। किनकि व्यसनको जालमा पर्नु भनेको आफ्नो असफलतालाई आफैले आमंत्रित गर्नुहो। यस बाहेक व्यसनबाट अरु पनि धेरै नोक्सानहरु छन्। जो व्यक्ति व्यसनी हुन्छ उसको निजी जीवन पनि धेरै दुखद हुन्छ। उसको घर-परिवारमा न त उसलाई कसैले विश्वास गर्छ र न कसैले उसको सम्मान गर्छ। उ आफ्नो घरमा पनि अपमान र तिरस्कारको नै पात्र बनि रहन्छ।

यस बाहेक व्यसन स्वास्थ्यको हिसाबबाट पनि धेरै नै खतरनाक छ। व्यसन गर्ने व्यक्तिको स्वास्थ्य सधै खराब रहन्छ। भनाई पनि छ कि स्वास्थ्य नै धन हो। यदि कसैको स्वास्थ्य अक्सर खराब रहन्छ भने उसले आफ्नो चाहाना अनुरुप परिणाम पाउन सक्दैन्। जाहिर छ कि यसबाट उसको सफल हुने इच्छा माथि ग्रहण लाग्छ। जसले पनि संसारमा सफल भएर नाम कमाउने इच्छा राखेको छ, उ कुनै हालतमा व्यसनहरुको अधिन हुनु हुदैन्। व्यसन त आफैमा एउटा दुर्गण छ साथै यसले मानिसहरु भित्र अरु पनि धेरै किसिमका दुर्गणहरु पैदा गर्ने काम गर्छ। यो कुरालाई वर्धमान महावीरको जीवनसंग जोडिएको एउटा प्रसंगको साहाराबाट बुझ्न सकिन्छ।

वर्धमान महावीरसंग उनका एउटा शिष्यले प्रश्न गर्छ कि गुरुदेव मनुष्यको अध:पतनको के कारण छ र त्यसबाट आफ्नो मुक्तिको लागि के गर्नुपर्छ?

यो प्रश्नको जवाफमा महावीरले बताए, यदि कुनै कमंडलु भारेको छ र त्यसमा पानी पनि अधिक मात्रामा राखिएको छ भने के त्यो खाली अवस्थामा नदीमा छोड्दा डूब्छ त?

त्यो शिष्यले जवाफ दियो, कदापि डुब्दैन्।

यस माथि महावीरले बताए कि यदि त्यसको दाया तिर कुनै छिद्र छ भने के त्यस अवस्थामा पनि त्यो माथि आउछ?

यो कुराको जवाफमा शिष्यले भने, होईन त्यो डूब्छ।

तब भगवान महावीरले भने, यदि छिद्र बाया तिर छ भने के त्यो डूब्छ?

यो प्रश्नको जवाफमा शिष्यले भने कि छिद्र बाया र होस् वा दाया तिर, छिद्र जता सुकै होस्, पानी त्यसमा प्रवेश गर्छ नै र अंततः त्यो डूग्छ नै।

यो सुनेर महावीरले भने, बस यो जान कि मानव जीवन पनि कमंडलुको नै समान छ। त्यसमा यदि कुनै दुर्गुणरूपी छिद्र छ भने यो पक्का छ कि त्यसको नाश हुन्छ। क्रोध, लोभ, मोह, मत्सर, अहंकार जस्ता सबै दुर्गुणहरु मनुष्यलाई डुबाउने कारणहरु हुन्। त्यसैले हामीले सधै यो कुराको ख्याल राख्नुपर्छ कि हाम्रो जीवनरूपी कमंडलुमा कुनै दुर्गुणरूपी छिद्र नलागोस्। यदि हामीले समय रहदा नै त्यसलाई हुन दिएनौं भने हाम्रो जीवन निष्कंटक हुनेछ र हामीलाई हरेक चीज सुलभतासंग प्राप्त हुनेछ। यसबाट सफा हुन जान्छ कि कुनै प्रकारको व्यसन र त्यसबाट पैदा हुने खालका दुर्गुणहरुले मानिसलाई बर्वाद गर्ने क्षमता राख्दछ। त्यसैले सफलताको इच्छा राख्ने मानिसले स्वाभाविक रुपमा व्यसनलाई आफ्नो नजिक पनि आउन दिनु हुदैन्।

बहरहाल, व्यसनहरुबाट हुने खानका नोक्सानलाई मैनेजमेंट गुरु चाणक्यले राम्ररी बुझेका थिए। त्यसैले उनले व्यसनहरुबाट हुने खालका नोक्सानहरुबाट अवगत गराउदै धेरै सूत्रहरु दिएका छन्। ती सूत्रहरुको साहयताबाट हामी यहा व्यसनंहरुबाट हुने खालका नोक्सान र कसरी यसले सफलताको बाटोको लागि ठूलो बाधा हो, यो बुझ्ने कोशिश गर्नेछौं।

आचार्य चाणक्यले एक धेरै नै अहम सूत्र दिएका छन्-

नव्यसनपरस्य कार्यावाप्तिः।

यो सूत्रको तात्पर्य यो छ कि *व्यसनासक्तलाई कार्यको प्राप्ति हुदैन्।*

यो कुरा जगजाहिर छ कि व्यसनहरु अर्थात नराम्रो बानीमा डूबेको व्यक्तिले कुनै कार्यलाई राम्ररी पूरा गर्न सक्दैन्। यसको पछाडि सबै भन्दा

ठूलो कारण यो छ कि व्यसनी व्यक्तिमा उत्साह, लगन र आफू माथि विश्वासको अभाव हुन्छ। यो कुरा अनुभव गरिएको छ कि जो पनि व्यक्ति व्यसनी हुन्छ उसको इच्छाशक्ति कमजोर हुन थाल्छ। उसको मनमा कुनै ठूलो कार्य गर्ने इच्छा नै आउदैन्।

यदि कुनै कारणले व्यसनी मानिसको मनमा कुनै ठूलो कार्य गर्ने इच्छा आई हाले पनि उ यसरी व्यसनासक्त हुन्छ कि मानौं उसले त्यो काम कुनै पनि हालतमा पूरा गर्न सक्दैन्। सही मायनेमा उ व्यसनको दास हुन जान्छ। उसको लागि व्यसन गर्नु नै सबै भन्दा ठूलो प्राथमिकता हुन्छ। त्यसैले यस्तो मानिसले हातमा काम लिएता पनि स्वाभाविक रुपमा त्यसलाई पूरा गर्न पाउदैन्। सफलताको इच्छा राख्ने मानिसहरुले आफैलाई व्यसन भन्दा टाढा राख्नुको साथै व्यसनी मानिसहरुको संगतबाट पनि बच्नु पर्छ। किनकि यस्तो मानिसले आफ्नो काम त सही सरह पूरा गर्दैन् बल्कि अरुको कामलाई पनि बिग्रार्ने गर्छ।

व्यसनको कारणबाट नै मानिसमा स्वाभाविक रुपमा लोभ पैदा हुन्छ र त्यो लोभले धेरै नोक्सान गर्छ। लोभको कारणबाट बनि सकेको काम पनि खराब हुन जान्छ, यो कुरालाई बुझ्नको लागि एउटा प्रसंगको सहायता लिनसकिन्छ।

मिस्र देशमा जुन्नून नामक एउटा महात्मा रहेका छन्। उनसंग प्रख्यात मुसलमान संत यूसुफ हुसैन धर्मको दीक्षा लिन गए। तब महात्मा जुन्नूनले उनलाई एउटा सानो बक्स दिदै भने कि मेरो एउटा मित्र केहि टाढा नील नदीको किनारा बस्छ। यो बक्सलाई धेरै सावधानीसंग लगेर उसलाई दिनु र आएर दीक्षा लिनु।

बाटोमा यूसुफ हुसैनले सोचे, बक्समा ताला लगाईएको छैन् यसलाई खोलेर हेर्नु पर्ला र कौतूहलवश उनले बक्सको बिर्को खोले र त्यसबाट एउटा मूसा निस्केर भाग्यो। त्यो बक्समा मूसाको अतिरिक्त अरु केहि पनि थिएन।

अब यूसुफ हुसैनलाई धेरै पछुतो भयो कि उनले व्यर्थमा नै बिर्को खोलेछन्। तर अब पछुतो मानेर पनि केहि लाभ हुने वाला छैन्। आखिर उनले त्यो खाली बक्स नै महात्मा जुन्नूनको संत मित्रलाई दिए।

बक्स खोल्दा जब ती संत मित्रले त्यसमा केहि पनि देखेनन् तब उनले भने कि महात्मा जुन्नून तिमीलाई दीक्षा दिनेछैन्। किनकि तिमीमा संयम छैन्। उनले यो बक्समा अवश्य केहि न केहि पठाएका होलान्। साचो-साचो बताऊ यसमा उनले कुन वस्तु पठाएका थिए।

यति सुने पछि यूसुफले सही-सही कुरा बताएर माफी मागे। ती संत मित्रले महात्मा जुन्नूनसंग माफी माग्नको लागि भने।

हताश यूसुफ हुसैन महात्मा जुन्नून कहा गए र उनले सबै वृत्तांत बताकर उनीसंग क्षमा मागे।

यो कुरामा जुन्नूनले बताए कि युसूफ अहिले तिमी परम ज्ञानको अधिकारी हुदैन्। मैले तिमीलाई एउटा मूसा पुगाउने जिम्मा दिएको थिए। त्यो पनि तिमीले राम्ररी गरेनौ। अनि कसरी तिमी धर्म-ज्ञान जस्तो अमूल्य निधिलाई सुरक्षित राख्न सक्नेछौ? त्यसको लागि तिमीमा अतीव संयमको आवश्यक्ता छ। जाऊ, आफ्नो चित्तलाई वशमा गर्ने अभ्यास गर र पुनः आउनु किनकि संयमको बिना जुन उद्देश्यलाई पूरा गर्न तिमी आएका छौ त्यो पूरा हुन' सक्दैन्।

त्यस पछि यूसुफ हुसैन आफ्नो निवास स्थान तिर फिर्ता लागे र आत्मसंयमको अभ्यास गर्ने थाले। धेरै वर्ष पछि उनी पूर्ण आत्मविश्वासको साथ पुनः महात्म जुन्नून कहा गए र त्यस पटक उनको मनोरथ पूरा भयो।

यसबाट सफा हुन्छ कि व्यसनबाट पैदा हुने खालको लोभ कुन प्रकारले नोक्सान पुगाउन सक्छ। यदि यूसुफले लोभ नगरेको भए जुन कामलाई पूरा गर्नमा उनले वर्षको समय लगाए त्यो तत्कालमा पूरा हुन सक्थ्यो। त्यसैले सधै यो कुराको ख्याल राख्नुपर्छ कि लोभबाट या त कार्य बिल्कुलै नष्ट हुन्छ वा फेरि नयाँ तरीकाबाट फेरी त्यसलाई पूरा गर्नुपर्छ।

व्यसन पनि धेरै किसिमको हुन्छ। यसो त सबै व्यसन खतरनाक छन् तर केहि धेरै नै खतरनाक छन्। त्यस मध्ये एक छ जुवा खेल्नु। आजकालको नयाँ संस्कृतिमा जुवा खेल्ने प्रवृति नयाँ-नयाँ अनुहारको साथमा बढि रहेको छ। आचार्य चाणक्यले यसबाट हुने खालका नोक्सानलाई राम्ररी बुझेका थिए। यही कारण हो उनले यसबाट हुने खालको नोक्सानको बारेमा एउटा सूत्र दिएका छन्।

उनले लेखेका छन्-

नास्ति कार्य द्यूतप्रवर्तस्य।

यो सूत्रको मतलब यो छ कि *द्यूतासक्तको कुनै कार्य हुदैन्।*

द्यूतकर्मलाई नै जुआ खेल्नु पनि भनिन्छ। मैनेजमेंट गुरु चाणक्यले जुआ खेल्दा आईपर्ने नोक्सानलाई यस सूत्रको माध्यमबाट व्यक्त गरि रहेका छन्। सही मायनेमा भन्ने हो भने जुवारीसंग जुवा खेल्ने बाहेक अरु कुनै कार्य हुदैन्।

उ जुआ खेल्ने चक्करमा आफ्नो र अरुको आवश्यक कार्यहरुलाई सत्यानाश गर्छ।

प्राय: यस्तो भएको पनि पाईन्छ कि जुन घरमा जुवारी छ त्यो घरको नाश छिटो नै हुन्छ। जुवारी व्यक्तिको हातमा यदि सत्ता छ भने उसले त्यो सत्तालाई पनि आफैले तहस-नहस गरिदिन्छ। त्यसैले यो नराम्रो बानीलाई आफ्नो नजिक पनि आउन दिनु हुदैन्। यसले असफलतालाई आफै नै आमंत्रित गर्छ।

सफलताको इच्छा राख्ने मानिसले जुआ जस्तो दुष्प्रवृत्तिबाट धेरै टाढा बस्नुपर्छ। यस बाहेक जुन व्यक्तिमा यो दुर्गुण छ उसंग मित्रता पनि गर्नु हुदैन्। किनकि यस्तो व्यक्तिले तपाईलाई कुनै फाईदा त पुगाउदैन् बल्कि तपाईको नोक्सान नै गर्छ। जाहिर छ कि यसबाट तपाईको उद्देश्य माथि नकारात्मक असर पर्नेछ किनकि जुवारीहरुको त कुनै सार्थक उद्देश्य पनि हुदैन्।

व्यसनी मानिसहरुको पहिचान कारी गर्न सकिन्छ? यो एउटा धेरै नै अहम प्रष्ठन हो। हालांकि, यो गर्न पाउनु त्यति सजिलो पनि छैन्। तर त्यस्तो पनि छैन् कि यो असंभव छ। यस्तो गर्न सकिन्छ। यसको लागि ज्ञान र अनुभवको सहारा लिनसकिन्छ। समयको साथमा मानिसमा यस्ता मानिसहरुको पहिचान गर्ने क्षमता आउछ। यस बारेमा भगवान बुद्धको जीवनको एउटा प्रसंग प्रेरणा दिले खालको छ।

एक पटक भगवान बुद्ध कोंडिया नगरमा भ्रमण गरि हरेका थिए। एउटा दिन भिक्षु संगाम जीले प्रश्न गरे कि भगवन! संसारको प्रमोदमा रहेका मानिसहरुको कसरी पहिचान गर्न सकिन्छ?

यो प्रश्नको कुनै जवाफ भगवान बुद्धले त्यस समयउ त दिएनन् र उनी कुनै अर्को विषय माथि चर्चा गरि रहे।

अर्को दिन उनलाई कोलियपुत्री सुप्पवासा कहा भोजको निमंत्रण प्राप्त भयो। सुप्पवासा सात वर्ष सम्म गर्भ धारण गर्ने कष्ट भोगेकी थिईन् र बुद्धदेवको कृपाले उसलाई यस कष्टबाट छुटकारा प्राप्त भएको थियो। यसै उपलक्ष्यमा उसले श्रद्धावश भिक्षु संघलाई भोजको निमंत्रण दिएकी थिईन्। भोजन गर्दा उनले तथागत हेरे कि सुप्पवासाको पतिले नवजात शिशुलाई बोकेर उन नजिक उभिएको छ।

उनले हेरे कि बालक सात वर्ष सम्म गर्भमा रहनाले विकसित तथा सुंदर पनि थियो। उसको क्रीड़ा गर्ने गतिविधीहरु धेरै नै मनमोहक थियो। उ आफ्नो माताको जानको लागि पटक-पटक फर्कि रहेको थियो।

यो देखेर बुद्धदेवले मुस्काउदै प्रश्न गरे कि छोरा! यदि तिमीले यस्तै पुत्र पायौ भने तिमीले यस्तो कति पुत्रहरुको कामना गर्नेछौ?

त्यस कुरा माथि सुप्पवासाले उत्तर दिए कि भगवन! मसंग यस्ता सातवटा पुत्र भए पनि म दुखी हुदिन्।

संगाम जी तथागत उनको संगै बसेका थिए। उनी आश्चर्य भए, हिजो सम्म जो प्रसवको पीडाबाट नराम्रो सरह व्याकुल थियो, आज उ एउटा होईन्, सात-सातवटा पुत्रहरुको कामना गरि रहेका छ। बुद्धदेव उनको मनको कुरा बुझि सकेका थिए र बोले कि तिम्रो हिजोको प्रश्नको यो नै उत्तर हो।

यसबाट यो शिक्षा प्राप्त हुन्छ कि पुराना कष्टहरु र अनुभवहरुको उपेक्षा गरेर मोहवश कुनै चीजको कामना गर्नु पनि एउटा किसिमको व्यसन नै हो र आखिरकार यसबाट नोक्सान नै हुन्छ। त्यसैले यो दुष्प्रवृत्तिलाई आफू भित्रबाट बाहिर गर्नुपर्छ। सफलता पाउने इच्छा भएका मानिसले यस्तो कतापी गर्नु हुदैन्। किनकि यसको चक्करमा आउनु भनेको सीधा आफ्नो असफलतालाई आफैले आमंत्रित गर्नुहो।

काम वासना पनि एक किसिमको व्यसन नै हो। मानिसको जीवनमा कुनै काम एक हद सम्म रहयो भने राम्रो हुन्छ तर यदि त्यसले त्यो हदलाई जब पार गर्छ तब कुनै पनि काम ठीक सरह हुन पाउदैन्। यो कुरालाई पनि आचार्य चाणक्यले धेरै पहिला बुझेका थिए। यही कारण हो कि उनले यस बारेमा एउटा धेरै नै उपयोगी सूत्र दिएका छन्।

उनले लेखेका छन्-

न कामासक्तस्य कार्यनुष्ठाम्।

यो सूत्रको तात्पर्य यो छ कि *कामासक्त व्यक्तिले कुनै कार्य गर्न सक्दैन्।*

यो कुरा बिल्कुलै सही हो कि कामसक्तको चिंतनमा रहने व्यक्तिले नै कुनै कार्यलाई पूरा मेहिनत र ईमानदारीसंग गर्न सक्दैन्। त्यसैले यस्ता व्यक्तियहरुलाई कुनै पनि महत्वपूर्ण कार्य दिनु हुदैन्। यदि त्यो दिईन्छ भने उसमा यो कुराको ज्ञान हुनु पर्छ कि यो काम त पूरा हुन धेरै गाह्रो छ।

धर्म, अर्थ, काम र मोक्षलाई जीवनको चार अहम तत्व मानिएको छ। यसमा कामको आफै एक विशेष भूमिका, जसलाई कसैले इन्कार गर्न सक्दैन् तर आजकाल जुन किसिमको अवस्था बाजारवादी ताकतहरुद्वारा बनि सकेको छ त्यसको सबैतिर कामलाई प्रधानता बताईएको छ। सबैतिर संक्सको बोलबाला बढेको छ। हरेक चीजलाई सेक्सी बताउने गल्तिको होड देखिन्छ। त्यसैले यसबाट सावधान रहनुपर्छ।

सफलता पाउने इच्छा भएका व्यक्तिहरुले यसबाट सावधान बस्नुपर्छ। किनकि काम एउटा यस्तो व्यसन हो जसबाट बच्नु अपेक्षाकृत सजिलो छैन्। मानिसको सहज प्रकृति यस्तो छ कि उ बेला-कुबेला कामातुर हुन्छ। तर सही मायनेमा सफल त्ये नै हुन्छ जसले यो भावना माथि काबू राखेको हुन्छ। यसको सबै भन्दा राम्रो उपाय हो, आफ्नो लक्ष्यलाई माथि राख्नु। जब लक्ष्य माथि हुन्छ तब तपाईको सोचको स्तर पनि माथि नै हुनेछ। त्यस हिसाबले तपाईको विचार बन्नेछन् र त्यसै हिसाबबाट तपाईको कर्म हुनेछ।

त्यसैले लक्ष्यलाई माथि राखेर कामातुर हुनबाट धेरै हद सम्म बच्न सकिन्छ। सफलताको चाहना राख्ने मानिसले यस किसिमको नराम्रो बानीबाट कुनै पनि हालतमा बच्नु पर्छ। एउटा अर्को कुराको पनि विशेष रुपमा ख्याल राख्नुपर्छ, यदि कुनै व्यक्तिको बारेमा यो थाहा हुन्छ कि त्यो कामासक्त छ भने उसलाई कुनै पनि महत्वपूर्ण कार्य दिनुहुदैन्। यस्तो मानिसले कुनै पनि कार्यलाई पूरा गर्नमा मन लगाउन पउदैन्। यति हुदाहुदै यदि तपाई यस्ता मानिसहरु माथि विश्वास गर्नुहुन्छ भने तपाईको नोक्सान तय छ।

कसरी व्यसनी मानिसको जीवनमा नोक्सान पुग्छ र उसलाई आफ्नो लक्ष्य सम्म पुग्न दिदैन्, यस कुरालाई बताउनको लागि आचार्य चाणक्यले एउटा सूत्र दिएका छन्। उनले लेखेका छन्-

व्यसनार्तो विरमत्यप्रवेशन।

यो सूत्रको तात्पर्य यो छ कि *व्यसनासक्त मानिस लक्ष्यमा नपुगिकन नै रोकिन्छ।*

यो कुरा सोलह आना सत्य हो कि व्यसनको कैदमा जो छ, उ आफ्नो लक्ष्य सम्म पुग्नु भन्दा पहिला नै रोकिन्छ। किनकि बुराईहरुमा डूबेको व्यक्तिले आफ्नो कर्तव्यहरुलाई भूलेका हुन्छ। उसले भूलेको हुन्छ कि उसले के गर्नु थियो र उ के गरि रहेको छ। उसको सही र गलतको फरक गर्ने क्षमता हराएको हुन्छ। त्यसैले यस्तो व्यक्तिलाई आफ्नो लक्ष्यको ख्याल रहदैन्।

व्यसनको चंगुलमा फसेका मानिसले कुनै पनि कार्यलाई पूरा गर्न सक्दैन्। जाहिर छ कि जब उ कुनै पनि कार्यलाई पूरा नै गर्न सक्दैन् भने उसले कुनै आमदानी हुदैन्। जब आमदनी हुदैन् तब जीवन दोष बन्छ। आधारभूत आवश्यक्ताहरुलाई पूरा गर्नको लागि पनि यस्तो मानिससंग पैसा हुदैन्। अर्कातिर उ हरेक हालतमा आफ्नो व्यसनलाई पूरा गर्नु चाहन्छ।

यस किसिमको मानिसहरु यस्तो हालतमा गलत बाटोमा लाग्छन्। धेरै पटक व्यसन गर्ने व्यक्ति अपराधको बाटोमा लाग्छन् किनकि उसको सोच-विचार

गर्ने शक्ति लगभग समाप्त भई सकेको हुन्छ। उसले के गर्नुपर्छ र के गर्नु हुदैन्, यो कुराको निर्णय लिने मानसिक अवस्थामा हुदैन् र गलत बाटोमा हिड्न थाल्छ। जसको कारण उसको पूरा जीवन नै बर्बाद हुन्छ।

यस्ता मानिसहरु आफ्नो त नोक्सान गर्छन् नै साथ साथै अरुको पनि नोक्सान गर्ने गर्छन्। त्यसैले यस्ता मानिसहरुबाट बचेर बस्नुपर्छ। जसले सफलता चाहन्छ, उनले कुनै पनि हालतमा यस्ता मानिसहरुसंग संगत गर्नुहुदैन्। किनकि यस्ता मानिसहरुले कुनै किसिमको फाईदा त पुगाउदैन् तर नोक्सान अवश्य पुगाएको हुन्छ, यो कुराको पक्का गारंटी छ। यस्ता मानिसहरुको संपर्कमा आउनुको स्पष्ट मतलब हुन्छ कि तपाई आफैले आफ्नो असफलतालाई आमंत्रित गर्दै हुनुहुन्छ। ●

15

मीठा वचन

यो कुरा त जगजाहिर छ कि बिग्रेको कामलाई पनि मिठा वचनहरुबाट ठिक बनाउन सकिन्छ। त्यहि यदि कुनै काम बनेको छ भने त्यसलाई कटु वचनले बिग्रार्न गर्छ। भनाई पनि छ कि यस्तो वाणी बोल्नुहोस् जुन आफूलाई त राम्रो लाग्नु साथै अरुलाई पनि राम्रो लागोस्। सही मायनेमा भन्ने हो भने मिठा वचनहरुले ठू-ठूला युद्वहरु जितिईएको छ र जित्न सकिन्छ।

त्यसैले सफलताको इच्छा राख्ने व्यक्तिहरुले मिठो वचन बाल्ने बानी बसाल्नु पर्छ। धेरै मानिसहरुमा यो गुण संस्कारगत हुन्छ। तर यस्तो पनि छैन् कि यसलाई विकसित गर्न सकिदैन्। अभ्यासबाट सबै काम सजिलो हुन्छ। यो बानीलाई विकसित गर्नको लागि आवश्यक छ, आफ्नो विचार स्तर माथि स्पष्ट हुनु। जब तपाई विचारको स्तर माथि स्पष्ट हुनुहुनेछ तब तपाईलाई बोल्दा समय शब्दहरुको चयनमा कुनै समस्या हुदैन्। हो, यो कुराको सधै ख्याल राख्नुहोस् कि कुनै यस्तो शब्द गलतीले पनि नबोलियोस् जबाट अरुलाई नराम्रो असर पर्छ।

मीठा वचनहरुको हजार फाईदाहरु छन्। पहिलो, तपाईको बोलीको कारण नै तपाईको काम बन्दैजान्छ। यस बाहेक तपाईले मिठा वचनको माध्यमबाट मानिसहरुसंग राम्रो संबंध तैयार गर्न सक्नुहुन्छ। मानिसहरु तपाईको बोलीबाट तपाईको व्यक्तित्वको परख गर्नेछन्। जब तपाईको बोली मीठो हुन्छ तब उनीहरुले थाहा पाउनेछन् यो व्यक्ति पनि राम्रो हुनुपर्छ। यसको दोहरो फाईदा हुन्छ। पहिलो, तपाईको तुरंत काम बन्छ र त्यो व्यक्ति तपाईको प्रशंसक हुन्छ। त्यस पछि भविष्यमा कुनै बेला पनि तपाईलाई त्यस व्यक्तिको आवश्यक्ता पर्दा उ तपाईको लागि सदैव तैयार रहन्छ वा तपाईको साथमा सधै रहेको हुन्छ।

मीठो वाणीबाट अरु गुणहरु पनि भित्र आउछ। यी गुणहरुको माध्यमबाट पनि मानिसको यश फैलिन्छ र उ सफलताको सीढिहरु चढ्न सक्छ। मिठा वचनहरु बाल्ने मानिसको स्वभावमा विनम्रता हुनु स्वाभाविक छ। यो विनम्रताको ठूलो लाभ छ। यो कुरालाई बुझ्नको लागि एउटा प्रसंगको सहारा लिन सकिन्छ।

हजरत मुहम्मदको एउटा काका थिए हुसैन। उनी आलीशान मकानमा रहने गर्थे। उनसंग धनको कमी थिएन। उनको कोठाहरुमा राम्रा मूल्यवान कालीन ओछ्याईएको थियो। गुलामहरु र नौकरहरु माथि उनको ठूलो नै दबदबा थियो र उनलाई हेरेर सबै थरथरर काम्ने गर्थ्यें।

एक दिन एउटा गुलामले उनको खाना मेज माथि लगाई रहेको थियो। जब उ रकाबियां लगाई रहेको थियो तब अचानक कालीन माथि उसको खुट्टा फसेर रकाबियां हातबाट तल् खस्यो र टुक्राटुक्रा हुन गयो। गुलाम धेरै नै भयभीत भयो, अब थाहा छन् उसले के दंड पाउने हो। तर उसको मालिकले गाली र दंड दिनु भन्दा पहिला उसले घुढा टेकेर हुसैनको अगाडि बस्यो र सिर झुकाएर उनलाई भने, मालिक, जो अरु माथि रिस गर्दैन त्यो धेरै ठूलो र महान हुन्छ।

हुसैन केहि बेर सम्म त्यो गुलामको अनुहार तिर हेरि रहे फेरि रोकेर उसलाई भने, मैले तिमी माथि रिस गरेको छैन्।

यो कुरा सुनेर गुलामले भन्यो जसलाई रिस आउदैन्, त्यो सबै भन्दा ठूलो हुन्छ।

हुसैनले भने कि तिमी ठीक भनि रहेका छौ।

गुलाम फेरि बोल्यो, तर जो अरुको गलतिहरु माफ गरिदिन्छ, उ सबै भन्दा महान हुन्छ।

हुसैनले भने, मैले तिमीलाई माफ गरिदिए। ल, यो चार सय दिरहम। मैले तिमीलाई माफ मात्र होईन् बल्कि आजाद पनि गरि दिए, जाऊ।

हुसैन माथि त्यो गुलामको शब्दहरुको यति अधिक असर भयो कि उसले आफ्नो स्वभावमा नै परिवर्तन ल्याए।

यसबाट यो शिक्षा प्राप्त हुन्छ कि मीठो वाणीको साथ-साथै जसमा विनम्रता विकसित छ, उ धेरै कामको चीज हुन्छ। विनम्रता पनि छ, मिठो वचन पनि छ र शब्दहरुको सही चयन पनि छ भने कठिन भन्दा कठिन कामलाई पनि धेरै नै सरल तरीकाबाट अंजाम सम्म पुगाउन सकिन्छ। किनकि

यी गुणहरुको साहयताबाट जुनसुकै किसिमका मानिसहरुसंग स्वभाविक रुपमा राम्रो संबंध बनाउनमा सुविधा हुन्छ।

यो देखिएको पनि छ कि जसले मिठो वाणी बोल्छ उसको जानकारहरु र मित्रहरुको धेरै ठूलो संख्या हुन्छ। यो पनि हेर्न पाईएको छ कि उसको काम कहिले पनि रोकिदैन्। यस बाहेक यस्तो व्यक्ति सफल पनि हुन्छ। आचार्य चाणक्यले मिठा वचनको मोललाई धेरै राम्ररी बुझेका थिए। त्यसैले उनले मिठो वाणीको उपयोगितासंग जोडिएका धेरै सूत्रहरु दिएका छन्। यसो त उनका सबै सूत्र धेरै नै उपयोगी छन् तर त्यसबाट केहि चुनिंदा सूत्रहरुको माध्यमबाट हामी यहा मिठा वचन र सफलताको आपसी संबंधहरुलाई बुझ्ने कोशिश गर्नेछौं।

उनले एउटा सूत्र दिएका छन्--

अग्निदाहादपि विशिष्टं वाक्यापारुष्यम्।

यो सूत्रको तात्पर्य यो छ कि *वाक्यापारुष्य अग्निदाह भन्दा पनि खतरनाक हुन्छ।*

बताउनु गलत नहोला कि वाणीको कठोरता धेरै दुख दिन्छ, त्यसको तुलनामा आगोले जलेको दुख पनि कम छ। एउटा कुरा त तय छ कि यदि आगोबाट कोहि जलेर घांव हुन्छ भने त्यो घाव दवाई र समयको साथ भर्छ। तर कठोर शब्दहरुको बाणबाट घायल हुदा समयमा भएको घाव हुन्छ त्यो भर्नमा धेरै नै समय लाग्छ। सही मायनेमा भन्ने हो भने कठोर शब्द कहिले पनि समाप्त हुदैन् र शत्रुतालाई जन्म दिन्छ।

त्यसैले सफलताको इच्छा राख्ने व्यक्तिहरुले सधै मिठा वचनहरु बाल्नुपर्छ। भूलवश पनि कुनै कठोर वचन बोल्नु हुदैन्। जसबाट अरुलाई त दुख पुग्छ नै साथै आफ्नो व्यक्तित्वको मर्यादा पनि भंग हुन्छ। यस बाहेक हामीले यो कुराको पनि ख्याल राख्नुपर्छ कि बाटो हिड्ने व्यक्तिहरु वा जोसंग हाम्रो दैनिकरुपमा संबंध हुदैन् उनीहरुलाई पनि कुनै प्रकारको कठोर वचन बोल्नु हुदैन्। किनकि कसैलाई थाहा हुदैन् कि कब कसको आवश्यक्ता पर्न सक्छ। यस बाहेक जोसंग तपाई कठोर वचन बोल्नुहुन्छ उसले त्यो कुरा धेरै मानिसहरुलाई बताउछ। यसबाट आखिरकार नोक्सान तपाईको नै हुन्छ। तपाईको छवि खराब हुन्छ। सही मायनेमा भन्ने हो भने मिठा वचनहरुको आश्रय लिएर ठूला भन्दा ठूलो कार्यलाई धेरै नै सरल तरीकाले पूरा गर्न सकिन्छ।

अपशब्दहरुको प्रयोग कहिले पनि गर्नु हुदैन्। यसबाट बनेको काम पनि खराब हुनजान्छ। यस बाहेक अपशब्दहरुको प्रयोगबाट तपाईको नित नयाँ शत्रु पनि बन्दै जान्छ। किनकि अपशब्दहरुको चोटले धेरै गहिरो हुन्छ। भयानक घाव दवाई र समयको साथमा केहि दिनमा ठिक हुन्छ तर अपशब्दहरुको मार त यस्तो हुन्छ जसलाई मानिसले चाहेर पनि भूल्न सक्दैन्। त्यसैले सफलताको इच्छा राख्ने व्यक्तिहरुले भूलेर पनि अपशब्द प्रयोग गर्नु हुदैन्। यस कुरालाई बुझ्नको लागि एउटा प्रसंगको सहारा लिदा अझ राम्रो होला।

संत बहिनाबाईको विवाह कम उमेरमा नै शिवापुरको प्रौढ़ जोशीको साथ भएको थियो। जोशी धेरै नास्तिक थिए। त्यहि बहिनाबाई सधै धर्म चिंतनमा लीन रहने गर्थिन्। एक दिन विट्ठल मंदिरमा हरिभक्तपरायण जयराम स्वामीको कीर्तन भयो। बहिनाबाई पनि कीर्तन सुन्न गईन्। उनको पछि-पछि उनको बाछा पनि त्यहा गयो र कुनै कुनामा चुपचाप बस्यो। मानौं उसले कीर्तन सुनि रहेको छ। बाछालाई त्यहा देखेर केहि श्रोताहरुले त्यो बाछालाई पिटेर भगाउन पनि खोजे तर त्यो बाछा अलिकति पनि यताउता भएन। उसलाई पिटेको देखेर बहिनाबाईलाई धेरै दुख भयो र उनले मानिसहरुलाई यस्तो नगर्नको लागि भने।

उनले बताईन्, यो बेचारा भगवानको नामको श्रवण गरिरहेको छ, यसलाई किन पिटि रहेका छौ? उसको आउनाले कीर्तनमा कुनै व्यवधान त आएको छैन्। मानिसहरुले उनको कुरा नसुनेको जस्तो गरेर धेरै नराम्रो संग त्यो बाछालाई पिट्न थाले। यसबाट बहिनाबाईको आंखाबाट अश्रुधारा बग्न थाल्यो। तब जयराम स्वामी त्यहा आए र उनले बाछा माथि हात राख्दै भने, यो कुनै पूर्वजन्मको धर्मात्मा जस्तो लाग्छ। त्यसैले यसलाई पनि कीर्तन सुन्न देऊ। उनले बहिनाबाईको टाउको माथि हात राख्दै आशीर्वाद दिए। मानिसहरु शांत होऊ र कीर्तन संचालन भई सकेको छ।

अर्को दिन बहिनाबाईको पतिलाई रातीको घटना थाहा भयो। उनलाई यो कुराबाट धेरै रिस उठ्यो, उनको पत्नीले आफ्नो मस्तष्क माथि एक परपुरुषलाई हात राख्न दियो। उ बहिनाबाईलाई जोर-जोरले पिट्न थाले। जब घरधनीलाई यो कुरा थाहा भयो, तब उनलाई रोकियो। तीन दिन पछि बाछाको मृत्यु भयो। बहिनालाई ठूलो दुख लाग्यो र उनले शोक मनाउन थाले। राती सपनामा संत तुकारामले उसलाई दर्शन दिए र गीता दिदै बहिनाबाईलाई एउटा मंत्र दिए र भने कि कष्ट-क्लेशहरु पछि नै परमार्थको प्राप्ति हुन्छ।

कुरा जब उनको पतिलाई थाहा भयो तब उसले यसलाई ढोंगको संज्ञा दिए र उसले तुकारामको प्रति अपशब्द भने। यति मात्र होईन्, उनले पत्नीको त्याग गर्ने तैयारी गरे। जब उनी सबै सामान बाधेर जान लागेका थिए उसको सबै शरीरमा असहनीय वेदना हुन थाल्यो। उनी धूलमा लेट्न थाले तर वेदना रोकिए। तब उनले सोचे, यो किन भई रहेको छ तब उनलाई ज्ञात भयो कि उनले आफ्नो पत्नीलाई नै हैरान मात्र गरेनन् बल्कि तुकाराम जस्ता महात्माको प्रति पनि अपशब्द भनेका थिए। उसले मन मनै तुकाराम जीसंग क्षमा मागे तब गएर केहि वेदना शांत भयो। उनी आफ्ना पत्नी कहा गए र उनीसंग पनि क्षमा मागे र उनलाई गुरु भनेर बोलाए। उनको ज्ञानको आखा खुलि सकेको थियो र उनले बहिनालाई कहिले पनि हैरान गरेनन्। यसबाट सफा हुन्छ कि अपशब्दहरुको प्रयोगबाट मानिसहरुले नोक्सानलाई कसरी उठाउनु पर्छ।

धेरै पटक यस्ता स्थितिहरु पनि आउछन् कि मूर्ख मानिसहरुसंग तपाईको जम्काभेट हुन्छ। यस्तो पनि तपाई कठोर वचनको प्रयोग गर्नको लागि बिवस हुनुहुन्छ। तर सही मायनेमा भन्ने हो भने त्यस समयमा तपाईको धर्यताको परीक्षा हुन्छ। यस्तो समयमा जसले धर्यताबाट काम लिन्छ उ नै सही मायनेमा सफलताको डगरमा अगाडि बढ्दै जान्छ।

यस्तो स्थितिहरुमा कस्तो बर्ताव हुनुपर्छ, यस बारेमा मैनेजमेंट गुरु चाणक्यले एउटा सूत्र दिएका छन्-

मूर्खेषु विवादो न कर्तव्यः।

यो सूत्रको तात्पर्य यो छ कि *मूर्खहरुसंग विवाद गर्नु हुदैन्।*

यो कुरा त जगजाहिर छ कि मूर्खलाई आफ्नो राम्रो-नराम्रोको ज्ञान हुदैन्। त्यसैले यस्ता मानिसहरुसंग विवाद गर्नु ठीक हुदैन्। उसंग विवाद गर्दा अरुले तपाईको नै कुरा काट्ने गर्छन् र भन्छन् एउटा त मूर्ख थियो नै त्यसमा अर्को पनि मूर्ख बन्न पुगेछ। जाहिर छ कि सबै दोष तपाई माथि नै आउछ। मूर्ख त आफ्नो मूर्खताको सहायताले बच्छ।

त्यसैले यस्तो स्थितिमा मूर्ख मानिससंग कुनै पनि तरीकाबाट टाढा हुनु नै एकमात्र बाटो हुन्छ। सही मायनेमा भन्ने हो भने सफल व्यक्तिको यही पहिचान पनि हो। किनकि मूर्खको साथ कठोर वचनहरुको प्रयोग यदि कसैले गर्छ भने पनि त्यसले समस्याको समाधान त हुदैन्, उल्टो आफ्नो समय र श्रम व्यर्थ हुन्छ। त्यसैले यस्ता मानिसहरुको जति उपेक्षा गर्न सकिन्छ, उति गर्नुपर्छ र यस्तो स्थितिमा पनि धेरै नै संयमको साथ काम निकाल्नुपर्छ। यस्तो हालातमा मिठा वचनहरुको आश्रय छोड्नुहुदैन्। यदि यस्तो स्थितिमा मिठा

वचनहरुको आश्रय छाडेर कठोर वचनको बाटो लाग्नुहुन्छ भने आखिरकार नोक्सान तपाईको नै हुनेछ।

जसले मिठा वचनहरु बोल्दैन् उसले व्यर्थको वाद-विवादमा आफ्नो समय बरबाद गर्छ। यी वाद-विवादको कुनै फाईदा हुदैन् बल्कि नोक्सान नै नोक्सान हुन्छ। त्यसैले सफलता पाउनको लागि वाद-विवाद बाट कुनै पनि हालतमा बच्नु पर्छ। वाद-विवादबाट हुने खालको नोक्सानलाई बुझ्नको लागि गौतम बुद्धको जीवनबाट एउटा धेरै नै उपयोगी प्रसंग लिईएको छ।

एक पटक गौतम बुद्ध कौशाम्बीमा विहार गरि रहेका थिए। अचानक एउटा भिक्षु आएर उनलाई भने, भगवन, यहांको भिक्षुहरु बहुधा आपसमा विवाद गर्छन् र आफ्नो मुखरुपी बर्छीबाट एक-अर्कालाई रोप्ने गरि शग्दहरुको प्रहार गर्छन्। राम्रो होला, तपाई उनीहरुलाई उचित शिक्षा दिएर व्यर्थको वाद-विवादबाट परावृत्त गराउनुहोस्।

बुद्धदेव चुपचाप उसको कुरा सुनेर उसंग मठमा गए। त्यस समय पनि केहि भिक्षुहरु आपसमा विवाद गरि हरेका थिए। उनीहरुलाई संबोधित गर्दै उनले भने, भिक्षुहरु, तिमीहरु परस्पर विवाद र कलहबाट बच्नु पर्छ। यसमा तिमीहरुको भलाई छ।

यति सुनेर एउटा भिक्षुले बोल्यो, भंते, तिमी हाम्रो कलहको बीचमा नपर। हामी आपसमा यसलाई कायम राख्नेछौं।

यो कुरा सुनेर तथागत भने, आपसमा सल्टाउनाले बैर भाव शांत हुदैन् बल्कि अझ बढ्छ। बैरभाव रहनाले वाणी पनि कठोर हुन जान्छ र जो कठोर वाणीको प्रयोग गर्छ, उ स्वंयलाई पंडित मान्दछ। यस प्रकारको आचरण गर्ने व्यक्तिहरुलाई न त स्वंयको चिंता हुन्छ र न अरुको। यदि आफ्नो चारैतिर हेर्‍यौं भने हामीलाई थाहा हुन्छ कि पशुहरु चोर्ने, नीच कर्म गर्ने व्यक्ति र अरुको प्राण हरण सम्म गर्ने व्यक्ति पनि आपसमा मिलजुलि बसेका छन् र यो संघमा बस्ने मानिसहरु एक क्षण पनि शांतिले बस्न सकेका छैनौ। तिमीहरुले विनम्र, सदाचारी र धैर्यवान मानिसहरुको संगतिको लाभ उठाउनुपर्छ र यदि तिमी यस्तो गर्न सक्दैनौ भने तिम्रो यस संघमा रहनुको क लाभ? के तिमीलाई थाहा छैन् कि तिम्रो वाद-विवादबाट अरुको शांतिमा बाधा पुग्छ? त्यसैले उनीहरुको लागि तिमीहरु संगतिको अपेक्षामा एक्लै विचरण गर्दा नै बुद्धिमानी हुनेछ।

बहरहाल, जसले मिठा वचनहरुको सट्टा दुर्वचनको सहारा लिन्छ उसले धेरै किसिमको नोक्सान उठाउनु पर्छ। यस बारेमा आचार्य चाणक्यले एउटा सूत्र दिएका छन्-

निहन्ति दुर्वचनं कुलम।

मैनेजमेंट गुरु चाणक्यको यस सूत्रको तात्पर्य यो छ कि *दुर्वचनले कुलको नाश गर्छ।*

मालिसको आफ्नो स्वतंत्र प्रतिष्ठा त हुन्द नै साथै उसको कुलको प्रतिष्ठा पनि उसंग जोडिएको हुन्छ। आफ्नो प्रतिष्ठा अर्जित गर्नमा धेरै लामो समय लाग्छ। जबकि आफ्नो कुलको प्रतिष्ठा विरासतमा(पूखौली) हुन्छ। यसलाई यथावत राख्नु धेरै नै आवश्यक छ। केहि व्यक्तिहरुले यसलाई धेरै राम्ररी संगारेर राख्छन्। त्यहि केहि मानिसहरु यस्ता पनि हुन्छन् जसले आफ्नो कुलको प्रतिष्ठालाई संगालेर राख्न सक्छैनन्।

नराम्रो वचनहरु बाल्ने व्यक्तिहरु यसै श्रेणीमा आउने गर्छन् किनकि उसको आफ्नो त कुनै प्रतिष्ठा हुदैन् र उसले नराम्रो वचनहरुको माध्यमबाट आफ्नो कुलको प्रतिष्ठालाई पनि माटोमा मिसाउने गर्छन्। वास्तवमा, सामाजिक तानाबाना यस किसिमको छ कि तपाईको हरेक कार्यलाई तपाईको परिवार र तपाईको कुलसंग जोडेर हेर्ने गर्छन्।

यदि तपाईले कुनै किसिमको राम्रो कार्य गर्नुहुन्छ भने तपाईको नाम तपाईको बुबाको नामसंग जोडर उहाको पनि मान बढाउने गरिन्छ वा तपाईको कुलको कुरा पनि आउछ। यसबाट कुलको प्रतिष्ठा पनि बढ्छ। त्यसैगरी यदि कुनै गलती गर्नुहुन्छ भने मानिसहरु त्यसरी नै कुरा गर्छन् कि उ त फलानोको छोरा हो वा फलानो कुलको हो। उसले यस्तो काम गरेको छ। यस अवस्थामा तपाईको त अपमान हुन्छ नै साथै तपाईको कुलको नाम पनि माटो मिसिन्छ।

जुन प्रतिष्ठालाई प्राप्त गर्नको लागि पूर्वजहरुले वर्षौ लगाएका थिए त्यसलाई त्यहि कुलको कुनै नराम्रो व्यक्तिले पल भरमा बर्बाद गर्न सक्छ। तर एउटा कुराको सधै ख्याल राख्नुपर्छ कि यस्तो गर्ने व्यक्ति आफ्नो कुलको नामको त नाश गर्छ नै साथै आफ्नो जीवनको पनि नाश गर्छ।

यस्ता मानिसहरु जीवनमा कहिले पनि सफल हुदैनन्। उनीहरुको आफ्नो वाणी माथि नियंत्रण हुदैन् र उनीहरु अपशब्दहरुको प्रयोगलाई नै आफ्नो

प्रतिष्ठा मान्छन्। यस्ता किसिमका मानिसहरुलाई कोहिले मन पराउदैन् र कुनै पनि सरहबाट सहायता गर्दैनन् र यस्ता मानिसहरु माथि विश्वास पनि गरिदैन्। यसको सीधा मतलब यो छ कि नराम्रो वचनहरुको प्रयोग गर्ने व्यक्तिहरुको कुनै पनि काम राम्ररी हुन सक्दैन्।

मीठो वचन बोल्ने व्यक्तिलाई धेरै फाईदाहरु हुन्छ। फाईदाहरु देखाउदै त्यसको बारेमा उल्लेख गर्दै आचार्य चाणक्यले एउटा सूत्र दिएका छन्-

प्रियवादिनो न शत्रुः।

आचार्य चाणक्यको यस सूत्रको मतलब यो छ कि *प्रियवादीको कुनै शत्रु हुदैन्।*

यो कुरा पनि सोलह आना साचो छ कि मीठो बाल्ने व्यक्तिलाई सबैले आफ्नो मित्र मान्छन्। सही मायनेमा भन्ने हो भने उसको कुनै शत्रु हुदैन्। किनकि शत्रु त्यसको हुन्छ जसको मनमा अरुको लागि वैमनस्य भाव हुन्छ र जसले कठोर वचन पोषित गर्छ। तर जसले शत्रुको साथमा पनि मिठा वचनहरुको प्रयोग गर्छ उसको शत्रु पनि बिस्तारै-बिस्तारै मित्र बन्न-जान्छ। किनकि मानिसको स्वभावमा यो कुरा छ कि उ प्रेमको प्रति आकर्षित हुन्छ।

यो सूत्रबाट पनि यहि शिक्षा प्राप्त हुन्छ कि सफलताको चाहना राख्ने व्यक्तिहरुले कहिले पनि कठोर वचनहरुको आश्रय लिनुहुदैन्। किनकि कुनै पनि क्षेत्रमा सफलता पाउनको लागि यो धेरै नै आवश्यक छ कि तपाईको कोहि शत्रु नहोस्। यदि तपाईको शत्रु छ भने निश्चित रुपमा उसले तपाईको बाटोलाई गाह्रो गर्ने प्रयास गर्नेछ र तपाईको लागि सफलता प्राप्त गर्नु सजिलो हुदैन्। त्यसैले होशियारी यसै कुरामा छ कि मिठा वचनहरुको प्रयोग गरियोस् र दुश्मनलाई पनि साथी बनाउनु प्रयास गरियोस्। यस प्रकारको प्रविधी र भावना राख्ने व्यक्ति अवश्य नै सफल हुन्छ। ●

16

कठोर परिश्रम

यो कुरा सय प्रतिशत साचो छ कि सफलताको कुनै शार्टकट बाटो छैन्। यदि कोहि केहि अन्य कारणको कुनै सम्मानजनक स्थानमा पुग्छ भने त्यहा उसको वास लामो समसय सम्म हुदैन्। सफलताको लागि जुन कठोर परिश्रमको आवश्यक्ता हुन्छ, यदि त्यसको बिना कुनै व्यक्तिले सफलता प्राप्त गरेको छ भने त्यो यथावत रहृदैन्। किनकि वास्तवमा कठोर परिश्रमको कुनै विकल्प हुदैन्। त्यसैले सफलताको इच्छा राख्ने व्यक्तिहरुले यो कुरा राम्ररी बुझ्नुपर्छ।

कठोर परिश्रमबाट ठू-ठूला काम पूरा गरिएको छ। एपीजे अब्दुल कलामले एक ठॉउमा लेखेका छन् कि हामीहरु एक समान क्षमताको साथमा पैदा हुन्छौं तर कोहि आफ्नो परिश्रमको बलमा धेरै अगाडि सम्म जान सफल हुन्छ र काहि त्यहि रहन्छ र धेरै पछाडि रहन जान्छ। संही मायनेमा भन्ने हो भने परिश्रम नै त्यो उपकरण हो जसले कसैलाई प्रतिभाशाली बनाउछ। यो पनि देखिएको छ कि जसको गन्ति प्रतिभाशाली मानिसहरुमा भएको छैन् उनीहरुले पनि कठोर परिश्रमको बलमा सफलताको झंडा गाडेका छन्।

त्यसैले सफलताको आशा राख्ने व्यक्तिहरुले यो कुरा राम्ररी बुझ्नुपर्छ कि यदि उ सफलता चाहन्छ भने उनले कठोर परिश्रम त गर्नुनै पर्छ। चाहे सफलता जीवनको कुनै पनि क्षेत्रसंग जोडिएको होस्। जो आज सफल छन् उनले हिजो पक्का कठोर परिश्रम गरेको थियो त्यसैले उ आज सफल छ। सफल मानिसहरुको सफलता उनको कठोर परिश्रमको बलमा नै यथावत रहन्छ। त्यसैले यो कुरा पनि बुझ्नु पर्छ कि यदि तपाईले सफलता पाउनु भएको छ भने त्यसको मतलब यो होईन् कि तपाई त्यसमा मगन भएर परिश्रम गर्न छाड्नुहोस्। यदि तपाईले यस्तो गर्नुभयो भने तपाईले पाएको सफलता पनि स्वाभाविक रुपमा यथावत रह्दैन्।

जति पनि महान मानिसहरु छन् उनले श्रमको महत्वलाई बुझेका छन् र त्यसको सम्मान गरेका छन्। यो कुरालाई नेपोलियन बोनापार्टको जीवनको एउटा घटनाको सहायताबाट बुझ्न सकिन्छ। बेलुकाको समयमा नेपोलियन आफ्नो पत्नीको साथमा घुमि रहेका थिए। त्यहि कुनै संकरा बाटोबाट जादै थियो। अगाडि तिरबाट एउटा दाउरे टाउकोमा भारी बोकेर आउदै गरेको देखियो। जब उ बिल्कुलै समीप आयो तब नेपोलियनले आफ्नो पत्नीलाई संकेत दिएर बाटोबाट हट्नको लागि भने र आफू पनि त्यो बाटो छोडि दिए।

नेपोलियनको पत्नी राजसी स्वभाव थिईन्। उनले रिसमा भनिन्, एक त यो उद्‌दण्डले हामीलाई अभिवादन सम्म गरेन् तर पनि यो नीचको लागि तपाईले बाटो पनि छोड्नु भयो। नेपोलियनको पत्नी नेपोलियनको यस बर्ताव माथि धेरै रिसाएकी थिईन्। उनलाई यो कुरा बिल्कुलै पचि रहेको थिएन, आखिर एउटा सामान्य दाउरेको लागि नेपोलियनले कसरी बाटो छोड्न सक्छ र यस्तो गर्नको लागि मलाई पनि कसरी भन्न सक्छन्।

यो सुनेर नेपोलियनले गंभीर स्वरमा भने कि देवीजी! तपाइलाई श्रमको महत्व थाहा छैन्। त्यसैले तपाई श्रमको ऐश्वर्यलाई तुच्छ मानि रहनु भएको छ। यो कुराको ख्याल रहोस् कि श्रमको अभिवादन सम्राटको अभिवादन भन्दा पनि धेरै महत्वपूर्ण छ।

कठोर परिश्रमको महत्वलाई पूरा जगतले जान्दछ। मैनेजमेंट गुरु चाणक्यले पनि यसको महत्त्वलाई राम्ररी बुझेका थिए। यही कारण हो कि उनले कठोर परिश्रम गर्ने प्रेरणा दिने खालका धेरै सूत्र दिएका छन्। यसो त उनीद्वारा यस विषय माथि दिएका सबै सूत्रहरु धेरै नै उपयोगी छन् तर हामी त्यसबाट केहि चुनिंदा सूत्रहरुको माध्यमबाट कठोर परिश्रम र सफलताको आपसी संबन्धलाई बुझ्ने कोशिश गर्नेछौं।

आचार्य चाणक्यले एउटा सूत्र दिएका छन्-

पुरूषकारमनुवर्तते दैवम्।

यो सूत्रको तात्पर्य यो छ कि दैव *पुरुषार्थको संग-संगै आउछ।*

संसारमा यस्ता मानिसहरुको ठूलो संख्या छ जो भाग्य माथि विश्वास गरेर बसि रहन्छन्। यस्ता मानिसहरु बसि नै रहन्छन्। यस्ता मानिसहरु आफ्नो असफलताको लागि भाग्य र भगवानलाई राम्रो-नराम्रो सुनाउछन्। जबकि सही अर्थमा भन्ने हो भने आफ्नो असफलताको लागि उनीहरु आफै नै जिम्मेवार हुन्छन्।

त्यहि अर्कातिर यस किसिमका मानिसहरु जसले भाग्यलाई दोज़ी मान्दैनन् र काम पूरा गर्ने तथ्य माथि विश्वास राख्छन्। उनीहरुलाई आफ्नो पुरुषार्थ

माथि विश्वास हुन्छ र उनीहरु आफ्नो कठोर परिश्रमको बलमा सफल पनि हुन्छन्। सही मायनेमा भन्ने हो भने यस्ता मानिसहरुको साथ भाग्यले पनि दिन्छ र हेदा हेर्दै यस किसिमका मानिसहरु धेरै तेजीका साथ सफलताको सीढिहरु चढ्न सफल हुन्छन्।

त्यसैले सफलताको इच्छा राख्ने व्यक्तिले यो कुरा राम्ररी बुझ्नुपर्छ कि बिना परिश्रमको केहि हुने वाला छैन्। यो कुरा पनि राम्ररी दिमागमा राख्नुपर्छ कि यदि तपाईले परिश्रम गर्नुहुन्न भने भाग्यले पनि तपाईको साथ दिद्रैन् र तपाईले सफलता पाउन सक्नुहुन्न। त्यसैले कठोर परिश्रम गर्न कहिले पनि पछाडि पर्नु हुदैन्। किनकि त्यसमा नै राम्रो भविष्य लुकेको छ। यो संसारमा त्यसको नै नाम रहन्छ जो सफल हुन्छ। असफल रहेको व्यक्तिहरुको नाम संसारको हावामा मिसिएर उढ्छ।

भाग्य र पुरुषार्थको फरकलाई बुझ्नको लागि यो एउटा प्रसंग धेरै नै प्रासंगिक छ। एकचोटी भगवान महावीरले सकडाल पुत्रलाई भने, मनुष्यको उत्थान पुरुषार्थ तथा पराक्रमबाट हुन्छ। तर सकडाल पुत्रले यो कथनमा आफ्नो असहमति व्यक्त गर्दै भने, वास्तवमा उत्थान आदि जुन समय हुनु पर्ने हो, तब नै हुन्छ। जो होनहार छ, उस माथि पुरुषार्थ अथवा बलको कुनै असर पर्दैन्।

तब महावीरले माटोको भाडाहरुको तिर इशारा गरेर सकडाल पुत्रसंग प्रश्न गरे, यो माटोको भाडा कसरी बनेको छ?

सकडाल पुत्र कुंभकारले ती भाडाहरु बनाउने क्रम बताउदै भाडाको कष्टति पनि बताए। त्यस माथि भगवानले बोले, ती भडा उत्थानद्वारा नै बनेका हुन्, कि कसो?

यो कुरा माथि सकडाल पुत्रले असहमति व्यक्त गदै होनहार(हुने कुरा) कुरा गरे। तब भगवानले प्रश्न गरे कि यदि भाडाहरु माथि कसैले काठको कुनै बस्तुले प्रहार गर्छ भने तिमी के गर्छौ?

सकडाल पुत्रले उत्तर दियो कि म उसको हात-खुट्टा भाचि दिन्छु।

यो कुरा सुनेर भगवानले भने, तिमी के उसको हात-खुट्टा भाच्नेछौ? तिमीले के यो मान्न सक्दैनौ कि यो होनहार थियो त्यसैले काठको संयोगबाट यी भाडाहरु टुट्यो?

यो कुरा माथि सकडाल पुत्र विचार गर्न थाले। त्यतिकैमा भगवानले एउटा अर्को उदाहरण दिए। भगवानले भने, हे सकडाल पुत्र तिमी कल्पना गर कि

तिम्रो पत्नी श्रृंगार गरेर बाहिर आईएकी छे र कसैले उनको बलात्कार गर्न चाहन्छ भने तिमी के गर्नेछौ?

सकडाल पुत्रले तुरुन्तै आवेशपूर्ण शब्दहरुमा भने, म यस्तो दुष्ट पुरुपको नाक-कान काटिदिन्छु। यहा सम्म कि उसलाई प्राण दंड दिने पनि प्रयत्न गर्नेछु।

यो सुनेर भगवानले बोले, के यसलाई होनहार मान्दैनौ? तिम्रो मत अनुसार त यही हो।

यो सुनेर त्यो कुम्भकारलाई पुरुषार्थको महत्वको बोध हुन्छ। भगवानले तब उसलाई श्रावक बनाएर संसारको अगाडि आदर्श उपस्थित गर्ने उपदेश दिए।

यसै सूत्रका कुराहरुलाई अझ स्पष्ट गर्न र अधिक विस्तार गर्ने उद्देश्यले आचार्य चाणक्यले एउटा अर्को धेरै नै उपयोगी सूत्र दिएका छन्। उनले लेखेका छन्-

दैवं बिनाति प्रयत्नं करोति यत्तद्विफलम।

यो सूत्रको तात्पर्य यो छ कि *दैव पुरुषार्थीको साथ दिन्छ।*

सफा कुरा छ कि भगवान पनि उसकै साथ दिन्छन् जो पुरुषार्थी हुन्छ। यस्ता मानिसहरुको भगवान साथ दिदैनन् जो राम्रो अवसरको प्रतीक्षामा हात माथि हात राखेर बसि रहन्छन्। सही मायनेमा भन्ने हो भने यस्ता मानिसहरुको साथ कसैले पनि दिदैन्। त्यसैले सधै यस कुरालाई याद राख्नुपर्छ कि जब तपाईले कुनै काम हातमा लिनुहुन्छ तब कठोर परिश्रम गर्नुहोस्। जसको कारण साधनहरु आफै व्यवस्थित हुदैजान्छ र सफलताको बाटोमा अगाडि आउन थाल्छ।

सफलताको इच्छा राख्ने व्यक्तिहरुको लागि त यो धेरै नै आवश्यक छ कि उनीहरु भाग्यको भरोसा बस्नुहुदैन। बल्कि उनीहरुले आफ्नो पुरुषार्थ माथि विश्वास गर्नुपर्छ। सही मायनेमा भन्ने हो भने सफलताको लागि परिस्थिती एक हद सम्म जिम्मेवार हुन्छ तर आखिरकार सफलताको लागि धेरै हद सम्म मानिस आफै नै जिम्मेवार हुन्छन्। उसको प्रयास जिम्मेवार हुन्छ।

यो सूत्रबाट त यो कुरा बिल्कुलै सफा हुन्छ कि भगवान पनि उनीहरुको साथमा रहन्छन् जो पुरुषार्थी हुन्छन्। त्यसैले भाग्यको भरमा बस्ने मानिसहरुले यो कुरालाई शिक्षाको रुपमा लिनुपर्छ। उनीहरुले यो बुझ्नुपर्छ कि भाग्यको भरमा बस्नाले कुनै फाईदा हुदैन्। किनकि भगवान पनि उसको नै मद्दत गर्छ जसले आफ्नो मद्दत आफै गर्छ त्यसैले यदि कोहि सफल हुनु चाहन्छ भने

उसले कठोर परिश्रमको नै आश्रय लिनुपर्छ। यस बाहेक अरु कुनै उपाय पनि छैन्। यस्तो सोचेर यदि कोहि आफ्नो पूरा क्षमताको हिसाबबाट काम गर्नमा लाग्छ भने सफलताको बाटोमा उ पनि अग्रसर हुन सक्छ। किनकि आखिरकार यस्तो स्थितिमा भाग्य र भगवान पनि उनको साथमा नै हुन्छन्। त्यसैले यो कुराको सधै ख्याल राख्नुपर्छ।

कर्म त गर्नुपर्छ तर त्यसको अभिमान आफ्नो मनमा राख्नुहुदैन्। यसले त्यसको फल माथि नकारात्मक असर पर्छ। यसलाई एक प्रसंगको माध्यमबाट बुझ्न सकिन्छ। हाजी मुहम्मद नामक एउटा मुसलमान संत रहेका थिए। उनले साठ्ठी पटक हज यात्रा गरेका थिए र उनी प्रतिदिन नियमित रूपमा पांच समय नमाज पढ्थे। एक दिन उनले स्वप्नमा हेरे, स्वर्ग र नरकको सीमामा कुनै फरिश्ता एउटा लठ्ठि लिएर उभिएको छ र जुन पनि मृतात्मा त्यहा आउछ, उनी उसंग उसको शुभ र अशुभ कर्महरुको बारेमा सोधपुछ गर्थ्यो र त्यस अनुसार स्वर्ग वा नरकमा पठाउने गर्थ्यो। जब हाजी मुहम्मदको पालो आयो तब फरिश्ताले सोधे, तिमीले आफ्नो जीवनमा कुन शुभ कर्म

गरेका छौं।

हाजीले उत्तर दियो, म साठ पटक हज गरेको छु।

यो कुरा सुनेर त्यस फरिश्ताले भन्यो, हो, यो त ठीक छ तर के तिमीलाई थाहा छ कि यसको तिमीलाई ठूलो अहम छ? त्यसैले जब मैले तिमीसंग नाम सोध्दा हाजी मुहम्मद बताएका थियौ। तिमी यसै अहमको कारण हज गएको जे पनि फल तिमीले पाएका थियौ, त्यो सबै नष्ट भयो। यस बाहेक यदि तिमीले कुनै राम्रो काम गरेका छौ भने बताऊ।

यो कुराको जवाफमा हाजी मुहम्मदले भने, म साठ वर्ष सम्म पांच समय नमाज पढ्ने गर्थे।

फेरी फरिश्ताले भन्यो, तिम्रो त्यो पुण्य पनि नष्ट भयो।

हाजीले सोधे यो कसारी?

फरिश्ताले भन्यो कि याद छ तिमीलाई, एक पटक केहि धर्म जिज्ञासु तिमी कहा आएका थिए। त्यो दिन तिमीले तिनीहरुलाई देखाउनको लागि धेरै ठूलो स्वरमा र बेर सम्म नमाज पढेका थियौ। यही कारण हो कि तिम्रो साठ्ठी वर्षको नमाजको तपस्या निष्फल हुन्छ।

यो कुरा सुनेर हाजीलाई धेरै दुख भयो। पश्चातापले उनको आंखाबाट आंसू आउन थाले। अचानक उनको आँखा खुल्यो र उनी आफ्नो ओछ्यानमा थिए। उनलाई थाहा भयो कि यो त सपना थियो तर अब उनको भित्री आँखा

खुलि सकेको छ। उनले अहम र अहंकार नपाल्ने मनमनै बाचा गरे र उनी नम्र बने।

यदि तपाईले कुनै कार्य शुरू गर्नुहुन्छ भने त्यसको बीचमा लापरवाही गर्नु राम्रो कुरा होईन्। यस तथ्येको बारेमा आचार्य चाणक्यले एउटा धेरै नै उपयोगी सूत्र दिएका छन्-

अप्रयत्नात् कार्यविपतिर्भवति।

यो सूत्रको तात्पर्य यो छ कि *अप्रयत्नबाट कार्यको नाश हुन्छ।*

यो कुरा बिल्कुलै सही हो कि एक पटक यदि तपाईले कार्य शुरू गरे पछि त्यसलाई पूरा गर्नको लागि जुन किसिमको परिश्रमको आवश्यक्ता छ, त्यस किसिमको परिश्रम नगर्नाले त्यो कार्यमा नोक्सान नै नोक्सान हुन्छ। यस्तो भएको पनि पाइन्छ, परिश्रमीले सबै कार्यहरु धेरै उत्साहको साथमा शुरू गर्छन् र समयको साथमा त्यस उत्साह यथावत राख्दै आफ्नो उत्साहलाई कायम राख्छन्।

यस्तो हालतमा कार्यमा फाईदा हुनु तय छ। त्यसैले आवश्यक छ, कार्य पूरा नभए सम्म कठोर परिश्रम गर्नुपर्छ। यस्तो नगर्ने व्यक्ति सधै घाटामा रहन्छ र उनको हात असफलता नै लाग्छ। कठोर परिश्रमको तात्पर्य यो होईन् कि धेरै उत्साहको साथमा कार्य शुरू गर्नु। वास्तवमा, यो प्रवृत्ति त अधिकांश मानिसहरुमा हुन्छ।

गाह्रो भन्दा गाह्रो परिस्थितीमा हौसला र परिश्रमले मानिसलाई सफल बनाउछ। कुनै समयको कुरा हो कि पंजाब केसरी महाराजा रणजीत सिंहलाई जब गुप्तचरहरुले समाचार दिए कि कबाइलीहरुको दल राज्यको सीमामा प्रवेश गरि सकेको छ र शहरमा लूटमार मचि रहेको छ, तब महाराजले तुरंत सेनापतिलाई बोलाए र हप्कादै सोधे, कबाइलीहरुको दल पेशावर सम्म पुगि सकेका छन्, तपाई उनको रक्षा किन गर्न सक्नुहुन्न?

यो कुरा माथि सेनापतिले उत्तर दिए महाराज, तब पेशावरमा हाम्रो केवल 150 सैनिक थिए र कबाइलीहरुको संख्या 1500 थियो। यो हालतमा उनीहरुसंग प्रतिस्पर्धा गर्नु व्यर्थ थियो।

यो उत्तरबाट महाराजको आँखा तंकियों। तुरंत उनी घोडामा चढेर आफ्नो डेढ सय सैनिकहरुलाई लिएर पेशावर गए। त्यहा रहेका लुटेरा कबाइलीहरु माथि आक्रमण गरे। उनको वीरता र तलवारबाजीको अगाडि कबाइली धेरै बेर टिकेन र भागे।

उनीहरुलाई भगाएर उनी राजधानी फिर्ता आए पछि महाराजले संनापतिलाई बोलाएर सोधे कि कति सैनिक थिए मसंग?

सेनापतिले टाउको झुकाएर उत्तर दियो कि 150 सैनिक, महाराज।

महाराजले सोधे र कबाइली कति थिए?

सेनापतिले लज्जापूर्वक बिस्तारै भने, उनीहरु 1500 थिए।

महाराजले भने, तर पनि उनीहरु भागे, यस्तो कसरी भयो?

सेनापतिले जवाफ दियो, तपाईको बहादुरी र दृढ़ताको कारण।

यो कुरा माथि महाराजले भने, होईन्, मेरो बहादुरी होईन्, हाम्रो बहादुरी भन। के तपाईलाई थाहा छैन् कि हाम्रो एक वीर जवान दुश्मनको सवा लाख सैनिकको बराबर छ? रक्षा गर्ने व्यक्ति एक सिपाहीको ताकत हमला गर्ने व्यक्तिको सवा लाख सिपाहीहरुको बल बराबर हुन्छ। यसको अनुभव भयो होईन तपाईलाई? वास्तवमा तपाईको हिम्मत यति पस्त छ कि तपाई सिपाहीहरु माथि कसरी विश्वास गर्नुहुन्छ? सेनापतिले सहमति जतायो जब उसलाई यो कुराको प्रतीति भयो। यसबाट सफा रुपमा थाहा हुन्छ कि हिम्मतले गरिएको श्रमबाट कुनै पनि परिस्थितिमा सफलता पाउन सकिन्छ।

सही मायनेमा सफल त्यो हुन्छ जो आफ्नो प्रेरणालाई बनाई राख्छ र कार्यलाई अंजाम सम्म पुगाउन बिना रोकिकन लागिरहन्छ। यस्ता मानिसहरुको सफलताको कथा सबै तिर सुन्न पाईन्छ। काम शुरू गरे पछि पूरा नगरिकन त्यसलाई छाड्ने मानिसहरुलाई समाजले याद राख्दैन्। त्यसैले यो कुरालाई आफ्नो मन-मस्तिष्कमा राम्ररी राख्नुहोस् कि सफलताको लागि हरेक पल कठोर परिश्रम गर्नुपर्छ। यस्तो नगर्ने मानिसले समफताको स्वाद चाख्न पाउदैन्। तर जसले परिश्रम गरेर काम पूरा गर्छ उसको यश धेरै टाढा-टाढा सम्म फैलिन्छ।

17

गोपनीयता

कुनै पनि मानिसको कार्ययोजनाको सफलता धेरै हद सम्म यो कुरा माथि निर्भर गर्छ कि उसले आफ्नो कार्यलाई अमली रूप दिनको लागि कसरी गोपनीयता राख्छ। जसले आफ्नो कार्य योजनाको गोपनीयतालाई यथावत राख्छन् उसले आफ्नो कार्य पूरा पनि गर्छ। त्यहि जसले यस्तो गर्दैन् उसले जीवन निर्थक हुन्छ। यसबाट थाहा हुन्छ कि गोपनीयता कुन हद सम्म आवश्यक छ।

हरेक व्यक्ति आफैमा खास छ। आफ्नो खुबीको हिसाबबाट नै उ कार्यहरुलाई अंजाम दिने आफ्नो योजना बनाउछ। तर यदि उसले त्यसलाई सार्वजनिक गर्छ भने त्यसको फाईदा उसको विपक्षी वा कुनै अरुले सजिलैसंग उठाउन सक्छ। प्राय: यस्तो हुन्छ पनि, त्यसैले समझदार व्यक्ति र त्यस्ता व्यक्ति जो सफलता पाउन चाहन्छ, उसको लागि यो आवष्ठयक छ कि उ आफ्नो र आफ्नो कार्य योजनाको बारेमा पूरा गोपनीयता राखोस्।

यस्तो नगर्ने व्यक्तिहरुको कार्य योजनामा काहि अरुले अंजाम दिन्छ र सबै वाहवाही उसले प्राप्त गर्छ। यस्तो स्थितिमा तपाईसंग हात मल्नु बाहेक अरु कुनै उपाय रहदैन् त्यसैले सफलताको चाहना राख्ने व्यक्तिहरुले सधै यो कुराको लागि प्रयासरत रहनु पर्छ कि यस्तो स्थिति पैदा नै नहोस्। यस्तो स्थिति तब पैदा हुदैन् जब तपाईले गोपनीयताको आश्रय लिनुहुन्छ।

आचार्य चाणक्यले गोपनीयताको महत्वलाई पटक-पटक प्रमुखताले रेखांकित गरेका छन्। उनले यस बारेमा धेरै नै अहम र उपयोगी सूत्रहरु दिएका छन्। त्यसबाट केहि चुनिंदा सूत्रहरुको माध्यमबाट यहा हामीलाई गोपनीयता र यसले कसरी सफलतालाई प्रभावित गर्छ, ती कुरालाई गहिराईको साथमा बुझ्ने प्रयास गर्नेछौं।

चाणक्यले एउटा सूत्र दिएका छन्-

सिद्धस्यैव कार्यस्य यप्रकाशन कर्तव्यम्।

यो सूत्रको तात्पर्य यो छ कि *सिद्ध कार्यलाई नै प्रकाशनमा लयाउनुपर्छ।*

प्राय: जसो यस्तो भएको देखिन्छ, जब व्यक्तिले केवल सोचेको मात्र हुन्छ कि मैले फलानो काम गर्नुछ, त्यति बेला देखि उ त्यसको बारेमा डंका बजाउन थाल्छ। उसले सबैको अगाडि आफ्नो भावी कार्य योजनालाई साझा बनाउछ। उ पहिला देखि पक्का हुन्छ कि उ जुन कार्य गर्न गई रहेको छ त्यसमा उनको सफलता त निश्चित छ। हालांकि, त्यो काम पूरा भएको हुदैन्। तर पनि उ सपनाको संसारमा हराएको हुन्छ। यस्तो गर्ने व्यक्ति सधै भ्रममा रहन्छ र आफ्नो असफलताको कथा आफ्नै हातले लेख्ने काम गर्छ।

त्यहि अर्कातिर समाजमा यस किसिमका मानिसहरु पनि छन् जसले कुनै पनि कार्यलाई पूरा गरे पछि नै त्यसलाई सार्वजनिक गर्छन्। सही मायनेमा यस्ता नै मानिसहरुलाई समाज सफल मानिसको रुपमा मान्यता दिन्छन् किनकि उसले काम पूरा गरि सकेको हुन्छ। पहिला देखि नै आफ्नो योजनालाई सार्वजनिक गरि दिनाले धेरै किसिमको नोक्सान हुन्छ।

पहिलो कुरा, यो छ कि तपाईको विपक्षी जसलाई यो थाहा छ कि तपाई कुनै ठूलो कार्य गर्न गई रहनु भएको छ, उ सक्रिय हुन्छ। उ पनि त्यहि कुराको लागि परिश्रम गर्ने थाल्छ, कसरी तपाईको काममा बाधा पुगाईयोस् र तपाईलाई असफल बनाईयोस्। यस्तो अवस्थामा कार्य पूरा गर्नको लागि जति परिश्रमको आवश्यक्ता हुन्छ त्यसको दुगुना परिश्रम गर्नुपर्छ। तपाईको श्रम विपक्षीहरुको चाललाई मात दिने खालको हुनुपर्छ।

यस्तो हालतमा आफ्नो कार्य माथि तपाई पूरा दिमाग लगाउन सक्नुहुन्न। यसको नतीजा यो हुन्छ कि अधिक श्रम र समय लगाउदा लगाउदै तपाई सफलताको लागि निश्चिंत हुनुहुन्न। यस बाहेक पहिला देखि नै आफ्नो कार्य योजनालाई सार्वजनिक गरि दिनाले एउटा अर्को ठूलो नोक्सानी यो छ कि धेरै मानिसहरु तपाईको नै कार्य योजना माथि अमल गरेर जुन प्रकारको काम तपाईले गर्नु चाहनुहुन्छ, त्यस प्रकारको कामलाई अंजाम दिन्छ। यस अवस्थामा जब सम्म तपाईले आफ्नो काम पूरा गर्नुहुन्छ तब सम्म तपाईको कामको महत्व कम हुन्छ। त्यसैले यस सन्धर्वमा पनि विशेष रुपमा सावधानी बपनाउनु पर्ने आवश्यक्ता स्पष्ट रुपमा देखिन्छ।

यस बाहेक यसको एउटा अर्को ठूलो नोक्सानी छ, जब समाजमा मानिसले यो कुरा थाहा पाउछन् कि तपाई फलानो काम गर्न गई रहनु भएको छ भने तपाईसंग त्यसको अपेक्षाहरु बढ्न जान्छ। यदि कुनै कारणले तपाई त्यस कार्यलाई अंजाम दिन सक्नुहुन्न भने तपाईको साख माथि नराम्रो असर पर्छ। मानिसहरु यो कुराहरु बनाउन थाल्छन् कि यो काम त उसको वशको त थिदैथिएन उसले बेकारमा यस्तो गर्ने स्वांग गरेको थियो। सही मायनेमा भन्ने हो भने तपाईको क्षमताहरु माथि सवालिया निशान लाग्न थाल्छ। यस्तो हुनु भविष्यको लागि पनि धेरै नै खतरनाक हुन्छ।

त्यसैले सफलताको इच्छा राख्ने व्यक्तिहरुले आफ्नो कार्यको गोपनीयताको लागि विशेष रुपमा सावधान बस्नुपर्छ। कुनै पनि हालतमा यस गोपनीयतालाई बनाई राख्नुपर्छ। यस्तो नहोस् कि व्यक्तिहरुको लागि सफलताको बाटो गाह्रो हुन जाओस्।

यसै सूत्रको कुराहरुलाई अझ अधिक स्पष्ट गर्न र यसलाई अझ ज्यादा विस्तार दिने उद्देश्यले मैनेजमेंट गुरु चाणक्यले एउटा अर्को सूत्र दिएका छन्। उनले लेखेका छन्-

शानवतामपि दैवमानुष्दोषात् कार्याणि दुष्यंति।

यो सूत्रको तात्पर्य यो छ कि *ज्ञानवान मानिसहरुको कार्य पनि भाग्यबाट वा मनुष्यहरुद्वारा दूषित हुन्छ।*

यो सूत्रबाट शिक्षा यो प्राप्त हुन्छ कि साधारण व्यक्तिको के कुरा, कहिले-काहि ज्ञानी मानिसहरुको कार्य पनि भाग्यको कारण नै वा कुनै अरु व्यक्तिको कारणले अधूरो रहन जान्छ। यहा भाग्यको कुरा तात्पर्य यो छ कि कुनै विपत्ति आउदा वा अरु कुनै कारणले तपाईको काम अधूरो रहन सक्छ। त्यहि मानिसी बाधाको तात्पर्य यो छ कि कसैले जानिबूझिकन तपाईको काममा विघ्न हाल्छ वा अंजानमा कसैले यस्तो गर्छ। तर आखिरकार नोक्सान तपाईको कार्यलाई नै हुन्छ। यस्तो हुदा पनि समाजले ती कारणहरुलाई हेर्दैन् बल्कि त्यसलाई तपाईको असफलता मानेर नै हिड्छ।

त्यसैले सफलता पाउने इच्छा भएका मानिसहरुको लागि यो धेरै नै आवश्यक छ कि जब सम्म उनको कार्य पूरा हुदैन् तब सम्म त्यसको बारेमा कुनै पनि कुरा सार्वजनिक नगरुन्। किनकि यस्तो गर्नु आफ्नो लागि गाह्रो परिस्थितीहरुलाई निमंत्रणा दिनुको समान हुन्छ।

धेरै पटक यस्तो पनि हुन्छ कि मानिसहरु दोधारमा हुन्छन् र यो तय गर्न सकि रहेका हुदैनन् कि के सही छ र के गलत। यस्तो स्थितिमा उसलाई स्वभाविक रुपमा यो लाग्छ कि उसले कसैको सल्लाह लिनुपर्छ। कसैले सही सल्लाह तब नै दिन सक्छ जब उसलाई पूरा कुरा राम्ररी थाहा हुन्छ। यसको तात्पर्य यो छ कि तपाई यदि कुनै काम गर्न गई रहनु भएको छ र त्यस कार्यको लागि यदि तपाईलाई कसैको राय चाहिन्छ भने तपाईले आफ्नो पूरा कार्ययोजनालाई अरुसंग साझा गर्नु पर्ने हुन्छ। यस्तो गर्दा त्यो मानिसले सही राय दिन सक्छ। यस्तो स्थितिमा जुन व्यक्तिसंग तपाई आफ्नो कार्ययोजना साझा गर्न गई रहनु भएको छ, त्यस व्यक्तिको चयनमा सावधानी राख्नुपर्छ। यस बारेमा आचार्य चाणक्यले एक धेरै नै अहम सूत्र दिएका छन्। उनले लेखेका छन्-

पिशुनवादिनो न रहस्यम्।

आचार्य चाणक्यको यस सूत्रको तात्पर्य यो छ कि *कुरौटेलाई रहस्य बताउनुहुदैन्।*

सबै भन्दा पहिलो कुरा, कुरौटेको पेटमा कुनै पनि कुरा पच्दैन्। यदि उसले कुनै जानकारी पाउछ भने उसले त्यो जानकारीलाई सबै तिर फैलाउछ। उससंग एउटा अर्को ठूलो समस्या यो हुन्छ कि उ एउटा कुरामा अर्को तीनवटा कुराहरु आफ्नो जोडेर भन्छ। यस किसिमका मानिसहरु धेरै नै खतरनाक हुन्छन्। त्यसैले सफलता पाउने इच्छा भएका मानिसहरुले यस्ता व्यक्तिहरुबाट सावधान बस्नुपर्छ। कुरौटे व्यक्तिलाई कुनै पनि रहस्यको कुरा बताउनु हुदैन्। यस्तो गर्नुको मतलब, तपाई आफ्नो नोक्सानलाई सुनिश्चित गरि रहनु भएको छ र यो कसै अरुले होईन् बल्कि तपाई आफै गर्दै हुनुहुन्छ।

कुरौटे जब कुनै कुरालाई यता बाट उता फैलाउछ तब उसको उद्देश्य कसैको हितको लागि हुदैन् बल्कि उसको उद्देश्य नोक्सान पुगाउनको लागि नै हुन्छ। उसले अरुलाई सुख दिन जानेको हुदैन्। उ अरुको सफलतालाई पचाउन पनि सक्दैन्। उ आफू त सफल हुदैन्। त्यसैले उ चाहन्छ कि अरु पनि उसैको सरह यता-उता भौतारिदै बसि रहोस्। कुरा सफा छ, यस्तो मानसिकताको साथमा जीउने खालका मानिसहरु आखिर कसरी कसैको शुभचिंतक हुन सक्छन्।

त्यसैले ती मानिसहरु, जो जीवनमा सफल हुनु चाहन्छ, उनीहरुले कुरौटेसंग कुनै रहस्यको कुरा साझा गर्नु हुदैन् साथै यस्ता मानिसहरुलाई

आफ्नो नजिक आउन दिनुहुदैन् र आफू पनि यस्ता मानिसहरुसंग मित्रता राख्नु हुदैन्। यस्तो गर्नाले तपाईको कार्यको सफलतामा ग्रहण लगाउन सक्छ। जो पनि सफल हुन्छन् उनीहरुले आफ्नो नजिक कुरौटेलाई आउन समेत दिएको हुदैनन्। किनकि उसलाई थाहा हुन्छ कि कुरौटेबाट कुनै लाभ त छैन् तर ठूलो नोक्सान हुन सक्छ। यस्तो हालतमा आखिर जो पनि सोच-विचार गरि गरेर नै काम गर्छ र आफ्नो नजिक कुरौटेलाई आउन दिदैन्।

यो कुरा हरेक क्षेत्रमा समान रुपमा लागू हुन्छ। चाहे तपाई जीवनको कुनै पनि क्षेत्रमा काम गरि रहनु भएको छ, तपाईको लागि हरेक ठॉउमा गोपनीयताको ठूलो महत्व छ। यो कुरा सबैले अनुभव गरेका छन्। काम पूरा भए पछि यसलाई सार्वजनिक गरियो भने अरुको नजरमा तपाईको व्यक्तित्व राम्रो हुनेछ। यस बाहेक तपाई भित्र पनि आत्मविश्वासको संचार हुन्छ। जुन सही मायनेमा तपाईको आउने योजनाहरुलाई पूरा गर्नमा तपाईको लागि उत्प्रेरकको काम गर्छ। त्यसैले सधै यो कुराको विशेष रुपमा ख्याल राख्नुपर्छ र यस कुरालाई आफ्नो मनमा बसाउनु पर्छ कि गोपनीयता सफलताको साँचो हो। ●

18

आफूलाई जान

कुनै पनि व्यक्तिको सफलतामा यो कुराको धेरै ठूलो योगदान हुन्छ कि उसको आफ्नो क्षमता कति छ र उसले आफ्नो क्षमताको प्रयोग कुन प्रकारले गरि रहेको छ। यसलाई यसरी पनि बुझ्न सकिन्छ, जसले आफूलाई जति जान्दछ उसले आफ्नो क्षमताहरुको उति नै पहिचान गर्न सक्छ। आफ्नो क्षमताको पहिचान गर्ने मानिसले त्यसको प्रयोग पनि सही समयमा सही ठाँउमा गर्छ। यस किसिमका मानिसहरु सामान्यतः हरेक क्षेत्रमा सफलता प्राप्त गरेका हुन्छन्।

त्यसैले आवश्यक छ आफूलाई चिन्ने। प्रायः यस्तो हुन्छ, हामी अरुलाई जान्नमा नै आफ्नो ज्यादातर समय लगाउछौं। हामी आफ्नो विपक्षीहरुको बारेमा जानकारीहरु जुटाउनमा समय लगाएका हुन्छौं। यसको सट्टा यदि त्यो समय आफ्नो क्षमताको पहिचान गर्नमा लगाईयो भने यसको धेरै फाईदाहरु अगाडि आउन सक्छ। सबै भन्दा पहिलो कुरा, हरेक मानिसमा अनंत क्षमताहरु हुन्छन्।

केहि मानिसहरु यसको पहिचान गर्छन् तर ज्यादातर मानिसहरु यसको पहिचान गर्न सक्दैनन्। जसले यसको पहिचान गर्छ उ सही समय र सही काममा आफ्नो क्षमताहरुको प्रयोग गर्छ। यस्तै मानिसहरु सफल पनि हुन्छन्। जो सफल मानिसहरुको श्रेणीमा आउछन्। तीनीहरुको बारेमा यो बुझ्नुपर्छ कि उनले आफ्नो क्षमतालाई जानेका छन् र सही समय र सही काममा त्यसको प्रयोग गरेका छन्। त्यसैले आज तिनीहरु सफल छन् अर्थाम सफलताको लागि एउटा अनिवार्य अवस्था छ आफूलाई चिन।

आफूलाई नजानिकन अरुको नक्कल गर्ने व्यक्तिहरुको नराम्रो प्ररिणाम हुन्छ। कुनै समयको कुरा हो, स्वामी दयानंदका विरुद्धमा पोंगापंथी पाखंडिहरुले

उनलाई अपमानित गर्न तथा खिजाउनको लागि एउटा जुलूस निकाले। त्यसमा नक्कली दयानंद बनाएर, त्यसको अनुहारमा कालो पोतेर तथा गधा माथि बसाएर त्यसलाई जुलूसको अगाडि राखे। मानिसहरु पछाडि-पछाडि त्यस माथि दयानंदको नामले थरी-थरीको व्यंग्य प्रहार गर्दै तथा तालिहरु बजाई रहेका थिए।

दयानंदको शिष्यहरुलाई यो कुरा सहन भएन। उनीहरु स्वामी जी कहा गए र भन्न थाले, यदि तपाईको अनुमति छ भने यी पाखंडिहरुलाई उचित सजाय दिन सक्छौं।

यो कुरा माथि स्वामी जी धेरै सहज भावमा सम्झाउै बोले, यसमा सजाय दिने के कुरा छ? दोस्रो मानिसको नक्कल गर्ने व्यक्तिहरुको जुन दशा हुन्छ, त्यो बेचारा नक्कली दयानंदलाई भई रहेका छ। यो क्रोध गर्ने होईन् बल्कि शिक्षा लिने विषय हो। यसबाट सफा हुन्छ कि नक्कल गर्ने व्यक्तिहरुको के प्ररिणाम हुन्छ। त्यसैले सफलता प्राप्त गर्नको लागि व्यक्तिले आफ्नो स्वभावमा यस किसिमको दुष्प्रवृत्ति शमावेश गर्नु हुदैन्।

किनकि जब सम्म तपाई आफूलाई राम्ररी जान्नुहुन्न तब सम्म तपाई एक खास किसिमको भ्रममा रहनुहुनेछ। तपाईलाई थाहा पनि हुदैन् कि के गर्नुछ र के गर्नु छैन्। यी जानकारीहरु बिना तपाईको कार्यहरुमा धेरै नोक्सान हुन सक्छ। आफ्नो क्षमताको पहिचान गर्नको लागि आचार्य चाणक्य धेरै नै सजग थिए। उनले धेरै सूत्रहरु पनि यसको बारेमा दिएका छन्। हालांकि, यसो त उनको सबै सूत्रहरु धेरै नै उपयोगी छ। तर त्यसबाट केहि चुनिंदा सूत्रहरुको माध्यमबाट हामी आफूलाई जान्नमा र सफलताको साथ त्यसको संबंधहरुलाई बुझ्ने कोशिश गर्नेछौं।

आचार्य चाणक्यले लेखेका छन्-

स्वशक्तिं ज्ञात्वा कार्यमारंभेत्।

यो सूत्रको तात्पर्य यो छ कि आफ्नो *शक्तिलाई जानेर नै कार्य आरंभ गर्नुपर्छ।*

प्राय: यस्तो भएको पाईन्छ, मानिसहरु आफ्नो क्षमताको ख्याल नगरिकन काम शुरू गर्छन्। उनीहरुले यो कुरा माथि विचार नै गर्दैनन् कि जुन काम उनीहरुले शुरू गरेका छन् त्यसलाई पूरा गर्नको लागि आवश्यक क्षमता उनीहरुसंग कति छ वा छैन्। उनीहरु यो कुरा माथि पनि विचार गर्दैनन् कि यो कार्यलाई अंजाम सम्म पुगाउनको लागि आवश्यक संसाधन छ वा छैन्।

यस किसिमका मानिसहरु सामान्यतः आफ्नै कार्यमा अल्झिएर बस्छन् र कार्यलाई अंजाम सम्म पुगाउनमा असफल रहन्छन्।

त्यहि अर्कातिर यस किसिमका मानिसहरु पनि छन् जो कार्यलाई शुरू गर्नु भन्दा पहिला यो कुरा माथि धेरै नै गभिंर तरीकाले विचार गर्छन् कि जुन कार्यलाई उनीहरुले शुरू गर्न गई रहेका छन् त्यो पूरा गर्नको लागि जस्तो क्षमताको आवश्यक्ता छ त्यो उनीहरु भित्र छ वा छैन्। उनीहरुसंग त्यो कार्यलाई अंजाम दिनको लागि आवश्यक संसाधन छ वा छैन्। यदि कुनै कमी छ भने त्यसलाई कसरी टाढा गर्न सकिन्छ। यस किसिमका मानिसहरुले पहिला नै आफ्ना कमीहरुलाई टाढा गर्छन् त्यस पछि काम शुरू गर्छन्। प्रायः यस किसिमको विचार राखेर कार्यलाई शुरू गर्ने व्यक्ति नै सफल हुन्छ। त्यसैले सफलताको इच्छा राख्ने व्यक्तिहरुको लागि यो धेरै नै आवश्यक छ कि उ आफ्नो शक्तिको पहिचान गरेर नै कुनै कार्य शुरू गरोस्।

यसै सूत्रलाई विस्तार दिदै मैनेजमेंट गुरु चाणक्यले एउटा अर्को सूत्र दिएका छन्-

नास्ति भीरोः कार्यचिंता।

यो सूत्रको तात्पर्य यो छ कि *कायरलाई कार्यको चिंता हुदैन्।*

धेरै मानिसबाट यस किसिमको कुरा सुन्नु भएको होला, एक पटक कार्य शुरू भए पछि त्यो कुनै पनि तरीकाले पूरा हुन्छ नै। उनीहरुले कार्य शुरू गर्नु भन्दा पहिला आफ्नो क्षमताहरुको आंकलन गर्ने दिक्कत उठाउन चाहदैनन्। वास्तविकता त यो छ कि यी मानिसहरुले कार्यको प्रति जतिसुकै संभावना देखाए पनि उनीहरुलाई कार्यको चिंता हुदैन्। यही कारण हो कि उनीहरु आफ्नो क्षमताहरु र कार्यलाई पूरा गर्नको लागि आवश्यक संसाधनहरुलाई माथि लापरवाह रहन्छन्।

त्यहि अर्कातिर हेर्ने हो भने केहि मानिसहरु यस्ता छन् जसले कार्यको सफलताको लागि आवश्यक चीजहरु माथि धेरै संयमसंग विचार गर्छन् तथा आफ्नो क्षमताहरुलाई जान्ने प्रयास गर्छन्। यस्ता मानिसहरुलाई जब यो लाग्छ कि यो कार्यलाई शुरू गर्नको लागि उसको तैयारी पर्याप्त छ तब उ त्यो कार्यलाई शुरू गर्छ। सामान्य रुपमा त्यहि मानिस सफल पनि हुन्छ। किनकि उसले आफ्नो क्षमतालाई राम्ररी जाँचेर काम शुरू गरेको हुन्छ। सही कुरा त यो छ कि जब पूरा तैयारीको साथ कार्य शुरू गरिन्छ तब असफलताको संभावना आपसेआप हराउदै जान्छ।

हरेक मानिसको आफ्नै एउटा मूल प्रवृत्ति हुन्छ। त्यसको पहिचान गर्नु धेरै नै आवश्यक छ। प्राय: यो हुन्छ, मानिस आफ्नो मूल प्रवृत्तिको पहिचान नगरिकन त्यस्ता चीजहरुको पछाडि भागि रहेका हुन्छन्, जो उनको कुनै कामको हुदैंन् र त्यो उनको मूल प्रवृत्तिसंग पनि मेल पनि खादैंन्। यस कुरालाई एउटा प्रसंगको माध्यमबाट बुझ्न सकिन्छ।

अलवर नरेश मंगल सिंह अंग्रेजियतको पक्का अनुयायी थिए। अंग्रेज़ी रहन-सहन, खान-पान, वेशभूषा तथा त्यहि सभ्यता र संस्कृति उनलाई राम्रो लाग्थ्यो। जति आशक्ति उनी अंग्रेज़ी सभ्यताको प्रति थिए उति नै विरोध उनलाई हिंदू धर्म र संस्कृतिसंग थियो।

तर उनको दीवान देशभक्त थिए। उसलाई स्वामी विवेकानंद माथि विश्वास थियो कि महाराजको विचार धारालाई मोड्नमा उनको सहयोग अवश्य सफल हुनेछ। त्यस कारण उनी महाराजलाई स्वामी जी काहा़ लगे। मंगल सिंहले स्वामी जीसंग भट्दै तिरस्कारपूर्ण मुद्रामा प्रश्न गरे, तपाई पढे-लेखेको भएर पनि यो भिक्षावृत्तिको साहारामा आफ्नो आजीविका किन चलाउनुहुन्छ? कतै परिश्रम गरेर द्रव्यार्जन किन गर्नुहुन्न?

उत्तरमा स्वामी जीले उनलाई प्रश्न गरे कि के म सोध्न सक्छु कि तपाई उत्तर विदेशी शासकहरुको, जसले हाम्रो देशलाई गुलाम बनाएका छन्, सभ्यताको प्रति यति आशक्त किन हुनुन्छ?

यो कुरा माथि मंगल सिंहले उत्तर दिए, यस्तो म त्यसैले गर्छु किनकि मलाई यसमा आनंद आउछ ।

तब स्वामी जीले बोले, बस, यही स्थिति मेरो पनि छ। आनंद नै प्रत्येक प्राणीको चरम लक्ष्य हो तर उसलाई श्लाघनीय तब मान्न सकिन्छ जब उ अखंड हुन्छ, शाश्वत हुन्छ, अनश्वर हुन्छ, अपरिवर्तनीय हुन्छ। मलाई पनि अरुको सेवा गर्नमा, उनीहरुको दुख टाढा गर्नमा तथा आफ्नो संस्कृति एवं धर्मको प्रचार एंव प्रसार गर्नमा आनंद आउछ र त्यसको लागि यो वेश तथा जीवन क्रम आवश्यक छ।

स्वामी जीसंग मंगल सिंहको अनेक विषयहरु माथि चर्चा भयो र प्रत्येकमा मंगल सिंहले आफू गलत रहको पाए। अंतमा उनी स्वामी जीसंग बोले, अहिले सम्म म अंधकारमा थिए। तपाईले आज मेरो अंतश्चक्षु खोलि दिनु भयो। त्यस पछि त्यसै दिन देखि उनी भारतीय धर्म तथा दर्शनको पक्का अनुयायी भए।

आफ्नो क्षमतालाई जान्नु मात्र पर्याप्त हुदैन् बल्कि त्यसलाई जानेर आफ्नो कार्यको आवश्यकता अनुसार त्यसलाई विकसित गर्नु पनि धेरै नै आवश्यक छ। कुनै पनि कार्यलाई अंजाम सम्म पुगाउनको लागि एक अनिवार्य श्टार्त यो छ कि त्यो काममा व्यक्तिको उत्साह अधिक हुनुपर्छ। उत्साह हुनु कति फाईदाजनक छ, यो कुरालाई आचार्य चाणक्यले एउटा सूत्रको माध्यमबाट बुझाउने कोशिश गरेका छन्।

उनले लेखेका छन्-

उत्साहवतां शत्रवोपि वशीभवन्ति।

यो सूत्रको तात्पर्य यो छ कि *उत्साहिहरुको शत्रु पनि वशमा आउछ।*

यदि तपाई भित्र उत्साह छ भने विश्वास गर्नुहोस् तपाईको आधा काम त पूरा भई सक्यो। किनकि उत्साहको कारण नै धेरै योग्यताहरु तपाई भित्र आफै पैदा हुन्छ। उत्साहको कारणबाट तपाई भित्र आत्मविश्वास आउछ जुन कुनै पनि क्षेत्रमा सफलताको लागि धेरै नै आवश्यक छ। उत्साही मानिसहरु हरेक कार्यलाई सही ढंगबाट अंजाम दिनमा सफल हुन्छन्। यो केवल भन्ने कुरा होईन् बल्कि अनुभव गर्ने कुरा पनि हो, उत्साही मानिसहरुको सफलताको गाथाले त पुस्तकहरु भरीभराउ छन् साथै यस्ता उत्साही र सफल मानिसहरु तपाई आफ्नो वरपर र जीवनको अर्को क्षेत्रहरुमा पनि सजिलैसंग पाउन सक्नुहुन्छ।

त्यहि अर्कातिर यस किसिमका मानिसहरु पनि छन् जसले कार्य त श्टुरू गर्छन् तर त्यसमा उत्साह हुदैन्। यस किसिमका मानिसहरु कहिले सफल हुदैनन्। त्यसैले सबै भन्दा आवश्यक छ उत्साह। खास गरी ती व्यक्तिको लागि जो यो संसारमा केंहि गरेर जान चाहन्छ। सफल हुन चाहन्छ। सफलता चाहे कुनै पनि क्षेत्रसंग जोडिएका होस्, यो तब सम्म प्राप्त हुदैन् जब सम्म यसको चाहना गर्ने व्यक्ति भित्र उत्साह हुदैन्।

सही मायनेमा भन्ने हो भने यो गुण हरेक मानिसमा हुन्छ। तर कसैले यसको प्रयोग त सही समय र सही काममा गर्न सक्छन् र कोहि सक्दैनन्। जसले यस्तो गर्न सक्छ उ सफल मानिसहरुको श्रेणीमा आउछ। किनकि उत्साह एउटा यस्तो गुण हो जसले धेरै गुणहरुलाई पैदा गर्छ। उत्साही व्यक्तिको कार्य शैली धेरै नै खास हुन्छ। उ अरुको लागि प्रेरणाको स्रोत बन्छ। उसंग काम गर्ने व्यक्ति पनि उत्साही बन्दै जान्छ। किनकि उ आफ्नो नजिक

यस किसिमको माहौल बनाउछ। उत्साही मानिस सधै खुशी रहन्छ र मानिसहरु पनि उसंग प्रसन्न रहन्छन्।

पछिल्लो सूत्रको कुराहरुलाई अझ पनि अधिक विस्तार दिने उद्देश्यले आचार्य चाणक्यले एउटा अर्को धेरै नै अहम र उपयोगी सूत्र दिएका छन्। उनले लेखेका छन्-

निरुत्साहद् दैवं पतति।

यो धेरै नै अहम सूत्रको तात्पर्य यो छ कि *निरुत्साहबाट भाग्य पनि हराउछ।*

यदि कुनै मानिसको विश्वास भाग्य माथि छ, तर पनि उसले हात-खुट्टा त चलाउनु नै पर्छ। यदि उसलाई खानाको इच्छा हुन्छ र कसैले खाना पकाएर दिन्छ भने पनि, उसले केहि श्रम त गर्नु नै पर्छ। किनकि आफै त खाना हिडेर उसको मुख सम्म पुग्दैन होला। कमसे कम थालबाट खाना उठाएर मुख सम्म त ल्याउनु नै पर्छ र त्यस पछि मुख चलाउनु पनि पर्छ।

यही कुरा अरु कार्यहरुमा पनि लागू हुन्छ। भाग्यमा विश्वास गर्ने व्यक्तिहरुले पनि कर्म गर्नु नै पर्छ। उसले बुझ्नुपर्छ कि भाग्य आफ्नो ठॉउमां र कार्म आफ्नो ठाउँमा छ। यस्तो सोचेर जसले काम शुरू गर्छ र आफ्नो उत्साहको स्तरलाई बनाई राख्छ उसको लागि सफल पाउनु कुनै ठूलो कुरा होईन्। किनकि सफलताको लागि उत्साह धेरै नै आवश्यक तत्व हो।

त्यहि अर्कातिर यस्ता मानिसहरुको पनि ठूलो संख्या छ जो भाग्यको भरोसामा बसि रहन्छन् र कुनै कार्यमा उत्साह देखाउदैनन्। यस्ता निरुत्साही मानिसहरुको लागि जीवनको कुनै पनि क्षेत्रमा सफल हुनु धेरै नै गाह्रो हुन्छ। किनकि उनीहरुले भाग्यलाई नै सबै थोक मानेका हुन्छन् जबकि उसले आफूलाई जान्नुपर्ने आवश्यक्ता हुन्छ। उसले बुझ्नुपर्छ कि मानिसमा यति क्षमता छ कि उ जस्तो चाहन्छ त्यस्तो गर्न सक्छ। तर उसमा आत्मविश्वास र उत्साह हुनुपर्छ। आत्मविश्वास र उत्साहको सहयोगबाट ठूलो भन्दा ठूलो कार्यहरुलाई अंजाम सम्म पुगाउन सकिन्छ।

सही मायनेमा भन्ने हो भने यो समयको सबै भन्दा ठूलो समस्या यही छ कि मानिस आफ्नो पहिचान गर्न पाई रहेका छैनन्। उ आफू नजानिकन वा कुनै सही निर्णय नलिकन वा नकलची बनेका छन्। आफलाई नजान्ने मानिसले अरुको देखा-देख, रेडिमेड बाटोमा नै हिड्न मन पराउछन्। यस

किसिमका मानिसहरु पनि सफल हुन्छन् तर उनको सफलतालाई धेरै ज्यादा महत्व दिईदैन्।

किनकि उसले कुनै फरक कार्य गरेको हुदैन्। जबकि केहि मानिसहरु यस्ता पनि छन् जसले आफ्नो पहिचान गर्छन्, आफ्नो क्षमताहरु र आफ्नो कमीहरुलाई बुझ्छन्, त्यस पछि उ आफ्नो लागि कुनै अलग बाटो बनाउछ। सही मायनेमा यस किसिमका मानिसहरु नै धेरै सफल हुन्छन्। उनको सफलतालाई विशेष महत्व पनि प्राप्त हुन्छ किनकि उसले आफ्नो बाटो आफैले बनाएको हुन्छ र त्यसमा हिडेर सफलता सम्म पुगेको हुन्छ। ●

19

कठोर निर्णय

धेरै पटक जीवनमा यस्ता मौकाहरु पनि आउछन् जब तपाईले आफ्नो कार्यलाई अंजाम सम्म पुगाउनको लागि कठोर निर्णय लिनुपर्ने आवश्यक्ता अनुभव गर्नुहुन्छ। किनकि यो बिना तपाईलाई यो लाग्छ कि कार्य पूरा नै हुदैन्। यस्तो बिल्कुलै आतिनु हुदैन् र सोच-विचार गरेर कठोर निर्णय लिन पनि पछाडि पर्नुहुदैन् किनकि धेरै पटक यसको बिना काम पूरा हुदैन्।

यस्तो मौकामा जो पछि पर्छ, सफलता उसको हातबाट निस्कन्छ। किनकि सही मायनेमा भन्ने हो भने यस्तो फैसलाहरुबाट नै धेरै पटक कार्यको दिशा तय हुन्छ। त्यसैले यस्तो निर्णय लिनमा बिल्कुलै पनि हिचकिचाउनु हुदैन्। सफल मानिसहरुलाई हाम्रा वरपर पनि रहेका छन् वा जसबाट हामी प्रेरणा लिन सक्छौं। उनीहरुले पनि कुनै न कुनै समयमा आफ्नो कार्यहरुलाई अंजाम सम्म पुगाउनको लागि कठोर निर्णय लिएका होलान र आफ्नो सफलतालाई सुनिश्चित गरेको होला। यस्ता मानिसहरुबाट शिक्षा लिनुपर्ने आवश्यक्ता छ र यस्तो गर्ने साहसी मानिसलाई आफ्नो भित्र बनाउनुपर्छ।

सही मायनेमा भन्ने हो भने यस किसिसको निर्णय लिन त मन गर्दैन् तर आवश्यक्ता यस्तो हुन्छ कि तपाईले सफलताको लागि यस्तो गर्नुपर्ने हुन्छ। अग्रेज़ीमा भनाई छ, नो रिस्क, नो गेन। यसको तात्पर्य यो छ कि बिना जोखिमको काम बन्दैन्। त्यसैले जोखिम लिनबाट आतिनु हुदैन्। हो, यस किसिमको निर्णय लिदा त्यसको सकारात्मक र नकारात्मक तथ्यहरु माथि विचार अवश्य गर्नुपर्छ। किनकि यस बिना सही सरहबाट स्थितिको आकलन हुदैन् र निर्णय माथि पछुतो मान्ने बाहेक अरु कुनै उपाय हुदैन्।

आचार्य चाणक्यले कठोर निर्णयको आवश्यक्तालाई राम्ररी बुझेका थिए। त्यसैले उनले यस बारेमा धेरै सूत्र दिएका छन्। उनीद्वारा दिएका केहि चुनिंदा सूत्रहरुको माध्यमबाट हामी कठोर निर्णय लिन र सफलताको आपसी संबंध हरुलाई बुझ्ने कोशिश गर्नेछौं।

उनले लेखेका छन्-

कार्यार्थिना दाक्षिण्यं न कर्तव्यम्।

आचार्य चाणक्यको यस सूत्रको तात्पर्य यो छ कि *कार्यार्थी उदारता हुनुहुदैन्।*

सही मायनेमा भन्ने हो भने उदारता मानिसको ईश्वरीय गुण हो तर सबै ठाँउमा उदारता देखाउनु पनि ठीक हुदैन्। किनकि यस किसिमको रवैया तपाईको नोक्सान पनि गर्न सक्छ। त्यसैले कार्यलाई अंजाम दिनको लागि यो आवश्यक छ कि आवश्यक्ता पर्दा कठोर निर्णय लिनमा पछाडि पर्नुहुदैन्। यस्तो गर्न सक्यो भने व्यक्ति सफलताको सीढ़िहरुमा चढ्न सक्छ। प्राय: त्यस्ता मानिसहरु नै सफल हुन्छन् जयसले समयमा कठोर निर्णय लिन सक्छ।

त्यहि अर्कातिर यस किसिमका मानिसहरु पनि छन् जो संभावित नोक्सानको भयबाट कठोर निर्णय लिन पाउदैनन्। यस किसिमका मानिसहरु यदि सफल हुन्छ भने यसलाई अपवाद नै मान्नुपर्छ र यो कुरा त सबैलाई थाहा छ कि अपवादको कुनै नियम हुदैन्। त्यसैले सफलताको इच्छा राख्ने मानिसले कठोर निर्णय लिनमा बिल्कुलै हिचकिचाउनु हुदैन्। किनकि कठोरताको काम उदारताबाट हुदैन्। जहा उदारताको आवश्यक्ता हुन्छ त्यहि अवश्य उदारता देखिन्छ तर जहा कठोरताको आवश्यक्ता हुन्छ त्यहा उदारता देखाउदा नोक्सान नै हुनेछ। सही मायनेमा भन्ने हो भने यस्तो गर्नु आफ्नो असफलतालाई आफैले आमंत्रण गर्नुहो। यस बारेमा विशेष सावधानी राख्नुपर्छ।

धेरै पटक यस्ता मौकाहरु आउछ जहा तपाईले आफ्नो परिजनहरुको खिलाफ कठोर निर्णय लिनुपर्ने हुन्छ। किनकि यो उसको कर्त्तव्यको हिसाबले धेरै नै आवश्यक हुन्छ। यस्तो निणर्य लिन कहिले पनि पछाडि पर्नुहुदैन्। किनकि यस्तो गरिएन भने नोक्सान हुन सक्छ। यो कुरालाई एउटा प्रसंगको माध्यमबाट बुझ्न सकिन्छ।

कुनै बेलाको कुरा छ, मुगल बादशाह औरंगजेबले जब मुरादलाई प्रलोभन दिएर दारा शिकोहको हत्या गराए। त्यसै समय राजपूतहरुले पनि उनको खिलाफ तलवार उठाएका थिए। वीर राठौर यशवंत सिंहको नेतृत्वमा राजपूत,

मुरादको सेना माथि आक्रमण गरियो। मुरादले जुन यो अप्रत्याशित हमला हेरे तब तीनीहरु प्रतिरोधको लागि अधिक सेना बोलाईयो र राजपूतहरु माथि गोलाहरुको वर्षा गरियो। हालांकि, राजपूत वीरतासंग लड़े तर शत्रुको अधिक सेनाको अगाडि टिकेनन्। यशवत सिंहको विजयमा हुने कुनै आशा रहेन तब उनी शेष 500 सिपाहीहरुको साथमा रणस्थल फर्के।

महारानी माया, जो उदयपुरको राणाकी छोरी थिईन्, जब यो खबर पाईन् कि उसको पति रणस्थलबाट भागेर आई रहेका छन् तब उनले द्वारपाललाई दुर्गको द्वार भित्रबाट बंद गर्ने आदेश दिए। उनको यो विचित्र आदेशलाई सुनेर दरबारीहरुलाई ठूलो आश्चर्य भयो।

अन्तिम डराई-डराई एउटा दासीले सोध्यो, महारानी जी, तपाई यो के गर्दै हुनुहुन्छ? द्वार बंद गर्नु भयो भने महाराज कहा जान्छन्? के एउटा स्त्रीको यो कर्तव्य होईन् कि विपदामा आफ्नो स्वामीको उ स्वागत गरुन्?

यो कुरा माथि रानीले उत्तेजित स्वरमा उत्तर दिईन्, म एउटा राजपूतनी हू। राजपूत स्त्री आफ्नो पतिको कायरता कदापि मन पराऊन्। मेरो पति त रणक्षेत्रबाट भागे फिर्ता आई रहनु भरएको छ, यसलाई म कसरी सहन गर्न सक्छु? जसले शत्रुलाई ढाड देखाएर आई रहेका छन्, उनी मेरा पति हुनै सक्दैनन्।

यो कुरा जब महाराजा यशवंत सिंह कहाँ पुग्यो तब उनलाई सबै कुरा बुझ्नमा बेर लागेन्। उनी तुरंत अरु अधिक सैनिक लिएर रणक्षेत्र तिर लागे र त्यसमा लागे।

बहरहाल, पछिल्लो सूत्रका कुराहरुलाई विस्तार दिदै आचार्य चाणक्यले एउटा अर्को सूत्र दिएका छन्। उनले लेखेका छन्-

क्षीरार्थी वत्सो मातुरुधः प्रतिहन्ति।

यो सूत्रको तात्पर्य यो छ कि *दूधको लागि बाछा पनि आमाको थनाहरु माथि प्रहार गर्छ।*

यो कुरा त सबै जनालाई थाहा छ कि दूध पिउदा बाछाले आफ्नो आमाको थनाहरु माथि चोट पनि गर्छन्। त्यस समय उसले यो कुराको चिंता गर्दैन् कि उसद्वारा गरिने यो चोट आमाको लागि कठोर हुन्छ। बल्कि उसलाई यो थाहा हुन्छ कि यस समयको उनको आवश्यक्ता छ। सही मायनेमा भन्ने हो भने यस चोटमा पनि आमालाई आनंद नै प्राप्त हुन्छ। किनकि उसको लागि आफ्नो बाछालाई दूध पिलाउनु भन्दा ठूलो सुख अरु के हुन सक्छ।

बिल्कुलै त्यसैरी नै व्यवहारको समय र आवश्यक्ताको हिसाबले गर्नुपर्छ। यो शुरुमा केहि कठोर लागेता पनि पछि गएर यो सहज बन्न जान्छ। त्यसैले कठोर निर्णय लिन कहिले पनि हिचकिचाउनु हुदैन्। यो कुरालाई बुझ्नुपर्छ कि कर्म सबै भन्दा प्रधान छ। हो, यो कुराको अवश्य ख्याल राख्नुपर्छ कि तपाईले जे निर्णय लिनुभएको छ त्यसबाट अरुको नोक्सान हुनुहुदैन्। यस्तो गर्नु नीतिको खिलाफ हो। यस्तो निर्णयलाई न्यायसंगत मानिदैन्।

सही मायनेमा भन्ने हो भने सोच-विचार गरे पछि लिईएको कठोर निर्णय धेरै नै फाईदाजनक हुन्छ। यस्तो निर्णय लिनमा जो सफल हुन्छ र सफल बन्छ उसलाई नै हरेक किसिमको सामाजिक प्रतिष्ठा प्राप्त हुन्छ। यो कुरा कुनै एउटा क्षेत्रमा मात्र लागू हुदैन् बल्कि यो कुरा हरेक क्षेत्रमा समान रुपमा लागू हुन्छ। त्यसैले सफलताको सपना राख्ने व्यक्तिले कुनै पनि कठोर निर्णय लिन हिचकिचाउनु हुदैन्। किनकि आखिरकार यसमा फाईदा तपाईको नै छ।

धेरै पटक यस्ता मौकाहरु पनि आउछन् कि तपाईले ठूलो लक्ष्यहरुको लागि कठोर निर्णय लिनुपर्ने आवश्यक्ता पर्छ। यस्तो अवस्थामा पहिला नफा-नोक्सान माथि विचार गर्नुपर्छ। यदि कुनै संभावित नोक्सान देखिन्छ भने त्यसबाट बच्ने बाटो खोज्नुपर्छ। यस्तो पनि छैन् कि प्रयास गर्दा कुनै बच्ने बाटो नभेटियोस्। सोच-विचार गरियो भने कुनैनकुनै बाटो अवश्य नै प्राप्त हुनेछ।

यो कुरालाई एउटा उदाहरणको माध्यम बुझ्दा अझ सजिलो हुनेछ। मान्नुहोस् कि कुनै मानिस कुनै सानो जागिर गरि रहेको छ। उ पढे-लेख्नमा ठीक छ। तर मजबूरी वा पारिवारिक आवश्यक्ताको कारण नै उसले कुनै सानो जागिर गर्नु परेको हो। हालांकि, यो कुरा फरक छ कि त्यो जागिरलाई गर्नको लागि उसको मन मान्दैन्। तर पनि उ त्यो जागिर गर्छ।

तर कुनै बेला उसको मनमा यो विचार आउन सक्छ कि मैले सिविल सेवाको तैयारी गर्नुपर्छ। उसलाई आफ्नो ज्ञान र परिश्रम माथि धेरै विश्वास छ। उसलाई लाग्छ कि उसंग जुन जानकारीहरु छ, त्यसको आधारमा र आफ्नो कठोर परिश्रमको माध्यमबाट उ सिविल सेवाको परीक्षा पास गर्न सक्छ र उसले कठोर निर्णय लिनमा हिचकिचाउनु हुदैन्। यहा कठोर निर्णयको तात्पर्य त्यो जागिरलाई छाड्नु संग छ। हो, यस्तो स्थितिमा आर्थिक पक्ष माथि विचार गर्नु धेरै नै आवश्यक हुन्छ।

उसले यो विचार गर्नुपर्छ कि जति उसको तलब छ त्यसले के हुन्छ? उसको आफ्नो खर्च कसरी चल्छ? यी कुराहरु माथि विचार गर्दा उ त्यस अवस्थामा पुग्छ कि खर्चमा केहि कटौती गर्छ र बाकी खर्चको लागि कुनै पार्ट टाइममा काम गर्छ। यस्ता मानिसहरुको सयौं उदाहरणहरु तपाईले पाउन सक्नुहुन्छ जो कुनै अरु पेशामा थिए तर उसको मन त्यहा थिएन र उसलाई लाग्यो कि उ सिविल सेवाको परीक्षामा पास गर्न सक्छ र उसले जागिर छोडेर आफ्नो कठोर परिश्रम र ज्ञानको बलमा सिविल सेवाको परीक्षा पास गर्नमा सफल भयो।

यो त एउटा उदाहरण मात्र हो। यस्तो निर्णय हरेक क्षेत्रको लागि चाहिन्छ। जसले यस्तो निर्णय सही समयमा र सही व्यवस्थाको साथ लिन्छ, उ सफलताको सीढ़िहरुमा अवश्य चढ्न सफल हुन्छ त्यसैले सफलताको इच्छा राख्ने मानिसहरुले आवश्यक्ता पर्दा कठोर निर्णय लिनमा कतई पनि हिचकिचाउनु हुदैन्। किनकि सफलताको लागि धेरै कुराहरु आवश्यक हुन्छ जसमा यो पनि एक अहम कुरा हो।

उपसंहार

यो पूरा पुस्तकमा लेखिएका कुराहरुको निचोड़ यही छ कि आचार्य चाणक्य धेरै ठूला विद्वान त थिए साथै उनले जे-जति कुराहरु भनेका छन्, त्यो जुन सुकै दौरमा उति नै प्रासंगिक हुनेछ जति त्यो समय थियो। उनका कुराहरुको जीवन प्रबंधनसंग ठूलो र गहिरो संबन्ध छ र यही आचार्य चाणक्यलाई सबै भन्दा पुराना मैनेजमेंट गुरु मानिन्छ। उनले जे कुराहरु भनेका छन्न, त्यहि कुराहरुलाई समयको चाशनीमा बेरेर आजको तथाकथित मैनेजमेंट गुरुहरुले दिई रहेका छन् र पूरा संसार उनको वाहवाही गरि रहेको छ। वास्तवमा, हामीले तन तिर नलागिकन जरा तिर जानुपर्छ। जब हाम्रो कोशिश यस्तो हुन्छ तब स्वभाविक रुपमा मैनजमेंट गुरुको रूपमा आचार्य चाणक्य अगाडि आउनेछन्।

चाणक्यले जुन कुराहरु भनेका छन्, त्यसबाट धेरै कुराहरु जीवनको हरेक क्षेत्रमा उपयोगी छन्। चाणक्यलाई कुनै एक क्षेत्रमा बाधेर हेर्नु सही हुदैन्। यस्तो गर्नु एउटा राम्रो विचारको संकुचन गरेको सरह हुनेछ र सही मायनेमा यसबाट आफ्नो दृष्टि पनि संकुचन हुनेछ। उनले जुन आर्थिक र राजनीतिक कुराहरु भनेका छन्, यस्तो पनि छैन कि यसबाट सबै जना अनजान छन्। याद गर्नुहोस्, वर्ष 2009-10 को प्रणब मुखर्जीको बजट भाषण। यो भाज्ञणमा मुखर्जीले आचार्य चाणक्यको आर्थिक नीतिलाई तीन पटक उल्लेख गरिका थिए। उनले कर वसूलीको संदर्भमा आचार्य चाणक्यको विशेष रुपमा वर्णन गरेका थिए।

चाणक्यका कुराहरु राजनीतिक क्षेत्रको लागि धेरै नै उपयोगी छन् तर उनले धेरै यस्तो कुराहरु पनि भनेका छन् जस माथि अमल गरेर सफलता पाउन सकिन्छ। सही मायनेमा भन्ने हो भने मौजूदा दौरमा चाणक्य जीवन प्रबंधनको हिसाबले धेरै नै प्रासंगिक छ। यो दौर यति धेरै प्रतिस्पर्धाको छ कि यहा सफलता प्राप्त गर्नको लागि केवल कठोर परिश्रमले काम चल्दैन्। कठोर

परिश्रम त सफलताको लागि अनिवार्य तत्वहरुबाट एक छ तर यसको साथै अरु तत्वहरु पनि सफलताको लागि उति नै आवश्यक छ। मानौं तपाई परिश्रम त धेरै गर्नुहुन्छ तर तपाईसंग कामलाई अलग तरीकाबाट अंजाम दिने दृष्टि छैन् भने तपाईको लागि सफलताको बाटो सजिलो हुदैन्। यस बाहेक तपाई आफ्नो काममा कति स्थाईत्व राख्नुहुन्छ, त्यसले पनि सफलतामा अहम भूमिका निभाउछ।

वास्तवमा, यसै बाटोको खोज गर्दै आचार्य चाणक्य यस दौरको पनि मैनेजमेंट गुरुको रुपमा प्रासंगिक छन्। यसो त आजकाल मैनेजमेंट गुरुहरुको बाढ़ आएको छ। नयाँ जमानाका यी तथाकथित मैनेजमेंट गुरु आफ्ना भाषणहरुको लागि मानिसहरुसंग पैसा पनि लिन्छन्। सबै जना हैरान छ कि उ आफ्नो जीवनको प्रबंधन कसरी गरोस्? मानिस यो कुराले हैरान छन् कि जीवनमा कसरी अगाडि बढ्न सकिन्छ? तर यी प्रश्नहरुको जवाफ यी तथाकथित मैनेजमेंट गुरु दिन सकि रहेका छैनन्।

वास्तवमा, समस्या यो छ कि नयाँ दौरको ज्यादातर मैनेजमेंट गुरुहरुसंग आफ्नो केहि छैदैछैन्, उनीहरु त्यसै कुराहरुलाई नयाँ जमानाको रंगमा रंगेर पस्काई रहेका छन्, जुन सदियौं पहिला देखि चाणक्य जस्ता महापुरुषहरुले भनेका छन्। यस्तो मैनेजमेंट गुरु अरुको जीवनमा रंग भर्ने कुरा त गर्छन् तर सही मायनेमा हेर्ने हो भने उनको जीवन नै बेरंगको हुन्छ। यदि वास्तवमा उनीहरु प्रबंधनको महारथी भएको भए उनको आफ्नो जीवन किन सुखी छैन्?

यसको सीधा जवाफ यो छ कि त्यसमा धेरैजसोको आफ्नो केहि पनि छैन्। तर मानिसहरुलाई भ्रममामा राखेर उनीहरु आफ्नो धंधा चमकाउनमा सफल छन्। यस्ता मानिसहरुबाट बचेर बस्नुपर्छ र सही मायनेमा जोसंग प्रबंध नसंग जोडिएको आधारभूत सूत्रहरु छन् ती कुराहरु माथि विश्वास गर्नुपर्छ र उनको कुराहरु माथि अमल गर्नुपर्छ। यस्तो गर्ने व्यक्ति धेरै कठिनाइहरुबाट स्वाभाविक रुपमा बचेको हुन्छ र सफलताको बाटोमा बढि रहन्छ।

बहरहाल, जीवन प्रबंधनसंग जोडिएका आधारभूत प्रश्नहरु माथि हैरान हुनुको सट्टा यी समस्याहरुको हल खोज्नुपर्ने आवश्यक्ता छ र यही कुराले आचार्य चाणक्यको प्रासंगिकतालाई यस दौरमा अझ बढाएको छ। उनी कुनै साधारण मानिस थिएनन् बल्कि जो पनि महान भएको छन् उनीहरुको ठूलो भविष्यद्रष्टा रहेका छन्। आचार्य चाणक्य पनि यस्तै हुन्, उनले जे कुराहरु

भनेका छन्, त्यो त्यस समयमा पनि उतिकै प्रासंगिक थियो जति आज छ। सही मायनेमा भन्ने हो भने आचार्य चाणक्यको विचारहरुलाई यदि बुझ्न सकियो भने उनको विचारहरु अब आउने हजार वर्ज़ पछि पनि उति नै प्रासंगिक हुनेछ।

यो पुस्तकमा जीवन प्रबंधनसंग जोडिएका चाणक्यका सूत्रहरुलाई लिएर पूरा कुराकानी गरिएको छ। यसको उद्देश्य यही छ कि कसरी एउटा आम व्यक्तिद्वारा उसको जीवनमा चाणक्यको कुराहरु माथि अमल गर्न सकियोस्। चाणक्यको प्रति समाजमा एउटा धारणा यो पनि छ कि उनी नारी विरोधी र छल–प्रपंचको हिमायती थिए। हालांकि, यो कुराको विपक्षमा पनि धेरै तर्कहरु छन्। यदि यी कुराहरुलाई ध्यान दिईएन भने आचार्य चाणक्यका ज्यादातर कुराहरु यस्तै छन्, जुन कुनै सामान्य मानिसको जीवनमा धेरै नै प्रासंगिक छ।

वांस्तवमा, हाम्रो एउटा सामान्य समस्या यो पनि छ कि यदि हामीलाई कसैको कुनै एउटा कुरा पनि नराम्रो लाग्छ भने हामी त्यसलाई तुरंत खारिज गर्छौं। उसको सबै राम्रो कुराहरुलाई पनि भूल्ने गर्छौं। यस्तो गर्नु सही होईन् किनकि यस्तो गरेर हामीले त्यो व्यक्तिको नोक्सान त गर्दैनौं बल्कि हामीले आफ्नै नोक्सान गर्छौं। यस्तो सन्धर्वमा समझदार व्यक्तिको अप्रोच फरक हुन्छ। उसलाई थाहा हुन्छ कि फलानो व्यक्तिको कुराहरुमा कति कुरा उसको कामको छ र कति छैन्, यसै हिसाबले उ आफ्नो कामको चीजहरुलाई लिन्छ र जुन कुराहरु उसको कामको लायक हुदैन्, त्यसको वास्ता गर्दैन्। उ बेकारको वाद–विवादमा पर्दैन्। वास्तवमा, सफलताको इच्छा राख्ने मानिसहरुले पनि यसै अप्रोचलाई अनाउनुपर्छ।

एउटा अहम कुरा यो पनि छ कि आचार्य चाणक्यका कुराहरु सामान्य जीवनको साथ–साथै आर्थिक र राजनीतिक क्षेत्रमा पनि धेरै नै उपयोगी छन्। यो कुरालाई बुझ्नु पनि धेरै नै आवश्यक छ। वास्तवमा, अहिले देशको अगाडि एउटा ठूलो समस्या यो छ कि सत्ताधीशहरुको कारणले भारतको आर्थिक र राजनीतिक नीतिहरु भताभ्ंग छ। वित्त मंत्रीले बजट पेश गर्दै आचार्य चाणक्यको उदाहरण दिएर के फरक पर्छ। हाम्रो सरकारको नीतीहरु अहिले पनि यस्तै छ, जसले गरीबहरुको सट्टा धनीहरुको हितको संपोषण गर्छ। यस्तो भताभंग राजनीतिक र आर्थिक नीतीहरुलाई बाटोमा ल्याउनमा पनि आचार्य चाणक्यका कुराहरु धेरै नै प्रासंगिकै छन् किनकि उनले राजाको लागि प्रजाको चिंतालाई धेरै नै सम्मानको साथमा आफ्नो साहित्यमा स्थान दिएका

छन्। तर प्रश्न त यो छ कि उनका कुराहरुलाई बुझियो भने मात्र कुरा [illegible] आचार्य चाणक्य तथा उनका कुराहरुलाई पुराना जमानाका कुराहरु मानेर [illegible] खारिज गरियो भने कुरा कदापि बन्ने वाला छैन्।

त्यसैले सबै भन्दा आवश्यक यो छ कि आचार्य चाणक्यका कुराहरुलाई गहिराईसंग बुझ्नुपर्छ तथा यो विचार पनि गनुपर्छ कि ती कुराहरुलाई आर्थिक र राजनीतिक क्षेत्रहरुमा कसरी लागू गर्न सकिन्छ। यस बाहेक यो कुरा पनि बुझ्नु सबैको लागि धैरै नै आवश्यक छ कि मैनेजमेंट गुरु आचार्य चाणक्यका कुराहरु कुन प्रकारबाट जीवन प्रबंधनमा अहम भूमिका निभाउन सक्छ। यस पुस्तकको माध्यमबाट यसै कुराहरुलाई स्पष्ट गर्ने कोशिश गरिएको छ। यो भ्रमलाई हटाउनु पर्ने आवश्यक छ कि उनका कुराहरु बुझ्नको लागि धैरै नै जटिल छ। उनका कुराहरु धैरै सामान्य छन्, हो, तर यसको लाग़ि आवश्यक छ मनमा यसलाई बुझ्ने इच्छाको। यस पुस्तकमा सामान्य भाषाको प्रयोग गरेर एउटा सामान्य व्यक्तिको जीवन प्रबंधनमा चाणक्य कति उपयोगी हुन सक्छन्, त्यसलाई बुझाउने प्रयत्न गरिएको छ। तर यसलाई बुझ्नको लागि पनि बुझ्ने इच्छा हुनु अनिवार्य छ। सही मायनेमा भन्ने हो भने चाणक्यका कुराहरु जीवन प्रबंधनको दृष्टिकोणले धैरै नै उपयोगी छ। आवश्यक्ता यो कुराको छ कि उनको कुराहरुलाई बुझियोस् र जीवनमा ग्रहण गरियोस्।

ERSONALITY DEVELOPMENT

Dynamic MemoryMethods
B. R. Chowdhary
Rs. 150

Memory Mind & Body
B. R. Chowdhary
Rs. 195

Impossible... Possible...
Author : B. R. Chowdhary
Rs. 150

Memory Unlimited
B. R. Chowdhary
Rs. 150

How To Excel When
Chips Are Down
Joginder Singh....Rs. 95

Turn Your Creative Spark
Into a Flame
Joginder Singh....Rs. 95

Vocabulary @ 100 words/Hr.
B. R. Chowdhary
Rs. 95

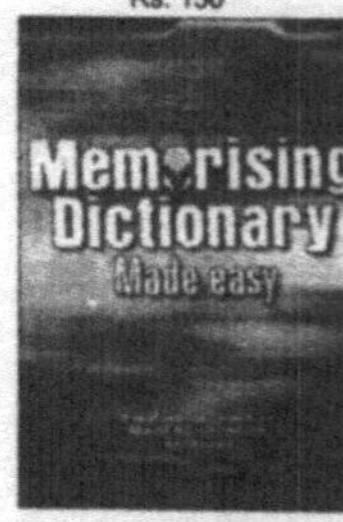

Memorising Dictionary
Made Easy
B. R. Chowdhary...Rs. 150

100% Success in Exams
Tarun Chakarborty
Rs. 75

Success Mantra
Joginder Singh
Rs. 150

Winning Ways
Author : Joginder Singh
Rs. 150

For A Better Tomorrow
Author: Joginder Singh
Rs. 150

Great Words Win Hearts
Author: Dr. Ujjwal Patni
Rs. 150

Winners & Losers
Dr. Ujjwal Patni
Rs. 150

Network Marketing
Join Add Win
Dr. Ujjwal Patni...Rs. 190

Why Network Marketing
Surya Sinha
Rs. 150

DIAMOND BOOKS X-30, Okhla Industrial Area, Phase-II, New Delhi-110020,
Phones : 41611861- 65, 40712100, Fax: 011- 41611866
E-mail : Sales@dpb.in, Website: www.dpb.in

ERSONALITY DEVELOPMENT

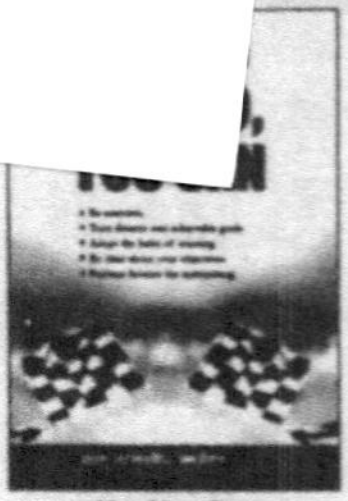

Yes You Can
Dr. Harikrishan Devsare
Rs. 95

Tips of Success
Sunil Jogi
Rs. 95

Science of Mind Simplified
B. K. Chandra Shekhar
Rs. 125

Invisible Doctor
B.K. Chandra Shekhar
Rs. 125

Nothing is Impossible
Author : Joginder Singh
Rs. 150

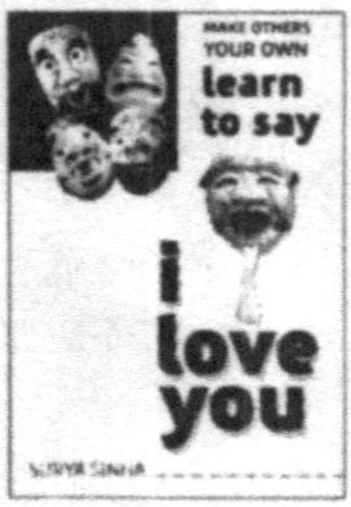

Learn To Say
I Love You
Surya Sinha....Rs. 150

Unlock the Door to
Success
Ashok Jain....Rs. 125

Come on! Get Set Go
Swati - Shailesh Lodha
Rs. 195

Why Women Are What
They Are
Swati Lodha....Rs. 195

The Excellence In You
Dr. Giriraj Shah
Rs. 150

The Secret of
Happiness
Jas Mand....Rs. 195

Memory Techniques
For science students
N. Roy Chowdhury....Rs. 95

A guide to Network
Marketing
Surya Sinha....Rs. 100

Beat Exam The
Smart Way
Dr. Sunil Vaid....Rs. 150

Success in Exams
Vijay Anand
Rs. 75

Sure Success In
Interviews
Tarun Chakarborty....Rs. 95

DIAMOND BOOKS
X-30, Okhla Industrial Area, Phase-II, New Delhi-110020,
Phones : 41611861- 65, 40712100, Fax: 011- 41611866
E-mail : Sales@dpb.in, Website: www.dpb.in